리라이팅 클래식 012

세계와 역사의 몽타주,
벤야민의 아케이드 프로젝트

권용선

대학에서 문학을 전공했던 내게 벤야민은 수많은 문예이론가들 중 한 명이었다. 어느 날 우연히 읽었던 하나의 문장, 소설은 "한기에 떨고 있는 삶을, 그가 읽고 있는 죽음을 통해 따뜻하게 할 수 있다는 희망"이라는 그 문장에 꽂히면서 그는 내게 좀 특별한 존재가 되었다. 박사학위를 받고 대학 문을 나선 이후, 문학에 대해서도 거리를 두게 되었지만, 어쩐지 벤야민의 그 문장 하나만큼은 쉽게 사라지지 않았다. 대체, 한기에 떨고 있는 삶에 희망이 되는 글이란 어떤 것일까. 그것이 반드시 문학일 필요는 없겠지만 좋은 지식인으로 살고 싶은 내겐 언제나 중요한 화두였고, 그런 글쓰기를 언젠가는 하고 싶다는 게 내 은밀한 욕망이 되었다. 몇 해 전, 『아케이드 프로젝트』를 만났을 때, 벤야민은 내게 좀더 커다란 인상으로 다가왔다. 시작도 없고 끝도 없이 종횡무진 무궁무진한 사유와 상상력을 자랑하는 이토록 흥미진진한 텍스트를, 나는 이전에는 본 적이 없었다. 내가 느꼈던 기쁨, 그리고 그것 때문에 충분히 감당할 만했던 고통과 좌절을 이제 더 많은 사람들과 함께 나누고 싶다.

리라이팅 클래식 012
세계와 역사의 몽타주, 벤야민의 아케이드 프로젝트

초판1쇄 펴냄 2009년 12월 7일
초판4쇄 펴냄 2025년 3월 3일

지은이 권용선
펴낸이 유재건
펴낸곳 (주)그린비출판사
주소 서울시 서대문구 이화여대2길 10, 1층
대표전화 02-702-2717 | **팩스** 02-703-0272
홈페이지 www.greenbee.co.kr
원고투고 및 문의 editor@greenbee.co.kr

편집 이진희, 구세주, 민승환, 성채현 | **디자인** 이은솔, 박예은
독자사업 류경희 | **경영관리** 이선희

이 책은 지은이와 (주)그린비출판사의 독점계약에 의해 출간되었으므로 무단전재와 무단복제를 금합니다.
책값은 뒤표지에 있습니다. 잘못 만들어진 책은 구입처에서 바꿔 드립니다.
ISBN 978-89-7682-340-3 978-89-7682-928-3 (세트)

독자의 학문사변행學問思辨行을 돕는 든든한 가이드 _(주)그린비출판사

세계와 역사의 몽타주, 벤야민의 아케이드 프로젝트

권용선 지음

그린비

책머리에

도시에서 태어나 도시에서 자라난 나는 도시를 떠나 본 적이 거의 없었다. 내게 여행의 장소는 언제나 '다른 도시'였고, 도시 속에 있을 때 나는 가장 평온하고 자연스러웠다. 도시의 시간을, 풍경을, 그 야단스러움과 차가움을 나는 사랑한다. 내가 사랑하는 것은 도시의 소음, 도시 속의 사람들, 그리고 사람들의 손때가 탄 조악한 자연, 어디 하나 자연스럽지 못하지만 자연에 대한 동경을 한 치도 감추지 못하는 도시 속의 작은 공원들이다. 나는 끝내 도시를 떠나지 못할 것이다. 오래전 보들레르가 느꼈던 군중 속의 고독과 충격, 낯설음이 내게는 없으므로, 나는 단지 도시를 익숙한 것으로 받아들일 수밖에 없는 내 태생적 한계를 의심함으로써만 간신히 도시라는 이름으로 내 앞에 와 있는 세계와 불화할 수 있었다.

벤야민이 파리를 선택했던 것은 어떤 불가피함 때문이었을 것이다. 그것의 이름을 정치적 망명이라고 하든, 운명이라고 하든, 그에게 파리는 고향을 빼앗긴 자가 스스로 만들어 낸 인공의 고향, 혹은 의식의 막다른 골목과도 같은 곳이 아니었을까. 보들레르와 프루스트, 초현실주의와 아케이드가 없었다면 전시의 파리에서 그는 지독한 막막

함을 견디기 어려웠을 것이다. 그곳에서 그는 모국어와 낯설어지고, 마침내는 자기 자신과도 낯설어짐으로써 비루한 삶을 넘어섰던 카프카처럼 살았다. 때문에 벤야민이 카프카에게서 읽어 낸 '좌절한 자의 순수성과 아름다움'은 한편으로는 그 자신에게 속한 말이기도 하다. 무한히 많은 희망, 하지만 그 자신을 위한 것은 아닌 희망을 발굴하기 위해 그는 파리의 국립도서관, 19세기의 장서들 더미 속으로 몸을 낮추었다.

『아케이드 프로젝트』의 두꺼운 책장을 넘길 때마다 나는 어린아이가 되어 버린 벤야민을 상상한다. 글자 상자 속에 손을 넣어 낱말이 적힌 종이를 꺼내 드는 아이처럼, 하나의 문장을 만나기 위해 그는 수도 없이 파리의 국립도서관 장서들 틈으로 손을 밀어 넣었을 것이다. 어쩌면 그때마다 그는 자기 앞에 펼쳐지는 새로운 세계를, 무한한 희망들을 보았을지도 모른다. 내게 벤야민의 프로젝트는 하나의 흥미진진한 놀이처럼 보였고, 그가 만든 『아케이드 프로젝트』라는 하나의 커다란 글자 상자에서 뽑아낸 몇 개의 단어들, 몇 개의 문장들을 이리저리 꿰어 맞추는 놀이에 시간 가는 줄 몰랐다. 그러므로 이 책은 벤야민의 사유와 『아케이드 프로젝트』를 읽어 내는 가능한 독해 중 하나, 그것을 즐기는 놀이의 한 방식일 뿐이다. 어떤 항목, 어떤 개념을 손에 쥐느냐에 따라 매번 다른 서사를 구성할 수 있다는 것이 이 놀이의 가장 흥미로운 점이고, 나는 그 가능성들 중 하나를 내 자신의 문장으로 다시 '번역'해 내는 방식으로 그의 놀이에 동참하고 싶었다.

이 책은 4장으로 이루어져 있다. 1장에서는 발터 벤야민의 철학적 개념, 혹은 역사 구성의 방법이 탄생하게 된 배경과 개인의 학습 경험에 대해 이야기했다. 한 사상가의 성장 과정과 경력을 위주로 한 연대기적 서술에서 벗어나, 여행과 지적 편력, 그리고 성격이 그 자신의 사유를 어떻게 풍요롭게 만들었는지에 주목했다. 벤야민에 대한 어떤 고정된 이미지, '우울하고 운이 없는 유대인 사내'라는 이미지가 그에 대한 오랜 편견을 구성해 왔고, 그것이 벤야민의 사유를 풍부하게 읽어 내는 데 방해가 될 수도 있다고 생각했기 때문이다.

2장에서는 일반적인 책의 식에서 벗어나 있는 『아케이드 프로젝트』를 미완의 저작으로서가 아니라 독자의 독해 방식에 따라 다양하게 해독 가능한 '매뉴얼'의 관점에서 접근했다. 1935년과 1939년에 썼던 두 개의 개요, 그리고 『아케이드 프로젝트』의 N 항목에 주로 제시되어 있는 문제의식과 방법론을 중심으로 이 프로젝트에 접근할 수 있는 몇 가지 키워드를 제시했다. 글쓰기 방법론으로서의 '트락타트', 운동과 정지, 모순의 긍정을 모두 함축하고 있는 벤야민 특유의 '변증법적 이미지', 때로는 문학적이고 때로는 비의적인 이미지적 비유로서의 '알레고리', 그리고 꿈과 각성의 구조, 건축학적 사유, 진보 이론에 대한 비판적 접근 등이 이 장에서 주로 이야기되는 것들이다.

3장에서는 『아케이드 프로젝트』의 각 항목들 속에 인용 혹은 메모의 형태로 배치되어 있는 문장들을 토대로 19세기 파리의 문화적 풍경들을 재구성해 보았다. 아케이드, 패션, 박람회와 당시 미디어들이 어떤 방식으로 '판타스마고리아'의 세계를 펼쳐 보이는지, 그것이 국가-자본의 대중 지배 전략으로 어떤 효과를 생산했는지를 보여 주고자 했다. 벤야민은 『아케이드 프로젝트』 전체를 통해 하나의 일관된 태도를 보여 주는데, 그것은 어떤 사물이나 사건, 혹은 시대 전체를 최대한 입체적으로(그 자신의 표현을 빌리자면 '긍정적으로') 바라보고자 하는 것이다. 어떤 것도 단일한 의미로 규정되지는 않으며, 외부와의 관계나 배치에 따라 매번 다른 성격을 부여받을 수 있다는 입장을 그는 일관되게 유지한다. 궁극적으로 벤야민에게 중요했던 것은 판타스마고리아의 세계(꿈)에서 벗어나(혹은 깨어나) 자기 자신과 시대를 '각성'하는 것, 그것을 통해 '혁명'의 에너지를 얻는 것이었다. 때문에 그에게는 대도시의 형성과 더불어 탄생한 '군중', 군중의 일부이지만 그들과 비판적 거리를 유지하는 '산책자'(혹은 룸펜 프롤레타리아트인 예술가), 그리고 생산의 주체인 노동자계급이 모두 의미 있는 존재였다.

4장에서는 베르그손과 프루스트, 그리고 맑스가 벤야민 속에 어떻게 자리 잡고 있는지를 보여 줌으로써 그가 가진 역사에 대한 독특한 입장과 방법론에 대해 이야기하고자 했다. 벤야민이 어디선가 말했던 것처럼 그가 역사와 예술, 문화와 풍속 등을 이야기할 때, 혹은 그 어떤 것을 이야기하든 그것은 언제나 '현실성을 불러일으키는 것', 즉 '정치'를 문제 삼는 것으로 수렴된다. 이것을 위해 그는 매번 새로운 문체, 새로운 방법을 고안해 왔던 것이다.

또 하나의 책을 마무리한다. 벤야민을 읽으며 보냈던 지난 몇 년 동안 절망과 황홀 사이를 수도 없이 오락가락했다. 어쩐지 불만족스러운 점이 자꾸 눈에 밟혀서 이 글을 세상에 내보내는 일이 망설여진다. 하지만, 그에게서 배운 것이 많으므로 내가 맛보았던 앎의 기쁨을 나누는 것이 또한 도리일 것이다. 함께 글을 읽고 생각을 나눈, 무엇보다 셀 수 없이 많은 밥그릇을 나누어 온, 나의 친구이자 스승인 〈수유+너머〉가 없었다면 이 글은 영영 나올 수 없었을 것이다. 게으르고 소심한 내게 넘치는 애정을 보여 준 그린비출판사, 특히 박태하 군에게 감사의 말을 전한다. 외국어에 무능한 내가 벤야민과 만날 수 있도록 그의 글을 번역해 주신 좋은 선생님들께도. 그리고 가장 미적인 거리를 유지함으로써 언제나 사이가 좋은 나의 가족들과 벤야민이 말했던 '과거가 현재화되는 방식'을 지구 저편 14시간 전 과거로부터 내게 알려준 친구에게도 고마운 마음을 전하고 싶다.

　　　　　　　　　　　2009년 11월 어느 햇빛 좋은 주말 오후
　　　　　　　　　　　　〈수유+너머〉 남산 연구실에서
　　　　　　　　　　　　　　　　　권용선

세계와 역사의 몽타주,
**벤야민의
아케이드
프로젝트**

>>차례

책머리에 5

1장 • 여행의 명수, 혹은 사방으로 펼쳐진 책들의 저자 13
1_ 어두운 시대의 우울한 사람? 15
2_ 파괴적 성격 혹은 매번 새롭게 태어나는 사나이 26
3_ 여행의 명수, 세계를 기록하다 40

2장 • 세계의 파편들로 사유의 식탁을 차리는 방법 55
1_ 아케이드 프로젝트, 완결되기를 거부한 책 57
2_ 두 개의 개요 63
3_ 방법의 창안 77
 별자리, 혹은 사유의 형세가 펼쳐지는 방식 80 | 변증법적 이미지와 역사유물론 86 | 트락타트, 인용과 메모로 이루어진 철학적 문체 90 | 알레고리, 세계의 파편들을 읽는 방식 96 | 건축적 상상력과 사유의 건축술 104

3장 • 판타스마고리아의 세계에 오신 것을 환영합니다 111
1_ 상품들의 신전과 꿈꾸는 실내 113
 알파빌, 어떤 미래의 판타스마고리아 113 | 브르통과 르코르뷔지에를 한 데 아우른다는 것 115 | 꿈속을 들여다보면 124 | 자본의 욕망, 혹은 판타스마고리아의 번쩍거림 129 | 아케이드의 이면, 지하의 파리 151

2_ 미디어, 복제기술의 승리와 혁명의 기표들 160
   베르토프, 에이젠슈타인, 혹은 간격을 사유한다는 것 160 | 인쇄혁명, 문자 혹은 지식
   의 대중화 168 | 기술혁명과 새로운 예술의 등장 175
3_ 군중·산책자·프롤레타리아트 187
   군중의 탄생, 군중의 발견 187 | 산책자, 군중 속의 이방인 195 |
   사회운동과 프롤레타리아트의 발견 203

4장 • 이것은 역사가 아니다? 215

1_ 왜 1848년인가 217
   사건들, 사건들 217 | 맑스가 혁명의 실패에 흥분했던 이유 222 | 벤야민의 맑스 227
2_ 무의지적 기억과 각성의 방식들 234
   유년, 회상 234 | 프루스트라는 나침반 혹은 잃어버린 시간을 찾는 법 239 |
   기억의 지도를 그리는 방식 250
3_ 집단의 기억 혹은 '역사' 개념에 관하여 257
   자동인형을 조종하는 난쟁이처럼 257 | 역사를 쓴다는 것, 혹은 섬광의 이미지 265 |
   코뮌의 구성 혹은 주권자 되기 269

부록 273

『아케이드 프로젝트』의 원목차 274 | 이 책에서 참고한 글의 출처 276
이 책과 함께 읽으면 좋은 책들 280 | 찾아보기 282

일러두기

1 이 책이 인용한 『아케이드 프로젝트』의 판본은 조형준이 옮기고 새물결 출판사에서 펴낸 2008년 판본이다. '노트와 자료들'에서 인용한 경우 별도의 쪽수 표기 없이 벤야민 스스로 붙인 알파벳과 숫자의 조합으로만 표기했고, 다른 부속물에서 인용한 경우 부속물 제목과 쪽수로 표기했다. 벤야민이 다른 저작을 인용하면서 원저작자의 이름과 출처를 남긴 경우 빗금 앞에 병기해 두었다.
2 벤야민의 다른 저작을 인용한 경우 저자 이름 없이 글 제목과 쪽수를 표기하였다. 인용한 판본은 권말의 '이 책에서 인용한 글과 참고한 글의 출처'에 수록해 두었다.
3 벤야민 외 다른 저자의 저작을 인용한 경우 저자의 성과 글 제목, 쪽수를 표기하였다. 번역을 인용한 판본 역시 '이 책에서 인용한 글과 참고한 글의 출처'에 수록해 두었다.
4 인용문 중에서 대괄호([ ])는 인용자가 덧붙인 것이다.
5 단행본·정기간행물에는 겹낫표(『 』)를, 논문·단편 등에는 낫표(「 」)를 사용했다.
6 외국어 고유명사는 2002년에 국립국어원에서 펴낸 외래어 표기법을 따라 표기했다. 단, 기존의 관례가 굳어서 쓰이는 것들(예: 벤야민, 도스토예프스키 등)은 관례를 따랐다.

1장

여행의 명수, 혹은 사방으로 펼쳐진 책들의 저자

그는 어디서나 길을 보기 때문에 그 자신은 언제나 교차로에 서 있다.
어떤 순간에도 그는 다음의 순간에 무엇을 가져다줄지에 대해 알지 못한다.
현존하는 것을 그는 파편으로 만드는데, 그것은 파편 그 자체를 위해서가 아니라,
그 파편을 통해 이어지는 길을 위해서다.

「파괴적 성격」, 29쪽

1_어두운 시대의 우울한 사람?

벤야민에 대해 말하는 사람들 대부분은 그를 비극적 인물로 묘사하고 싶어 한다. 물론 그들이 만들어 내는 '불행' 혹은 '우울'의 정조는 살면서 한번도 자신의 뜻을 제대로 꽃 피우지 못한, 지독히도 운이 없었던 한 사내에 대한 애정과 연민을 전제로 한다. 거칠게 말하자면 이렇다. 그는 성인이 된 이후로 늘 경제적으로 불안정했고, 일정한 직업을 갖지도 못했으며, 일련의 프로젝트들은 좌절되기 일쑤였고, 사랑이나 연애마저도 그의 뜻대로 되지 않았다고. 심지어는 운이 나빴기 때문에 자살할 수밖에 없었다고. 하지만 무엇보다도 그를 '불행한 벤지'라고 부르지 않을 수 없는 이유는, 그가 지독히도 운이 나빴다는 사실 때문이 아니라(세상에는 이 정도로 운이 나쁜 사람들은 얼마든지 있으니까), 그가 살아 있는 동안 제대로 이해받지 못했다는 점 때문이라고. 이를테면 아렌트(Hannah Arendt)와 손택(Susan Sontag)이 벤야민을 바라보는 시선이 그렇다. 그들은 모두 벤야민에 대해 깊은 애정을 갖고 있었고, 한 인간과 그가 남긴 업적에 대한 깊은 통찰을 보여 주지만, 그 방식은 어딘지 모르게 불편하다.

손택은 벤야민을 토성의 영향을 받아 '우울한'(멜랑콜리) 사람이라고 말한다.

프랑스인들은 벤야민을 '슬픈 사람'이라고 불렀다. 젊은 시절 벤야민의 모습은 "심오한 슬픔"이 그의 특징인 것처럼 보였다고 숄렘(Gershom Scholem)은 썼다. 벤야민은 스스로를 우울한 사람으로 생각했고 현대 심리학에서 붙이는 명칭을 경멸하여 전통적인 점성술적 개념을 끌어온다. "나는 토성의 영향 아래 태어났다. 가장 느리게 공전하는 별, 우회와 지연의 행성……." 벤야민의 주된 작업, 1928년 출간된 독일 바로크 연극에 관한 책과 완성되지 못한 「파리: 19세기의 수도」는 이 책이 우울증 이론에 얼마나 많이 의존하고 있는지 파악하지 못하면 완전히 이해하기 어렵다(손택, 「토성의 영향 아래」, 『우울한 열정』, 66~67쪽).

멜랑콜리(melancholy), 한국어 번역으로 '우울'이라고 말하는 그것은 어떤 대상과의 마주침 속에서 만들어지는 슬픔의 감응적 상태를 의미한다. 『독일 비애극의 원천』에서 벤야민은 그것을 "불안의 전율로서 인간의 마음에 지배력을 행사하는 것"이라고 정의했다. 즉 '우울'은 삶의 안전이 보장되지 않는 상태, 혹은 미래의 위험에 대한 불안 때문에 생겨난다. 때문에 그것은 단순히 개인의 성격이나 기질의 문제를 넘어서 한 인간을 둘러싸고 세계가 움직이는 방식, 그 관계 양상과 깊은 관련을 맺고 있다.

벤야민이 논문의 대상으로 삼았던 바로크 시대의 경우, 계속되는 전쟁과 질병, 전제군주와 교회의 긴장 관계 속에서 '죽음'은 일상적인 경험이었고, '우울'은 지배적인 정서였다. 바로크인들의 우울한 시선으로 바라보는 세계는 공허하고 삶은 불안했지만, 그들은 자신들이 느끼는 우울의 정서를 이념적으로 사유하고 예술적으로 표현함으로써 그로부터 벗어나고자 했다. 바로크 시대와 우울을 바라보는 벤야민의 탁월성은, 이러한 방식으로 우울의 '능력'을 날카롭게 발견했다는 데 있다. 그는 그리스 시대부터 바로크 시대에 이르기까지 토성의 영향 아래에 있다고 이야기되는 '우울한 자'가 갖고 있는 '지성과 명상력'에 주목했고, 그것은 세기말을 살았던 보들레르(Charles-Pierre Baudelaire)와 파시즘의 시대를 견뎌야 했던 벤야민 자신에 대한 발견이기도 했다. 죽음이라는 예외적 상태가 일상화되어 있는 세계, 증식하는 불안 속에서 우울과 허무, 권태와 무기력을 넘어 삶을 의욕할 수 있는 방법, 깨어 있는 지성과 명상적 능력으로 삶을 살아가는 것. 벤야민은 그 자신이 '토성의 영향 아래에서 태어난 우울한 사람'이라는 점을 부인하지 않았지만, 그 우울을 사유하고 통찰함으로써, 우울의 능력을 발견함으로써 그 힘으로 세계를 이해하고 삶을 살아갔다.

아렌트는 어떤 범주로도 벤야민의 활동을 묶을 수 없다는 것, 어떤 방식으로도 그의 삶을 설명할 수 없다는 것에 대해 말할 수 없는 곤란함을 느껴야 했다.

그의 업적을 올바르게 기술하고 그를 우리들의 통상적인 사고의 틀 속에서의 저술가로 묘사하기 위해서는 다음과 같은 많은 부정적인 서술

젊은 시절의 벤야민
그는 정말 '어두운 시대의 우울한 사람'이었을까? 세계의 진실을 꿰뚫어 보는 듯한 그의 눈빛을 보라.

방법을 취하지 않으면 안 된다. 이를테면, 그의 학식은 위대했지만 그는 학자는 아니었다. 그의 주제 속에는 원전과 그것의 해석에 관한 것이 포함되어 있었지만 언어학자는 아니었다. 그는 종교가 아닌 신학에는 깊은 매력을 느꼈으며 원전 자체를 신성한 것으로 보는 신학적 형태의 해석에는 깊은 매력을 느꼈지만 신학자는 아니었으며 성서에 특별한 관심을 보이지 않았다. 그는 천부적인 문장가였지만 그의 최대의 야심은 전부가 인용문으로 이뤄진 글을 써 보는 것이었다. 그는 프루스트(프란츠 헤셀과 공역)와 생-종 페르스를 번역한 최초의 독일인이며 그 이전에 보들레르의 『파리의 풍경』을 번역했지만 번역가는 아니었다. 그는 서평을 썼고 생존 또는 작고한 작가에 관한 숱한 평론을 썼지만 문학평론가는 아니었다. 그는 독일 바로크에 관한 책을 썼고 19세기 프랑스에 관한 방대한 미완의 연구를 남겼지만 문학사가 또는 다른 분야의 역사가는 아니었다. 그가 시적 사고를 지녔다고 나는 분명히 보고 싶지만 그는 시인도 철학자도 아니었다(아렌트, 「발터 벤야민」, 『어두운 시대의 사람들』, 167~168쪽).

이토록 곤란한 사람이 있을까? 부정의 방식으로밖에는 자신의 존재를 증명할 수 없는 사람이라니. 하지만 벤야민의 흔적들은 전통적인 방식으로서가 아니라, 그 자신이 말했던 것처럼 그의 텍스트를 우리가 펼치는 그 순간 즉시 '현재화되는 과거'의 '이미지'로 그 형태를 드러낸다. 그는 아렌트의 말처럼 그 무엇도 아니었지만, 그 무엇으로 분류되는 사람들이 남겼던 것 이상으로 그 무엇들에 대해 이야기했고, 그 내용들은 대부분 우리 시대에도 여전히 유의미하다. 그가 특별한 존재인 이유는 그가 그 무엇도 아니었음에도 불구하고 그 무엇들에 대한 빛나는 흔적을 남겼다는 것이 아니라, 그 무엇이라도 될 수 있었음에도 불구하고 그 무엇도 되지 않았던(하지만 때로는 될 수 없었던) 그의 선택, 혹은 탁월한 위치 감각에 있다. 그는 어느 하나의 장소 혹은 위치를 점유함으로써 영향력 있는 지식의 권력자가 되는 것을 거부했다. 그는 끊임없이 위치 이동하고 시선의 위치를 바꾸며 글쓰기의 패턴을 교정하면서 매번 다른 것들을 만들어 냈다. 그가 원했던 것은 분류 불가능한 것들의 존재 가능성을 스스로 증명해 보이는 것이었다.

벤야민이 '유대인'이었다는 점은 어쨌든 한번쯤 주목해 볼 만한 문제이다. 그것은 두 가지 측면에서 그러한데, 그 중 하나는 다분히 그의 죽음과 연관된 것으로 보이는, 운명론적 상황으로 그를 이해하려는 태도 때문이다. 손택이나 아렌트처럼 자기 의지와는 별개로 운명의 피해자로 그를 바라보는 시선들. 조금 다른 경우이긴 하지만 벤야민의 절친한 친구였던 숄렘은 벤야민이 '어쨌든' 유대인이었고, 유대교 신자였으며, 유대주의적인 것으로부터 벗어나지 않았다고 믿고 싶어 했고, 시종일관 그것을 증명하고 싶어 했다. 정도의 차이만 있을 뿐, 많은 연구자들에 의해 벤야민은 20세기의 다른 유대인 출신 사상가들과는 비교가 되지 않을 정도로 유대인이었다는 점이 끊임없이 상기되고 강조된다. 그런 점에서 그는 희생양이다. 파시즘의 희생양이며, 파시즘의 잔악성을 선전하기 위한 도구로서의 희생양이다. 하지만 희생양에 대한 동정과 연민의 시선은 그를 올바로 바라보는 일을 방해한다.

다른 하나는 벤야민이 유대인 혹은 유대적 종교관을 지니고 있었다는 것을 강조함으로써 사람들이 그의 사상적 독창성과 개념적 까다로움을 회피할 수 있다는 것이다. 많은 사람들이 벤야민이 모스크바를 방문한 이후, 혹은 1930년대에 들어서면서 '맑스주의로의 사상적 전환'을 감행했다고 말한다. 근거가 있는 말들이다. 문제는 벤야민이 혹은 벤야민의 작품들이 그것을 완벽하게 증명하지 않는다는 데 있다. 1920년대 초반에 쓰여진 「폭력비판을 위하여」에서도 그의 급진적 정치성은 강하게 읽히며, 말년의 「역사철학테제」에서도 현란한 종교적 수사가 거침없이 사용되기 때문이다. 이러한 현상을 '맑스주의+유대주의'라는 식으로 절충적으로 이해해서는 곤란하다. 쉽게 장악되지 않는 벤야민의 '개념들'은 손쉽게 '유대교적인 것'으로 간주될 위험에 언제나 노출되어 있다.

중요한 것은 벤야민이 유대인이었다는 것도, 그것 때문에 그가 불행하고 복잡한 삶을 살았다는 것도, 그것이 결국 그의 사상의 복잡함을 노정했다는 것도 아니다. 문제는 유대인으로서의 벤야민이 한 명의 지성인으로서 자기 존재를 구성하는 그 특성에 대해 어떤 태도를 취했는가 하는 것이다. 이 부분에 관해서는 아렌트의 언급을 주목할 필요가 있다.

카프카(Franz Kafka), 크라우스(Karl Kraus), 벤야민과 같은 높은 도덕성과 지성을 갖춘 사람들을 다루는 경우······ 그들의 [반유대주의] 비판에 통렬한 날카로움을 보여 준 것은, 반유대주의 그 자체가 아니라, 유대인 중산 계급의 반유대주의에 대한 반발이었는데, 지식인들은 이들 중산 계급과 일체화되지 않았다. 여기서 문제가 되는 것은, 점차 위엄을 잃어 가는, 변명하는 입장을 취하는 유대인 관리가 아니었다. 지식인들은 이들 관리와 거의 접촉을 하지 않았기 때문이다. 문제가 되는 것은 오히려 넓게 퍼져 있는 반유대주의의 존재를 부정하면서, 부르주아 유대인들은 자기기만을 위해서 모든 무대 장치를 동원해서 현실로부터 도피하려는 데 있었다. …… 결정적인 것은, 이들[카프카나 벤야민 등]이 유대인의 지위나 유대교에 '복귀하려는' 의사를 갖지 않았다는 데 있으며 또 그렇게 되기를 바랄 수도 없었다는 데 있다. …… 그 이유는, 모든 전통과 문화, 그리고 모든 '귀속'이 그들에게는 회의적이었기 때문이다(아렌트, 「발터 벤야민」, 199~203쪽).

벤야민은 자신이 유대인이라는 이유로 무조건 '반유대주의'에 반대하지 않았다. 오히려 그는 자신의 출신 배경이기도 한 '유대인 중산층'이 당대의 지배계급으로서 자본과 권력을 행사하는 방식에 대해 훨씬 근본적으로 문제 삼았다. 그는 부르주아 계급의 '자기기만'에 비판적이었고, 그것은 유대인 출신이라고 해서 예외일 수 없었다. 그것이 오히려 어떤 점에서는 그 자신에게 훨씬 문제적인 상황으로 이해되기도 했을 것이다. 그가 유대인으로서의 지위나 유대교에 복귀하려는 의사를 갖지 않았으며, 모든 전통과 문화, 그리고 '귀속'에 회의적이었다는 아렌트의 진단은 타당하다. 결국 우리가 잊지 말아야 할 것은 한 명의 지성인으로서 벤야민이 자기 자신과 세계에 작동하는 힘의 편재를 어떻게 이해했고, 그것들에 대해서 어떠한 태도를 취했는가 하는 점인 것이다.

많은 사람들이 '맑스주의로의 전환'이라고 부르는 이 시기에 대한 벤야민 자신의 진술은 이렇다.

일차세계대전과 이차세계대전 사이의 기간은 나의 경우에도 1933년 이전의 시기와 1933년 이후의 두 시기로 나누어진다. 1933년 이전의 시기 동안 나는 비교적 긴 여행을 통하여 스칸디나비아 제국, 러시아 및 스페인을 알 기회를 가졌다. 이 기간 동안의 작업의 성과는…… 현대의 주요 작가의 작품에 나타난 특징을 연구한 일련의 비평논문들이다. 이에 속하는 것으로서는 카를 크라우스, 프란츠 카프카, 브레히트(Bertolt Brecht), 마르셀 프루스트(Marcel Proust), 줄리앙 그린(Julien Green), 초현실주의 작가들에 관한 연구가 있다. 잠언 형식의 글을 모은 에세이집인 『일방통행로』(1928) 역시 이 시기에 쓰여졌다.…… 1933년 3월 나는 독일을 떠났다. 그 후의 나의 주요 연구논문은 모두 사회문제연구소의 기관지에 발표되었다.……「수집가와 역사가로서의 푹스」라는 논문은 조형예술의 사회학에 관한 시론이다.「기술복제시대의 예술작품」이라는 논문은 일정한 예술 형식, 특히 영화를 사회적 발전 과정 속에서의 예술의 기능 변화라는 관점에서 파악하려고 하였다(문학적 영역에서 이와 유사한 문제를 추적한 것은「얘기꾼과 소설가」라는 논문이다). 나의 마지막 논문인「보들레르의 몇 가지 모티프에 관해서」는 19세기의 문학을, 19세기에 관한 비판적 인식을 획득하기 위한 수단으로 삼는 것을 그 과제로 하는 일련의 연구작업 중의 단편적 결과이다(「나의 이력서」, 13쪽).

주로 지적인 작업을 위주로 서술되어 있는 벤야민 자신의 진술을 따르자면, 1933년은 그 자신에게 중요한 분기점이 된다. 독일을 떠나 파리에서 본격적으로 망명생활을 시작한 것이 이때부터이다. 파리의 국립도서관에서 그는 모스크바 방문 이후 시작되었으나 중단되었던 『아케이드 프로젝트』 작업을 재개했고, 1940년 파리를 떠날 때까지 여기에 주력했다. 1933년 이전에 벤야민의 지적 작업이 주로 작가 연구에 집중되어 있었다면, 1933년 이후의 작업들은 예술의 형식과 기능의 변화, 그것의 사회적 작용에 대한 것, 그리고 근대적인 것의 기원으로서 19세기에 대한 탐사에 맞추어져 있다. 위에서 제시한 그의 모든 작업들은 『아케이드 프로젝트』 속에서 일정하게 작용하고 있는데, 그것은 때로는 개념과 관련되며 때로는 글쓰기와 관련되고, 또 때로는 이론적 방법의 틀로 활용된다. 혹은 많은 부분들이 그 자체로 '인용'된다.

벤야민은 어디에선가 "어떤 작가의 작품을 통해 그를 이해할 수는 있지만, 작가를 안다고 해서 반드시 그의 작품을 이해할 수 있는 것은 아니다"라는 요지의 말을 한 적이 있다. 한 작가에 의해 생산된 결과물로서의 작품에는 말할 것도 없이 작가의 교육과정, 생활환경, 취미와 지식, 세계관 등이 투사되어 있다. 한 개인이 사회 속에서 독립적인 개인으로 자리 잡기 위해서는 내·외부적인 힘들의 작용이 필요하다. 한편 작가에 의해 생산된 작품은 그 작가 자신의 유산인 동시에 그 자체로 하나의 완결된 세계이다. 때문에 작품은 작가의 의도를 배반한 결과를 언제나 자신의 일부로 지닌다. 어떤 작가를, 혹은 그의 작품을 이해한다는 것은 그러므로 언제나 불충분하다. 위대한 혹은 대가라는 수식어가 붙은 인물들에 대해서는 한층 더 곤란함이 따른다.

  벤야민에 '대한' 글들은 세상에 충분히 많다. 간략한 연보부터 평전과 작가론과 작품론, 그 자신이 쓴 이력서에 이르기까지. 우리는 이것들 중 어떤 것을 선택해도 몇 가지 움직일 수 없는 사실들을 확인할 수 있다. 그가 19세기의 끝 무렵에 독일 베를린에서 부유한 유대인 중산층 상인의 아들로 태어났다는 것, 대학에서 철학·독문학·심리학 등을 공부했고, 독일의 바로크 시대 비극을 주제로 박사논문을 썼으며, 보들레르와 프루스트를 번역했고, 초현실주의에 관심을 가졌으며, 브레히트, 아도르노(Theodor Adorno) 등과 교류했다는 것. 여행을 좋아해서 이탈리아·스위스·프랑스·러시아 등을 돌아다녔고, 1933년 독일을 떠난 후 전쟁과 파시즘의 횡포로 파리를 떠날 때까지 줄곧 그곳에서 19세기 파리에 대한 연구를 진행했다는 것, 미국으로 망명하기 위해 프랑스를 빠져나왔지만 스페인 국경을 넘지 못하고 결국 자살로 생을 마감했다는 것 등이다. 이 정도면 충분하다. 우리의 관심은 개인으로서의 발터 벤야민이 아니라 『아케이드 프로젝트』라는 몹시 기묘한 책에 있으며, 그 책이 보여 주는 각종의 수수께끼를 풀 수 있는 열쇠는 그의 이력이 아니라 그 자신이 '쓴 것들' 속에 있기 때문이다.

2 _ 파괴적 성격 혹은 매번 새롭게 태어나는 사나이

아렌트가 벤야민을 '부정의 존재'로 규정했던 것은, 그가 단일한 정체성으로 수렴되지 않았고, 단일한 척도로는 그의 존재가 포착 불가능했기 때문이다. 앞서 말했듯이 그는 그 무엇도 될 수 없었기 때문에 이리저리 방황했던 것이 아니라 그 무엇이든 되고자 했기 때문에 자신의 능력과 욕망에 따라 움직여 다녔다. 그에게서는 자신의 고유한 영토를 만들고 그곳에 안주하는 정착민의 특성은 찾아보기 힘들다. 그의 성격은 오히려 척박한 불모의 땅을 찾아다니며 쓸 만한 곳으로 만드는 일에 관심을 가졌던 유목민(nomad)의 것에 가깝다. 유목민은 벤야민 자신의 표현을 빌리자면, '파괴적 성격'을 지닌 자이다.

> 파괴적 성격은 단 하나의 구호만을 알고 있는데, 그것은 공간을 만드는 일이다. 그리고 파괴적 성격은 단 하나의 행동만을 알고 있는데, 그것은 공간을 없애는 일이다. 맑은 공기와 자유로운 공간에 대한 그의 욕구는 어떠한 증오보다도 강하다(「파괴적 성격」, 27쪽).

파괴적 성격은 '공간을 만들자'라는 구호로 공간을 없애는 것을 실천하는 자이다. 그는 어떤 공간을 없앰으로써 새로운 공간을 만드는 자, 기존의 공간을 비움으로써 새로운 공간의 용법을 창안하는 자이다. 때문에 그는 한곳에 머무르지 않는다. 끊임없이 움직이며 '자유로운 공간'에 대한 욕망을 실천한다. 자유로운 공간을 창안하는 것, 단일한 척도와 법칙에 의해 묶이지 않고 그것이 권력으로 작동하지도 않는 공간, 위계와 법칙의 벽 없이 누구나 자유롭게 외부와 소통하고 접속할 수 있는 공간. 그런 공간이 파괴적 성격의 유목민이 욕망하는 '자유로운 공간'이다. 그것을 방해하는 공간을 없애는 단 하나의 행동만을 알고 있는 파괴적 성격의 유목민을 들뢰즈(Gilles Deleuze)는 '전쟁기계'라고 불렀다. 벤야민은 전쟁기계다. 그는 말한다. "파괴적 성격은 젊고 쾌활하다. 왜냐하면 파괴한다는 것은 우리들 본래의 나이의 흔적을 없애 버리는 것이기 때문이다"(「파괴적 성격」, 27쪽). 파괴적 성격의 유목민, 전쟁기계로서의 벤야민은 우울하지도, 불행하지도 않았다. 그는 높은 전투력으로 고착된 지식의 공간(영토)을 지우고 새로운 사유와 표현의 공간을 창안하고자 했으며, 그것을 위해 필요하다면 언제든 어디로든 떠날 준비를 갖추고 있었다.

파괴적 성격은 지식인의 적이다. 지식인들은 안일을 찾는다. 그리고 이러한 안일의 핵심은 그들이 살고 있는 집이다. 이 집의 내부는 그가 이 세상 위에 찍어 낸 우단으로 만든 흔적이다. 파괴적 성격은 심지어 파괴의 흔적까지도 지워 없앤다(「파괴적 성격」, 28쪽).

강신영, 「대지의 틈새」, 2007

'파괴적 성격'은 자유로운 공간을 만드는 데 방해가 되는 것들과 언제 어디서나 싸움을 벌인다. 그것은 낡은 지식의 체계와 권위에 안주하지 않고 언제나 새로운 길을 탐색하는 깨어 있는 정신이다.

벤야민이 이렇게 이야기했을 때, 그것은 그 자신을 포함한 지식인 집단의 존재 방식을 문제 삼는 것이었다. 견고한 지식의 체계 속에서 전문적인 언어로만 이야기하며 세상과 소통하지 않으려는 지식인의 오만하고 안일한 태도는 '파괴적 성격'으로만 바꿀 수 있다.

안일을 찾는 지식인을 경멸하고 새로운 지식의 공간을 만들어 가는 파괴적 성격은 '역사적 인간의 의식'을 가지고 있다. 그는 '세상사의 진행에 대한 극복할 수 없는 불신'을 갖고 있고, 세계사가 퇴보의 방향으로 진행될 수도 있다는 것을 알고 있지만, 더 나은 세계에 대한 믿음으로 '파괴적' 행동을 실천한다. 그에게는 모든 것이 다 길이다.

> 다른 사람들이 벽이나 산과 마주치는 곳에서 그는 하나의 길을 본다. 그러나 이처럼 그가 어디에서나 하나의 길을 보기 때문에 그는 길로부터 비켜나지 않으면 안 된다. 이때 그는 언제나 조야한 폭력을 가지고 길로부터 비켜나는 것이 아니라 때로는 매우 세련된 폭력으로 길로부터 비켜난다. 또 그는 어디에서나 길을 보기 때문에 그 자신은 언제나 교차로에 서 있다. 어떤 순간에도 그는 다음의 순간이 무엇을 가져다줄지에 대해 알지 못한다. 현존하는 것을 그는 파편으로 만드는데, 그것은 파편 그 자체를 위해서가 아니라, 그 파편을 통해 이어지는 길을 위해서다(「파괴적 성격」, 29쪽).

파괴적 성격을 지닌 유목민이 '역사적 인간의 의식'을 지니고 '현존하는 것을 파편으로 만드는' 작업을 할 때, 그것은 하나의 '길'을 만드는 행위와 연결된다. 안일한 지식인이나 체계에 순응하며 살아가는 사람들의 눈에는 벽이나 산으로만 보이는 것이 파괴적 성격을 지닌 자에게는 길로 보인다. 그는 견고한 지식의 체계에 '우울한 자'의 능력인 명상적 지성의 사유를 대비시킴으로써 '세련된 폭력의 길'로부터 벗어나고, '교차로'에서도 방향감각을 잃지 않는다. 그는 '전체를 인식한다'는 거창한 의식 대신에 작은 파편들 속에서도 세계의 본질을 발견할 수 있다는 믿음으로 행동한다. 때문에 벤야민이 『아케이드 프로젝트』에서 다양한 사유의 파편들을 제시했을 때, 그의 목적은 세계를 파편화하고 다시 그것을 조립하는 데 있었던 것이 아니라, 그 파편들 사이에서 만들어지는 '길'(공간)을 발견하는 데 있었던 것이다. 벤야민은 그것을 위해 파괴적 성격의 수집가, 사진작가, 필경사, 산책자, 그리고 비평가와 역사가가 되어야 했다.

19세기의 풍속사가였던 에두아르트 푹스(Eduard Fuchs)에 관한 비평적 연구인 「수집가와 역사가로서의 푹스」를 통해 벤야민은 지식의 경계와 체계를 '파괴'함으로써 새로운 앎의 사유가 가능하다는 것을 보여 준다. 벤야민이 푹스를 주목했던 것은 그가 문화사에서 '변증법적 진전'을 보여 주었던 사람이었기 때문이다. 그는 그동안 문화사에서 빠져 있었던 "변증가의 경험이나 변증법적 사유를 신빙성 있는 진실한 경험으로 보증해 주는"(「수집가와 역사가로서의 푹스」, 284쪽) 파괴적인 성격을 푹스에게서 발견한다. 역사가로서의 푹스는 관념론적 예술관을 뒤엎는, '과거라는 씨줄을 현재라는 직조 속에 짜 넣는' 작업 방식으로 독창적인 세 가지 모티프, 즉 초상화의 해석, 대중예술에 대한 관찰, 그리고 복제기술에 대한 연구를 진행했다. '1830년의 민주주의적 파토스'를 자신의 역사관 속에 가지고 있는 푹스는 벤야민이 보기에 '역사적 인간의 의식'을 가진 파괴적 성격을 지닌 자이다.

역사를 관찰하는 푹스의 태도를 벤야민은 『아케이드 프로젝트』에서 스스로 실험한다. 푹스가 가장 성공적으로 다루었던 프랑스의 풍자화가 도미에(Honore Daumier)는 19세기 파리를 설명하는 데에도 유의미한 것이 되며, 중국의 이름 없는 공예품들을 의미 있게 바라보았던 그의 민중적 시선과 그의 독창적인 세 가지 모티프는 말할 것도 없이 벤야민에게도 중요한 역사 연구의 방법론으로 작용한다.

역사가는 동시에 수집가이기도 하다. 그는 역사의 파편들을 주워 담아 거기서 새로운 가치들을 발견하는 넝마주이이다. 이러한 "수집가 본래의 정열은, 늘 무정부적이며 파괴적이다. 대상, 개개의 사물, 또는 수집가의 보호 아래 숨겨짐에 대해 충성을 맺고 전형적인 것과 분유된 것에 대해서 완강하고 파괴적인 행위를 하는 것은, 수집가의 변증법이다". 수집가에 의해 수집된 사물에 부여된 진정한 가치는 그것이 사용가치나 교환가치 등 자본주의적인 가치법칙으로부터 벗어나 있다는 점에 있다. 전통이나 맥락에서 떨어져 나와 있다는 점에서 그것은 '인용문'과 동일한 역할을 한다. 역사의 파편들은 때때로 문자로 기록된다.

역사의 흔적들을 주워 담는 수집가가 장서가이기도 한 것은 너무나 당연하다. 그에게 독서, 즉 책을 읽는다는 것은 책의 내용을 파악한다는 것이 아니라 행간의 의미를 이해한다는 것이다. 때문에 그가 책

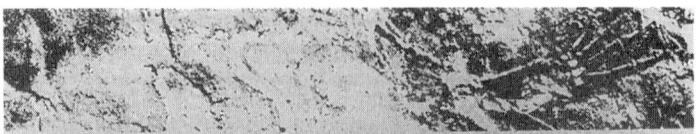

로버트 스미드슨, 「지층들: 어떤 지구사진적인 허구」, 1972
인용자 혹은 필경사는 글을 쓰는 자가 아니라 사진을 찍는 자이다.

을 수집하는 태도 역시 보통의 학자들과는 다르다. 학문적 권위에 의존하는 계통과 체계는 그에게 의미가 없다. 그는 철저히 다른 방식, 이를테면 어린아이가 사물을 다루는 방식으로 사물들과 언어들을 수집한다. "어린이들의 사물 파악 방식은 그들에겐 재생의 또 다른 하나의 방식인 것이다. 해묵은 세계를 새롭게 하는 일, 바로 이것이 수집가의 소망 속에 깃들어 있는 가장 깊은 충동"(「나의 서재 공개」, 32쪽)이라고 그는 말한다. 수집의 방식은 '행간의 의미를 이해하는' 독서의 태도와도 연관된다. 이토록 다양한 훈련의 과정을 통해 『아케이드 프로젝트』의 독특한 방법론은 구성되었다.

중요한 것은 벤야민이 전통 혹은 역사의 권위에 기대지 않고 과거를 다루는 새로운 방법을 창안했다는 것이다. 과거의 유물들을 연속성의 맥락에서 떼어 내 그것들이 가지고 있는 개별적 가치를 발견하는 것이 수집가의 임무라면, 그것은 각기 다른 책 속에서 특정한 문장들을 절단·채취하여 새로운 지면 위에 다시 인용하는 필경사의 작업 속에서도 발견된다. 『아케이드 프로젝트』에서 벤야민이 인용문들을 배치하는 방식은 상식적 일관성의 틀을 넘어선다. '19세기의 파리 풍경'을 '보여 주기 위해' 그는 1820년대에 나온 책들에서부터 자기 당대에 출간된 관련 책들에 이르기까지 엄청난 양의 책들의 여기저기를 절단하고 채취하여 무지막지하게 '비체계적'인 방식으로 새롭게 배열한다. 그것들은 벤야민이 자의적으로 나눈 분류 항목들 아래 '인용'될 뿐, 일관된 척도를 가진 분류 체계와는 무관하다. '인용'은 독해와 이해를 목적으로 하는 것이 아니다. 그것의 목적은 철저하게 있는 그대로를 '보여 주는' 데에 있다. 그러므로 인용자 혹은 필경사는 글을 쓰는 자가 아니라, 사진을 찍는 자이다.

사진은 일종의 파편에 불과한 것으로서, 세월이 지나면 사진 안에 고정되어 있던 내용도 떨어져 나간다. 사진은 이리저리 떠돌다가 아늑하고도 추상적인 과거가 되어 버리기에 다양하게 읽힐 수 있다(아니면 다른 사진과 조화를 이루게 된다). 사진은 일종의 인용구이기도 하기에, 사진을 모아 놓은 책은 인용구를 모아 놓은 책이나 마찬가지이다. …… 사진작가는 (수집가처럼) 비체계적으로, 정확히 말하면 체계 자체를 무시하고 과거에 접근한다. 피사체를 향한 사진작가의 열중은 피사체를 분류할 수 있게 해주는 내용이나 가치와는 별다른 관계가 없다. 사진작가의 열중은 피사체가 바로 그곳에 있다는 사실, 즉 수집가가 진품 여부를 가릴 때 사용하는 기준과도 같은 피사체의 정확성(표정이 정확히 드러나는가, 오브제가 정확히 놓여 있는가 등), 피사체의 본질(피사체를 독특한 것으로 만들어 주는 모든 특징)을 확인해 줄 뿐이다. 사진작가의 유난히 고집스럽고 탐욕스런 시선은 피사체를 분류하고 평가하는 전통적인 방법을 무시할 뿐만 아니라 거부하고 파괴해 버린다(손택, 『사진에 관하여』, 114~122쪽).

사진에 관한 손택의 말은 그 자체로 벤야민이 역사를 다루는 방식을 이해할 수 있는 하나의 열쇠이다. 과거의 기록이라는 점에서 사진과 역사책은 동일하다. 사진이 이미지로 기록한다면 역사책은 문자로 기록한다는 차이만 있을 뿐이다. 다양한 방식으로 읽힐 수 있는 사진책은 인용구들로 이루어진 책과 같다고 손택은 말한다. 벤야민이 '인용으로만 이루어진 책'을 쓰겠다고 했을 때, 그것은 본래의 맥락에서 벗어나 새롭고 다양한 방식으로 감응을 촉발하는 사진과도 같은 책을 쓰겠다는 의미이기도 한 셈이다. 확실히 벤야민은 피사체를 분류하고 평가하는 전통적인 방식을 파괴하는 사진작가의 태도로 문장들을 수집하고 글을 쓴다. 역사의 연속성을 해체시키며 수집한 각각의 텍스트들을 자신만의 항목들 속에 배치시킴으로써.

이러한 기묘한 글쓰기는 인용(더불어 약간의 메모)으로만 이루어진 책을 쓰는 실험에서만 나타나는 것이 아니다. 『일방통행로』나 『1900년경 베를린의 유년시절』과 같은 저작들에서도 벤야민 특유의 '아포리즘적 글쓰기'는 발견된다. 아렌트에 따르면, 독일에서는 리히텐베르크(Georg Lichtenberg), 레싱(Gotthold Lessing), 슐레겔(Friedrich Schlegel), 하이네(Heinrich Heine), 니체(Friedrich Nietzsche) 등이 있었음에도 불구하고 아포리즘적 글쓰기가 높이 평가된 적은 한 번도 없으며, 사람들은 일반적으로 비평이란 신문의 문화면을 장식하는 정도의 공격적인 것이라고 생각했다. 벤야민은 한 편지에서 다음과 같이 말한 바 있다.

> 나 스스로를 위해 설정한 목표는…… 독일 문학비평의 제일인자가 되는 것이다. 문제는 50년 이상이나 독일의 문학비평은 중요한 장르로 취급되지 않았다는 점이다. 비평 속에서 자기 자신의 자리를 창조한다는

것은 비평을 하나의 장르로 재생시키는 것을 의미한다(「벤야민이 숄렘에게」, 1930.1.20).

벤야민이 되고자 했던 '비평가'는 우리가 일반적으로 알고 있는 성격의 비평가들처럼 작품을 해설하고 평가하는 사람과는 거리가 있다. 벤야민은 비평적 대상으로 삼았던 예술가 혹은 연구자들을 통해 무엇인가 그들 안에 있는 고유한 가치를 발견했고, 그것을 철저하게 자기 자신의 것으로 만들었다. 때로는 개념의 형태로, 또 때로는 방법적 틀로 전유하는 방식으로. 이러한 실험을 통해 그는 새로운 글쓰기를 발명했고, 자기 당대에는 없는 새로운 직업을 창안하고자 했던 것이다.

이러한 욕망은 때때로 벤야민에게 외국어로 글을 쓸 것을 강요하기도 했다. 이때의 외국어는 단순히 모국어가 아닌 언어만을 의미하는 게 아니다. 그것은 오히려 카프카가 체코에서 모국어도 외국어도 아닌 독일어로 글을 썼을 때 발견한 자신의 방언과도 같은 것이다. 들뢰즈식으로 말하자면 소수적 언어. 독일 국적의 유대인 재야 지식인의 존재론적 특수성이 만들어 낸, 네이션의 정체성이 부여되지 않은 독일어 혹은 프랑스어는 그 자신의 고유한 방언이라 할 만한 것이다.

카프카는 유대인 작가들의 경우 세 가지 불가능성 속에서 살고 있다고 말했다. '쓰지 않는 것의 불가능성', '독일어로 쓴다는 것의 불가능성', '다른 언어로 쓰는 것의 불가능성'. 이런 딜레마와 긴장 속에서 카프카는 자신만의 방언(스타일)을 발견했다. 벤야민의 경우도 다르지 않다. 그에게도 모국어인 독일어는 일종의 외국어였으며, 그런 한에서 프랑스어나 다른 외국어로 글을 쓴다는 것과 근본적으로 다르지 않았다. 카프카가 제시한 세 가지 불가능성, 즉 글쓰기를 중단할 수도 없고, 독일어로 쓸 수도 없으며, 독일어가 아닌 언어로 쓸 수도 없는 사태 속에서 벤야민 또한 언제나 불화를 경험할 수밖에 없었다. 중요한 것은 카프카나 벤야민이 그 긴장 속에서 자신만의 언어 스타일을 만들어 냈다는 점이다.

벤야민은 어느 장소에도 속하지 못한 자가 만들어 낸 영리한 직업적 발명(이른바 '직업적 야심')으로서 비평가가 되기를 원했던 것이 아니다. 그가 '독일 문학비평의 제일인자가 되는 것'을 욕망했을 때, 표면적으로 그것은 비평을 하나의 권위 있는 장르로 승격시킴으로써 획득할 수 있는 일처럼 보인다. 하지만 그는 대중적인 동의나 학문적 권위를 획득하는 일에 일관되게 무심했고(교수가 되기 위해 그가 했던 노력은 안정적 수입원의 확보 이상의 의미가 아니었다. 그는 사실상 교수가 되기 위한 어떠한 일반적인 노력도 기울이지 않았다. 그의 박사논문은 심사위원들의 이해를 구하기엔 지나치게 불친절한 것이었다), 비평가라는 제도적 칭호가 필요했던 것도 아니다. 그가 의도했던 것은 오히려 '비평'이라는 개념을 그 자신이 철저히 실천하는 데 있었을 뿐이다.

벤야민이 어떤 고유명사를 호명할 때, 특히 그것이 한 편의 서사적 완결성을 지닌 텍스트를 이룰 때, 그가 개별 작가들, 즉 카프카·보들레르·프루스트·푹스 등을 하나의 분석의 대상으로 설정할 때, 그것들은 분석과 해석의 대상 이상이다. 그는 비평가적 자의식으로 텍스트를 해석해 나가지만 여기서 그치지 않는다. 그 자신의 표현처럼 비평의 과정이 '구원의 한 형식'이 될 수 있다면, 그것은 비평 혹은 해석하는 자와 대상 텍스트가 만나서 본래의 자기를 지우고 하나의 새로운 시공간을 만들어 내기 때문이다. 카프카와 만날 때 벤야민은 그 자신만이 카프카의 천재성과 교감할 수 있는 것처럼 행동하고, 프루스트와 만날 때 그는 그 자신의 잃어버린 베를린에서의 유년시절을 찾아서 떠나며, 보들레르와 만날 때 그는 그 자신이 산책자가 되어 제2제정기의 파리를 배회한다. 그의 비평 작업은 자신 안에 있던 카프카와 프루스트와 보들레르를 발견하는 것, 철저하게 그들이 되어 보는 것으로부터 시작된다. 그는 자기 안에 있는 수천 수만의 작가들, 작품들, 언어들을 발견하고 해석하고 평가하고 위치시킴으로써 자신을 객관화한다. 그는 그것들을 자기화함으로써가 아니라, 자기 자신을 대상들에게로 '이동'시킴으로써 그 자신만의 내재적 표상과 그것에 대한 정당성을 확보해 나간다. 때문에 그에게 있어 1인칭의 표상 형식은 무엇보다도 경계해야 할 대상이 된다.

내가 같은 세대에 속한 대부분의 문필가들보다 더 나은 독일어를 사용한다면, 그것은 상당 부분 20년 동안 지켜 온 단 하나의 작은 규칙 때문이라고 생각한다. 그것은 편지 쓸 때 외에는 '나'라는 단어를 결코 쓰지 않는다는 규칙이다(『베를린 연대기』, 173쪽).

1인칭 형식으로부터 스스로를 탈각시켰다는 것은 그 자신이 주체의 자의식적 관념으로부터 비판적 거리를 유지하고자 했다는 것을 의미한다. 그러므로 그가 어떤 작가 혹은 작품을 자신의 내재적 기준에 의해 표상하는 작업을 수행했다고 했을 때, 그것은 벤야민이라는 개인의 주관적 취향이나 기준과는 무관한 것이다. 그는 말한다. "글을 쓰는 자들은 '나'라는 작은 단어를 자신의 비상식량처럼 여기는 일에 익숙해야 한다"라고. 그가 경계했던 것은 지극히 주관적인 개인의 자의식과 1인칭 속에 숨어 있는 무비판적 자기 확신이었다. 벤야민이 1인칭의 글쓰기를 거절했을 때, 그는 자신 안에 있는 무수한 인칭들과 대면한다. 그것들은 그가 만나는 작가와 작품, 그리고 세계 전체이다. 때문에 그의 문체는 매번 다른 것이 되고, '그들'의 문체가 된다. 그는 혼자 쓰지만 그의 글쓰기는 '집합적'이다. 우리는 그의 집합적 글쓰기의 한 사례를 『아케이드 프로젝트』 속에서 직접 확인하게 된다.

3 _ 여행의 명수, 세계를 기록하다

불쌍한 인간들! 그들의 마음속에 자리 잡고 있는 끝없는 불안은 무엇이며, 그 병적이고도 음울한 표정은 또 무엇인가! 그들은 모두 여행 안내서를 들고 돌아다니며, 도시마다 진기한 것에 굶주린 듯이 덤벼든다. 마치 무슨 의무라도 되는 듯이, 국가적인 책무라도 띠고 있는 듯이 덤벼든다. 일단 안내서에 기재된 것이라면, 창문 세 개짜리 궁전이라도 빼놓지 않으려 한다. 시장의 집 하나도 빼놓지 않고 본다. 그런데 이런 집들은 모스크바나 페테르부르크에서도 흔히 볼 수 있는 것이다. 루벤스의 쇠고기를 멍하니 쳐다보며 그것이 삼미신[三美神, 미·우아·환희]이라고 믿고 있다. 왜냐하면, 그렇게 믿으라고 안내서에 기술되어 있기 때문이다(도스토예프스키, 『유럽인상기』, 68쪽).

1862년 6월, 도스토예프스키(Fyodor Dostoevskii)는 유년시절부터 동경했던 유럽 여행길에 올랐다. 세련된 문화와 풍물, 혁명의 경험과 자유를 위한 사회적 실험 등 도스토예프스키에게 유럽은 하나의 '가능성'을 지시하는 장소였다. 하지만 정작 도스토예프스키가 유럽

땅을 밟은 것은 그의 나이 불혹을 넘기고 나서였다. 서유럽의 유해 사상을 근절한다는 명목으로 젊은 사상가들을 체포하여 사형을 선고했던 일명 '페트라셰프스키 사건'을 겪으며 죽을 고비를 넘기고 혹독한 시베리아 유형 생활을 마친 후, 군에서 제대하고 몇 편의 소설을 발표하면서 본격적으로 작가 생활을 할 무렵이었다. 그는 이제 꿈과 낭만, 이상만을 먹고사는 젊은이도 아니었으며, 세상을 움직이는 절반 이상의 '악'의 힘이 어떤 것인지, 개인의 능력은 그 앞에서 얼마나 무력해질 수 있는지, 무엇보다도 '죽음'의 공포가 어떤 것인지 자신의 몸으로 처절하게 경험한 백전노장이 되어 있었다. 산전수전 다 겪은 백전노장의 시선으로 낯선 세계를 본다는 것은 무엇일까. "새로운 것과 장소의 이동에 대한, 또는 전반적이고 종합적이며, 파노라마적이고 원경적인 인상에 대한 그 어떤 갈망에 짓눌려"(도스토예프스키, 『유럽인상기』, 22쪽) 있을지도 모른다는 자기 의심 속에서 그는 유럽과 만난다.

　도스토예프스키의 여행은 무엇보다 그 자신이 조롱한 '안내서에 충실한' 관광객의 여행과 다르다. 그는 여행의 일반적 관행들을 언제나 거부한다. 반드시 보아야 한다고 이야기되는 건축물들도 건너뛰기 일쑤이고, 어떤 도시나 장소에 대한 인상이 좋지 않다는 이유만으로 그곳에 머무르기를 거부한다. 지극히 주관적인 인상에 의존해 공간에 대한 가치를 매기는 것처럼 보이기도 하고, 때로는 보이는 것보다는 보이지 않는 것들에 더 집착하는 것처럼 보이기도 한다. 하지만 이것이야말로 도스토예프스키의 여행이 빛을 발하는 이유이다. 자신이 꿈꾸었던 '성스러운 기적의 나라' 유럽의 '맨얼굴'을 발견하는 것. 그것을 위해 그는 사실을 기술하는 것으로서의 여행기를 거부하고 진실을 이야기하는 '인상기'의 방법을 선택한다.

무엇이 그를 그토록 강렬하게 유럽으로 이끌었을까? 도대체 유럽은 왜 그토록 강한, 마술같이 매혹적인 인상을 사람들에게 주는 것일까? "사실상 우리가 이룩한 거의 모든 발전, 학문·예술·시민성·인간성과 같은 것들은 그곳, 바로 신성한 기적의 나라에서 온 것이 아닌가! 사실 우리의 삶은 아주 어린 시절부터 온통 유럽의 유산으로 영위된 것"(도스토예프스키, 『유럽인상기』, 34쪽)이라고 하는 문제의식, 즉 자기 자신을 둘러싸고 있는 이 근대적 세계의 기원이 되는 유럽의 본질은 어떤 것인가에 대한 탐구가 그의 여행의 이유이다. 때문에 도스토예프스키의 여행은 자기를 발견하는 여행이며, 지금의 자기와 이 세계를 작동시키고 있는 힘의 원류를 찾아가는 여행이고, 그것의 본질과 대면하고자 하는 여행이다. 여행 안내서에는 이러한 문제를 해결할 만한 내용이 적혀 있지 않다. 그는 단지 이렇게 말할 뿐이다. "지혜란 자기가 욕망하는 곳에 도달하기 위해 주어지는 것이다. 1베르스타를 걸을 수 없다면, 단 백 보라도 걸어가야 하며, 그렇게 하는 것이 훨씬 더 좋다는 것은 더 이상 말할 필요도 없다"(도스토예프스키, 『유럽인상기』, 66쪽).

도스토예프스키가 유럽에서 발견한 것은 두 가지이다. 이 세계를 작동시키는 제1원리로서의 물질숭배(바알신 숭배)와 지배계급이 된 부르주아들의 속물근성. 주로 영국과 프랑스에 관한 인상으로 지적되는 이 부분은 사실 자본주의적으로 재편되기 시작한 근대 세계 전체의 문제이며 자본주의적 근대성이 작동하는 일반적 방식이다. 결국 도스토예프스키가 발견한 것은 '성스러운 기적의 나라'가 아니라 '화려한 지옥'으로서의 시대 전체였던 셈이다. 그의 눈에 비친 1860년대 파리는 어떤 모습이었을까.

파리는 놀라운 도시이다. 안락한 도시! 편의를 누릴 수 있는 권리를 가진 사람에게는 가능한 모든 편의가 제공되고 있다. 거기다가 질서정연한 도시이다. 그 완벽한 질서는 이른바 '질서의 정숙'이라고 불릴 만하다. …… [동시에 파리는] 현상에 머물러 있는 것에 절망하며, 자기 살을 떼어 내듯 모든 희망과 기대를 내버리고, 확실치 않은 자신의 미래를 저주하며, 바알신을 숭배하고 있다. …… 이것은 어딘가 구약성서에 나오는 풍경이나 바빌론의 그 어떤 풍경과 같으며, 눈앞에 실현된 묵시록의 예언과 같다. 이런 인상에 복종하거나 감화되지 않고 현실을 숭배하지 않으며 바알을 신으로 인정하지 않기 위해, 즉 현존하는 것을 자기 이상으로 인정하지 않기 위해서는, 장구한 세월 속의 수많은 저항과 부정의 정신이 필요하다(도스토예프스키, 『유럽인상기』, 81~86쪽).

벤야민의 경우 '사실' 혹은 눈에 보이는 현상의 확인을 위해서가 아니라, '진실'의 발견을 위한 것으로서의 여행이라는 문제의식을 「모스크바」를 통해서 보여 준다. 도스토예프스키가 관념적으로 가지고 있었던 '유럽적인 것'에 대한 동경을 벤야민은 '소비에트적인 것'에 대해 갖고 있었고, 둘 다 그것을 시선의 핸디캡으로 강하게 의식하고 있었다. 그들은 모두 조심스럽게, 다양한 방식으로 시선의 위치를 조절해 나갔고, 그 결과 '여행 안내서'에 의존하는 관광객들의 눈에는 포착되지 않는, 낯선 공간 속에 감추어진 진실한 인상들을 발견할 수 있었다. 그런 점에서 도스토예프스키의 「겨울에 쓴 유럽의 여름 인상기」는 『아케이드 프로젝트』의 숨겨진 선조 텍스트인 셈이다.

도스토예프스키가 자신의 신체 경험에 의해 획득한 19세기 유럽에 대한 감각을 벤야민은 그 시대에 쓰여진 텍스트를 통해 획득해 나갔다. 『아케이드 프로젝트』에 인용된 그 시대의 다양한 모습들을 벤야민은 읽고 기록한 것이 아니다. 그는 그것들을 '보고' 그 이미지들을 종이 위에 '복제'하는 방식으로 과거로의 여행을 실험했다. 그것이 19세기의 유럽에 접근하기 위해 벤야민이 최선을 다해 발견하고 실천했던 철학적 여행의 방법이었다. 그는 그것을 통해, 도스토예프스키의 눈에는 보이지 않았던, 어떤 장소의 '현재' 속에 기입된 '과거의 흔적'들과 만날 수 있었던 것이다.

1926년 벤야민은 모스크바를 방문했다. 공식적으로는 소비에트에서 나올 백과사전에 '괴테' 항목을 집필하기 위해서였고, 비공식적으로는 애인이었던 아샤 라시스(Asja Lācis)를 만나기 위해서였다. 그는 여행의 명수답게 낯선 장소들을 익숙한 곳으로 만드는 독특한 감각을 이용하여 모스크바를 자기 식으로 전유해 나간다.

여러 차원의 경험을 해보고 나서야 비로소 우리는 한 장소에 대해 알게 된다. 한 장소를 파악하기 위해선 우린 사방에서 그 장소를 향해, 또한 그 장소로부터 동서남북 사방으로 다시 가 보아야 한다. 그러지 않으면 그 장소는 우리가 파악하기도 전에 전혀 예상치 못한 길을 통해 서너 번은 우리에게 달려든다. 한 단계 더 나아가면 우리는 그 장소를 방향을 찾는 기준으로 활용한다. 그건 집들도 마찬가지이다. 집들의 특징을 샅샅이 헤매며 찾아본 이후에야 비로소 우리는 그 집들에 무엇이 숨어 있는지를 알 수 있게 된다(「모스크바 일기」, 1926년 12월 15일자, 64쪽).

이런 감각은 단지 어떤 도시 혹은 장소를 '본다'는 차원에만 머무르지 않는다. 그는 낯선 장소를 통해 익숙한 장소를 재발견한다. 여행의 묘미는 바로 여기에 있다.

모스크바를 알게 되기 전에 먼저 모스크바를 통해 베를린을 보는 법을 배운다. …… 도시와 사람들의 모습은 정신적 상태의 모습과 다르지 않다. 정신적 상태에 대해 이런 새로운 시각을 얻는 것이야말로 러시아 체류에서 얻은 것 중 가장 확실한 것이다. 러시아를 조금밖에 알지 못하더라도 우리는 러시아에서 일어나는 일들에 대한 의식적인 지식을 가지고 유럽을 관찰하고 판단하는 것을 배운다(「모스크바」, 273쪽).

자본주의적 세계와 다른 근대적 실천을 진행하고 있는 소비에트를 보기 위해서는 어떤 태도가 필요한가. 사실에 근거한, 눈앞에 보이는 현상을 통해 그것의 진짜 모습을 파악할 수는 없다. '무엇이 진실인가'는 어떤 입장을 가진 자의 시선, 보이는 것 이면의 진실을 발견하려

모스크바 국영백화점(GUM)
벤야민이 모스크바에서 발견한 것은 또 하나의 '아케이드'였다.

는 자의 태도 속에서 발견된다. 그것을 위해 벤야민은 우선 '당파성'과 거리를 두고자 한다. 그는 다음과 같이 말한다.

문제는 어떤 현실이 내적으로 진리에 수렴하는가? 어떤 진리가 현실과 내적으로 수렴할 준비를 갖추고 있는가이다. 여기에 대해 분명하게 대답하는 사람만이 '객관적'이다. 동시대인들에 대해서가 아니라(그것은 문제가 되지 않는다), 현재 일어나는 일들에 대해서(이것이 중요한 것이다) 말이다. 자신의 입장을 결정함으로써 세계와 자신 사이에 변증법적 평화를 체결한 사람만이 구체적인 것을 파악할 수 있다. '사실들에 근거해' 자신의 입장을 결정하려는 자에겐 사실들이 손을 내밀지 않을 것이다(「모스크바」, 274쪽).

벤야민이 모스크바에서 보고 싶었던 것은 '진실'이었을 뿐이다. 맑스주의가 현실적으로 어떻게 실천되고 있는지, 스탈린주의가 얼마나 소비에트의 이념을 망치고 있는지, 혹은 자본주의적 소비가 사회주의적 체제 안에서 어떻게 작동하고 있는지를 확인하는 것은 벤야민에게 진실이 어떤 식으로 현상하고 있는지를 발견하는 과정 속에서 자연스럽게 해결될 문제였다.

진실을 발견하고 싶다는 벤야민의 욕망은 주도면밀하게 실천된다. 그는 일체의 전제와 선입견과 지식을 배제한 채 무사심한 시선으로 모스크바와 만난다.

이곳에 도착하면 곧 걸음마를 배우는 아이의 단계가 시작된다. 거리에 두껍게 얼어붙은 눈 위에서 걸어가는 걸 새로 배워야 하기 때문이다. …… 이 도시는 처음엔 수백 개의 경계 장벽들을 가지고 있다. 그러나 어느 날 한 구역의 경계였던 성문과 교회들이 불현듯 길 한가운데 서 있는 걸 발견한다. …… 그러고 나면 이 도시는 신참자에게 미로로 변한다. 대도시는 신참자에 대항해 스스로 방어하고, 가면을 쓰고, 달아나고, 공모하고, 유혹하면서 결국 그가 완전히 지쳐 떨어져 나갈 때까지 자기 주위를 헤매 돌아다니게 한다. …… 하지만 결국엔 지도들이 승리를 거둔다(「모스크바」, 276~277쪽).

이러한 태도는 모스크바에서만 국한되는 것이 아니다. 그는 그 자신이 직접 경험한 모든 도시와 장소를 이러한 태도로 일관되게 관찰하고 감촉한다.

한 도시에서 마치 숲 속을 헤매듯이 걷는 것은 …… 연습을 필요로 한다. 길을 헤매는 사람에게는 간판, 거리의 이름, 행인, 지붕, 간이매점, 혹은 술집이 말을 걸어오게 마련이다. 마치 숲의 마른 잔가지들이 발밑에서 바스락거리는 소리나 먼 곳에서 들려오는 놀란 백로의 외침처럼, 혹은 한가운데 백합꽃이 피어오른 숲 속 빈터에서의 돌연한 정적처럼, 내게 이처럼 헤매는 기술을 가르쳐 준 도시는 파리였다. …… 파리는 나의 숨 막히는 기대감을 충족시킨 반면, 나의 지형학적 몽상을 능가했다. 적어도 릴케로 거슬러 올라갈 수 있는 비의적 전통 속에서 내게 모습을 드러낸 파리는 미로라기보다는 차라리 수평 갱도였다. 수백 개의 갱도와 함께 도시 전체에 남북으로 뚫린 지하철의 세계를 나의 끝없는 산보와 떼어 생각하기란 불가능하다(『베를린 연대기』, 162~163쪽).

모스크바 혹은 파리를 대하는 벤야민의 태도는 그 도시를 처음 방문한 신참자, 혹은 베를린에서 유년기를 보낸 소년의 태도와 동일하다. "어떤 도시에서 길을 잘 모른다는 것은 별일이 아니다. 그러나 그곳에서 마치 숲에서 길을 잃듯이 헤매는 것은 훈련[연습]을 필요로 한다"(『유년시절』, 35쪽). 훈련 혹은 연습은 왜 필요한가. 그리고 도시에서 길을 잃는다는 것은 어떤 의미인가, 혹은 왜 길을 잃어야 하는가. 유년기의 태도를 취한다는 것은 지식에 의한 앎 혹은 눈에 보이는 현상에 기반한 앎에 의지하지 않고, 사물 혹은 공간과 직접 접촉함으로써 형성되는 촉감적 앎의 방식을 선택한다는 것을 의미한다. 그것을 통해 어떤 대상의 본질(혹은 진실)과 만날 수 있다고 벤야민은 생각한다. 지식의 영역에서 보자면 이러한 태도는 벤야민에게 표상적 사유를 넘어서 '비표상적 사유'(혹은 비사유의 사유)가 가능한가라는 문제의식으로 연결된다. 시각의 특권화 속에서 만들어지는 지식의 표상적 체계를 넘어서기 위해서는 처음 걸음마를 배우는 어린아이처럼 모든 것을 자신의 신체 전부로 익히는 감각 훈련이 필요하다. 하지만 이미 어른이 되어 버린 자는 어린아이의 감각으로 돌아갈 수 없다. 그것은 연습(훈련)에 의해 간신히 모방할 수 있을 따름이다. "나는 예전에 걸음마를 어떻게 배웠는지를 몽상할 수는 있다. 그러나 그것만으로는 아

오경영, 「어린아이와 같이」, 1996

"유년시절의 과제: 새로운 세계를 상징적 공간 속에 조립해 넣기. 어른들은 결코 할 수 없는 일. 즉 새로운 것을 재인식하는 것을 아이들은 할 수 있기 때문이다. …… 모든 유년시절은 이처럼 새로운 형상들을 발견해 그것을 인류의 이미지의 보고 속에 통합시킨다"(K 1a,3).

무 소용이 없다. 나는 이제 걸을 수 있을 뿐, 더 이상 걷기를 배우는 것은 불가능하기 때문이다"(『유년시절』, 92쪽).

하지만 모스크바에서 벤야민은 운이 좋았다. '눈'이라는 변수를 만남으로써 그는 걸음마를 처음 배우는 아이의 상태를 경험하게 된다. 자연스럽게 미로를 경험하고 길을 잃고 헤맨다. '숲에서 길을 잃듯이 헤매는 데' 필요한, 이보다 더 좋은 '훈련'(연습)은 없었다. 그 길들은 그에게 실제로 낯선 길이었고, 그는 처음 미끄럽고 질척거리는 눈 위에서 걷는 법을 배웠으며, 모든 길들이 그에게는 미로였기 때문이다.

당파성을 괄호 치고, 어린아이의 태도로 오로지 진실을 발견하겠다는 태도로 관찰한 모스크바는 벤야민에게 어떤 모습을 보였을까. 19세기 파리 뒷골목을 산책하던 보들레르처럼 벤야민도 화려한 도심의 스펙터클보다는 평범한 사람들이 걸어 다니고 물건을 사고팔고 생활을 하는 장소들에 더 자주 눈길을 준다. 있는 진실은 멀리 있는 것이 아니다. 오히려 가장 익숙하고 가까운 곳, 있는 그대로의 삶의 풍경 속에서 더 자주 발견될지도 모른다. 벤야민의 발길이 자주 멈추는 곳은 "모스크바의 모든 빛깔들이 이곳 러시아 권력의 중심지에 프리즘을 통과한 듯 수렴"(「모스크바」, 278쪽)하고 있는 듯한 장소가 아니다. 오히려 그의 눈에 더 중요하게 보였던 곳은 등에 자루를 멘 넝마주이의 우울한 외침이 있고, 노점상들이 각종 물건들을 진열하고 앉아 있는 오래된 골목이다. 그는 여기서 혁명 이후 소비에트에서의 삶의 한 편린을 발견한다.

아직도 몰락하고 이름 없는 애처로운 베스프리소르니예(러시아 혁명 시 부모를 잃고 고아가 된 아이들을 지칭하는 말)들이 있다. ······ 철저하게 망가졌고, 회의에 차 있으며, 쓰라린 삶을 맛본 이 아이들 ······ 정치는 저 아이들의 무리를 조직하고 관리하기보다는 부르주아 아이들을 위한 백화점이나 인형가게처럼 더 자립적인 사업 대상과 더 명료한 실물들에 치중하고 있다(「모스크바」, 282쪽).

벤야민은 스탈린주의나 소비에트의 정치적 상황에 대해 직접적으로 말하지 않으면서도 가장 구체적인 실감으로 이야기한다. 이 아이들의 존재는 혁명의 과거였고 현재이며 미래이다. 그것을 해결하지 못하는 한 소비에트의 미래는 밝지 않다. 벤야민은 모스크바의 고아들을 통해 '정치'란 어떤 것이어야 하는가에 대해서 말하고 싶어 한다. 그것을 장황하게 설명하기보다는, 지금 그것이 어떤 방식으로 드러나고 있는지를 보여 주는 방식으로.

어떤 사태 혹은 사물을 바라볼 때의 벤야민은 일관되게 그것의 양면적 가치를 동시에 발견하려는 태도를 취한다. 모스크바의 고아들에게 물질적 고통이 현실인 것처럼 문화적이고 정신적인 유산들을 누릴 수 있는 장소가 주어져 있다는 것 또한 사실이다.

그럼에도 주의력이 있는 사람이라면 꽤 오래전부터, 아직까지 해결되지 않은 저 아이들의 온갖 비참한 모습들 속에서도 한 가지 사실을 감지했을 것이다. 곧 해방된 프롤레타리아의 자신감이 아이들의 저 자유분방한 태도와 서로 호응한다는 사실이다. 모스크바의 박물관을 관람할 때 무엇보다 놀랍고 아름다운 모습은 단체로, 때론 가이드 한 명을 둘러싸고, 아니면 혼자서 아이들과 노동자들이 아무 거리낌 없이 그곳을 활보하고 다니는 모습이다. 우리의 박물관에서라면 다른 방문객들에게 감히 드러내지 못할, 아니 아예 박물관에 들어올 수도 없는 프롤레타리아트들의 절망적인 의기소침함을 여기선 결코 찾아볼 수 없다. 러시아에선 프롤레타리아트가 부르주아 문화유산들에 대한 사실상의 소유주가 되기 시작했다(「모스크바」, 283쪽).

벤야민은 모스크바에서 돌아온 후 베를린과 마르세유에 대한 글을 썼다. 파리와 나폴리 등 다른 도시들에 대한 글도 쓴 적이 있다. 그에게 '도시'는 분명 특별한 의미를 지닌다. 그 자신이 도시의 아이이기도 했고, 도시가 자본주의라는 말과 불가분의 관계에 있기 때문이기도 했다. 때문에 그에게 도시를 여행한다는 것은 단순한 '관광'일 수만은 없었다. 그것은 새로운 세계와의 마주침을 경험한다는 의미이고, 그 과정 속에서 삶을 사유하고 앎을 살펴본다는 의미이다. 그것은 무엇보다도 진실을 발견하고자 하는 길찾기 행위이다. 그는 공간들과 어떤 방식으로 만나야 할지를 알고 있었고, 무엇을 발견해야 할지도 알고 있었다. 그리고 그것에 대해 어떤 방식으로 말해야 할지도 알고 있었다. 벤야민은 여행의 명수이다.

부단한 연습의 결과, 그는 마침내 20세기의 도서관에 앉아서 19세기의 도시로 여행하는 '앉아서 유목하기'의 신공을 구사하게 된다.

『아케이드 프로젝트』는 지나치게 친절하기 때문에 오히려 불친절해 보이는, 하지만 대단히 특이하고 흥미로운 19세기의 한 도시 혹은 자본주의의 문화적 기원을 탐사하는 여행 안내서이다.

2장

세계의 파편들로
사유의 식탁을 차리는 방법

✥

[파리의] 국립도서관 둥근 천장에 그려진 나뭇잎들.
그 아래에서 페이지를 넘기고 있노라면
위에서는 살랑살랑거리는 소리가 난다.
S 3, 3

1 _ 아케이드 프로젝트, 완결되기를 거부한 책

운명적인 만남이라는 게 있다. 살아가면서 누구나 한번쯤은 경험하게 되는 특별한 만남. 그것은 비단 사람들 사이에서만 일어나는 일이 아니다. 어느 날 문득, 예기치 않은 방식으로 찾아와 강한 인상으로 우리를 충격에 빠뜨리는 한 권의 책, 한 장의 사진, 한 편의 영화가 있다. 그것을 경험하기 이전의 우리와 전혀 다른 존재로 우리를 바꿔 버리는 하나의 사건과도 같은 만남. 그 결과 우리는 이전과는 다른 인간으로 변모하고, 한 권의 희귀한 책이 만들어지며, 결정적인 혁명의 계기가 발생한다.

벤야민의 『아케이드 프로젝트』 역시 몇 가지 특별한 만남들로부터 강하게 촉발되었다. 시작은 루이 아라공(Louis Aragon)이었다. 아도르노에게 보낸 편지에서 벤야민은 이렇게 말했다. "그것은 아라공과 함께 시작되었습니다. ―『파리의 농부』가 그것이죠. 저는 이 책을 저녁에 침대에 누워서 읽었는데, 2~3페이지 이상은 결코 넘어갈 수가 없었습니다. 심장이 어찌나 요란스럽게 고동치던지 책을 내려놔야 했기 때문입니다. 이 얼마나 멋진 경고입니까?"(「벤야민이 아도르노에게」,

1935.5.31). 이렇게 시작된 프로젝트는 친구인 헤셀(Franz Hessel)로부터 배운 '파리를 산책하는 예술적 방법'을 연습하는 것을 통해, 연인 라시스를 만나러 간 모스크바에서 사회주의 국가의 시장을 배회하는 것을 통해, 그리고 그의 재정적·지적 후원자였던 아도르노와의 대화를 통해 구체화되어 간다. "그러다가 브레히트와의 결정적 만남이 있었고, 이와 함께 이 작업과 관련된 모든 아포리아들이 정점에 도달"하게 되었다고 벤야민은 말한다.

벤야민이 『아케이드 프로젝트』를 처음 계획했던 것은 1920년대 중반 무렵이었다. 그 무렵 숄렘에게 보냈던 편지에서 그는 "나는 나 자신으로부터 하나의 정치(政治)를 짜낼 것이다"라고 말한다. 그가 하고자 했던 '정치'는 어떤 것이었을까. 국가와 제도적 권력을 추인하고 강화하는 대의제나 정당정치를 지지하는 정치는 물론 아니었을 것이다. 그는 기질적으로 혹은 운명적으로 특정한 조직 속에 안주할 수 없는 사람이었다. 맑스의 사상을 열심히 공부했지만 루카치(Georg Lukács)처럼 입당하지 않았고, 아도르노, 호르크하이머(Max Horkheimer) 등과 친밀했지만 프랑크푸르트 대학의 사회과학연구소 회원이 되지도 않았으며, 학교나 그밖의 단체에 속하지도 않았다. 청년 시절 〈자유학생운동〉에서 활동한 것을 제외하면, 그는 대체로 프리랜서의 신분으로 활동했다. 그가 상상했던 것은 국가 혹은 제도적 구속력을 가진 집단이 아니라, 전혀 다른 삶의 원리가 작동하는 공동체였다.

벤야민은 기존의 이념 혹은 집단에 동의하거나 어떤 것을 선택하는 방식으로 정치를 사유하지 않았다. 그가 "나 자신으로부터 하나의 정치를 짜낼 것"이라고 말했을 때, 그것은 이를테면 자신의 영역에서 행하는 어떤 종류의 실험 같은 것이었다. 각각 독립된 테마를 담고 있는 단편들을 몽타주적인 방식으로 배열한 『일방통행로』가 알레고리적 형상들 안에 담긴 정치를 보여 준다면, 비슷한 시기에 나온 『독일 비애극의 기원』은 '체계'적 지식으로 권위를 보장받고자 하는 논문적 글쓰기와의 정치적 대결이다. 1927년부터 1930년 초반까지 작성된 프로젝트의 「최초의 초고: 파리의 아케이드 I」에서는 '과거'(역사)를 다루는 방법으로서의 '정치'를 자신의 과제로 삼았다.

과거, 더 적절하게는 과거에 존재했던 것을 이제까지처럼 역사적으로 다루는 대신 정치적으로 다룰 것. 정치적 범주들을 이론적 범주들로 만드는 것, 즉 오직 현재적인 것에만 적용할 수 있기에 오로지 실천이라는 의미에서만 그것들을 적용하는 가운데 그렇게 만드는 것이 과제이다(「최초의 초고」, O° 5).

『아케이드 프로젝트』의 1차 작업은 1927년부터 1929년 사이에 이루어졌다. 이때 작성된 「최초의 초고」는 대부분 1935년부터 재개된 2차 작업 과정에서 지워지거나 '노트와 자료들'의 각 묶음 속으로 옮겨졌다. 벤야민은 파리에 머물면서 작업에 몰두했다. "거리는 '집단이 거주하는 집'이라는 방법론적 근본 사고 아래 …… 19세기 도시의 전형적인 건축 형식[아케이드]을 비밀스러운 상품의 사원으로 묘사"(비테, 『발터 벤야민』, 122~123쪽)하는 것으로부터 시작된 이 작업은 이후

박용국, 「별이야기」,
다양한 텍스트들은 벤야민의 책 속에서 별자리처럼 펼쳐진다.

벤야민의 후반기 인생에 가장 중요한 일이 되었다. 자료를 모으고, 자료에 대한 메모를 붙이고, 작업에 관해 몇몇 친구들과 대화를 하면서 작업은 진행되었다. 하지만 이 작업이 본격적으로, 그리고 방법론상의 윤곽을 잡은 것은 1933년, 그가 프랑스의 도서관에서 망명 생활을 시작하면서부터였다. 이 무렵 숄렘에게 보낸 편지에서 그는 팔레스타인 행을 포기해야만 하는 이유에 대해 이렇게 설명한다. "앞으로 내게 무엇보다도 중요한 것인데, 『파리의 아케이드』 때문이네. 이 책은 정말이지 나의 모든 투쟁과 나의 모든 생각의 무대라네"(「벤야민이 숄렘에게」, 1930.1.20). 또 개요를 쓰기 1년 전쯤 벤야민은 아도르노에게 보낸 편지에서 이렇게 말한다.

> 이 작업의 실행은 ― 실제로 '현시대'[지금-시간]에서 그러니까 저와 그것을 가능하게 해준 사람들에게서 쥐어 짜낸 것입니다. 그러한 실행은 보다 나은 의미에서 시대착오처럼 보일 수도 있겠죠. 보다 나은 의미라고 한 것은 그러한 착오가 ― 바라기로는 ― 과거를 도금한다기보다는 좀더 인간에 어울리는 미래를 선취한다는 의미입니다. 바로 이것이 제 자신이 미래에 바치는 이 작업의 헌정 방식을 표현하고 있습니다(「벤야민이 아도르노에게」, 1934.3.18).

벤야민은 이 프로젝트를 자신의 개인적 연구 업적이라고 생각하지 않았다. 그 자신과 "그것을 가능하게 해준 사람들에게서 쥐어 짜낸 것"이라고 말하고 있는 것처럼, 그의 프로젝트 속에는 카프카와 보들레르, 프루스트와 푹스의 상상력이 녹아 있고, 19세기에 쓰여진 책들의 저자들이 자기 목소리를 내고 있으며, 아라공과 숄렘과 헤셀과 브레히트 등 동시대의 친구들이 여기저기서 웅성거리고 있다. 『아케이드 프로젝트』는 그 자체로 집합적 사유의, 그리고 집합적 글쓰기의 거대한 실험장인 셈이다.

『아케이드 프로젝트』에서 벤야민의 목표는 역사를 통해 '보다 인간에게 어울리는 미래를 선취'하는 것이었다. 이것이 바로 과거를 정치적으로 다룬다는 것의 의미였다. 하지만 우리는 벤야민이 갖고 있던 프로젝트의 완성된 이미지를 알 수 없다. 일반적인 의미에서 완성되지 않았기 때문이기도 하고, 그 자신이 말했던 것처럼 한 개인의 힘만으로 진행된 프로젝트가 아니었기 때문이기도 하다. 그러므로 『아케이드 프로젝트』가 완성인지 미완성인지는 중요한 것이 아니다. 그것은 오히려 어떤 점에서는 완성되지 않았기 때문에 충분히 많은 가능성을 지닌 책, 지금도 다양한 방식으로 해석되고 덧붙여질 수 있는, 무한히 생성되는 과정 중에 있는 책이라는 데 가장 큰 의미가 있는지도 모른다.

2 _ 두 개의 개요

그럼에도 불구하고, 우리가 이 기묘한 '인용과 메모의 뭉치들'을 이해하기 위해서는 약간의 안내서가 필요하다. 그 안내서로는 벤야민 자신이 작성한 프로젝트의 개요만 한 것이 없다. 1935년 벤야민은 그동안의 작업을 정리하면서 프로젝트에 대한 하나의 개요를 작성했다. 뉴욕의 사회조사연구소의 요청으로 독일어로 작성된 이 논문의 제목은 「파리: 19세기의 수도」였다. 이 개요는 1939년에 한 번 수정되는데, 같은 연구소의 호르크하이머의 요청 때문이었다. 벤야민의 프로젝트에 재정적 도움을 줄 후원자를 찾고자 했던 호르크하이머는 프로젝트의 유효성을 납득시킬 수 있는 방식으로 개요가 수정되기를 바랐다.

모두 여섯 개의 항목으로 이루어진 「파리: 19세기의 수도」에는 『아케이드 프로젝트』의 핵심적인 개념과 대상이 망라되어 있다. 각 항목은 'Ⅰ. 푸리에 또는 아케이드들', 'Ⅱ. 다게르 또는 파노라마', 'Ⅲ. 그랑빌 또는 만국박람회', 'Ⅳ. 루이-필립 또는 실내', 'Ⅴ. 보들레르 또는 파리의 거리들', 'Ⅵ. 오스만 또는 바리케이드'라는 제목을 달고 있다. 1939년에 수정된 개요에는 '다게르 또는 파노라마' 항목이 삭제되었

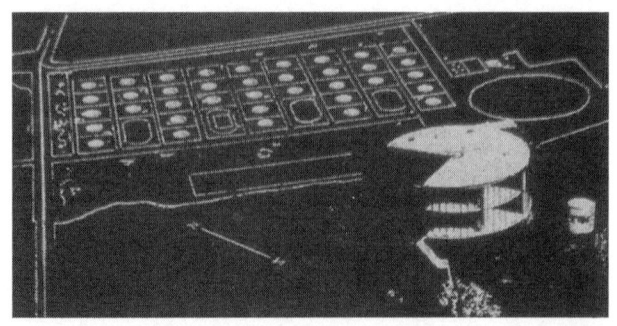
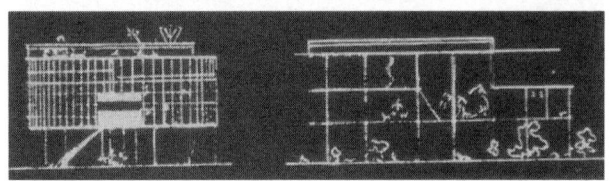
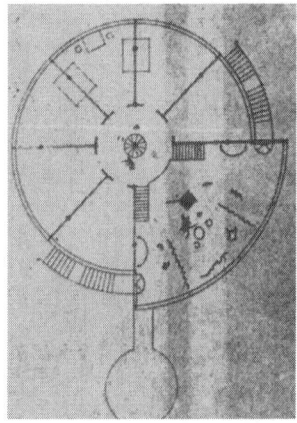
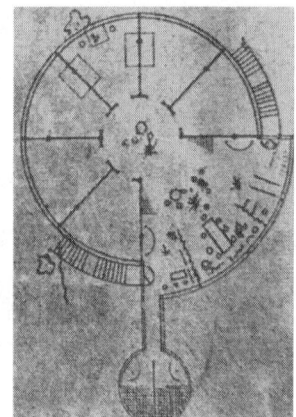

니콜라이 쿠츠민, 돔 코뮤나 계획, 1929~1930

푸리에의 상상력은 1920년대 후반 소비에트에서 새로운 공동체 생활을 위한 주거공간을 실험하는 방식으로 계획되고 실천되었다. "엄격한 기능주의에 의한 과학적 해결과 사회적 생활방식을 적절히 결합한" F 유형의 경우, "복도와 브리지에 의해 커뮤니티 센터, 복합 주방, 식당, 독서실, 어린이 유희실들이 연결되는 돔 코뮤나였다"(김원갑 엮음, 『광기와 밀집문화의 건축』, 25쪽).

고,* 서론과 결론이 첨가되었다. 개요의 수정은 사유의 변화라기보다는 목적의 선명한 제시에 가깝다. 그것은 프로젝트의 목적이 일반적인 '문명사적 탐구'와는 달리 모더니티의 성격, 즉 '스스로의 환(등)상(Pantasmagorie)에 지배되는 세계'로서의 19세기 근원의 역사를 통해 현실을 각성시키는 데 있다는 것을 보여 주는 것이다.

개요의 각 항목들에 제시된 두 개의 대립 혹은 연관된 단어들은 19세기 사람들이 품었던 꿈과 상상력의 증거들이다. 조금 다른 시각으로 우리는 각 항목에 제시되어 있는 인물들에 주목할 수도 있다. 19세기와 자본주의 문화를 생각할 때 떠오르는 인물들은 대단히 많다. 맑스, 빅토르 위고(Victor Hugo), 나폴레옹, 모네(Claude Monet), 드레퓌스(Alfred Dreyfus)를 선택할 수도 있을 것이다. 하지만 벤야민이 선택한 사람은 푸리에(Charles Fourier), 그랑빌(Granville), 루이-필립(Louis-Phillipe), 보들레르, 오스만(Georges-Eugène Haussmann)이었다. 이들은 각각 아케이드, 만국박람회, 실내 공간, 거리, 바리케이드라는 19세기적 공간이나 사물들과 특정한 연관 관계 속에 있다.

첫번째 항목으로 제시된 자본주의적 상업의 공간인 아케이드와 푸리에가 제안한 협동 생활체인 팔랑스테르의 경우. 이 둘은 대비적인 동시에 유사하다. 사치품 거래의 중심지였던 아케이드와 푸리에의

---

* 근대의 특성을 '시각의 특권화'와 '시선의 정치성' 측면에서 이야기할 수 있는 이 항목은 「1939년 개요」에는 빠져 있지만, 벤야민이 「사진의 작은 역사」나 「기술복제시대의 예술작품」 등에서 독자적으로 다루고 있다. 『아케이드 프로젝트』 중에서는 파노라마, 사진, 복제기술, 석판화 등의 세부 항목과 연관된다.

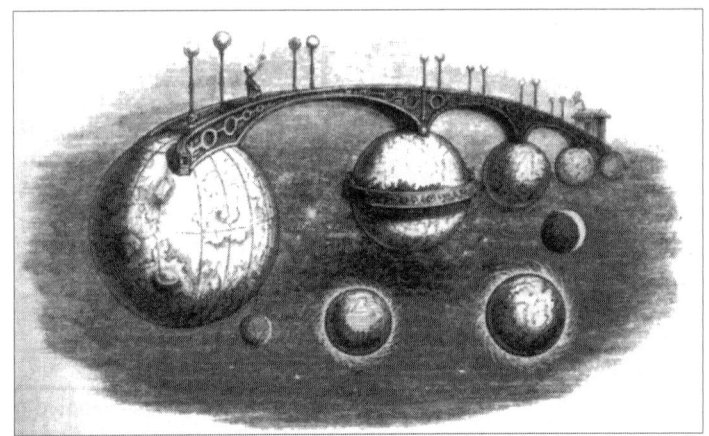

그랑빌, 「행성들 간의 다리」, 1844

팔랑스테르는 모두 철골과 유리를 동원한 건축적 상상력을 보여 주는 공간이지만, 그 둘의 용도는 극단적으로 다르다. "푸리에는 아케이드를 팔랑스테르의 건축을 위한 규범으로 보았다. …… 아케이드는 원래 장사를 목적으로 지어진 것이었지만 푸리에에게서는 주거 장소로 바뀐 것이다"(「1935년 개요」, 92~93쪽). 벤야민은 이 항목에서 어느 시대든 다음 시대를 떠올리는 꿈을 꾸게 마련이고, 이 속에는 "근원의 역사의 요소, 즉 계급 없는 사회의 요소"가 반드시 포함되어 있으며, "그러한 사회에 대한 경험은 새로운 것과 철저하게 교차하는 가운데 유토피아를 낳는데, 이 유토피아는 오래도록 길이 남을 건축물에서 한순간의 유행에 이르기까지 삶의 무수한 배치 구성 속에 흔적을 남겨 왔다"(「1935년 개요」, 92쪽)라는 것을 보여 주고자 한다.

아케이드가 상품들의 신전이라면, 만국박람회는 '상품이라는 물신을 위한 순례지'이다. 상품의 교환가치를 미화시키는 판타스마고리아가 펼쳐지며, 사람들은 상품들이 만들어 내는 환상적 분위기를 경험하는 한편, 오락 산업과 접촉하게 된다. "만국박람회는 소비로부터 강제적으로 배제당한 군중이 상품의 교환가치와 일체화할 때까지 이 교환가치에 속속들이 침투당하는 학교"(「1939년 개요」, 118~119쪽)이다. 만국박람회는 모든 것을 상품으로 진열한다. 과거 문명의 흔적들, 다양한 문화들, 동시대의 예술적 경향들까지 이곳에서는 모두 진열되고 가격이 매겨진다. 만국박람회가 '상품들의 우주'를 만들어 냈다면, 그랑빌의 환상적인 작품들은 우주까지도 상품의 성격을 지닌 것으로 만들어 버렸다는 점에서 벤야민은 이 둘을 겹쳐서 바라본다.

빅토르 오르타, 튜린 가 12번지 주택의 계단, 1893
주철이 식물의 잎사귀처럼 자유로운 곡선의 형태로 장식되어 있는 계단 옆 기둥.

프랑스에서 1830년 7월 혁명의 결과 입헌왕정인 루이-필립 시대가 시작되었다. 루이-필립은 "팔레루아얄에서 매춘을 몰아냈으며, 도박장을 폐쇄시켰다"(「최초의 초고」, Eº 23). 벤야민은 노트의 한 항목에서 매춘과 도박을 자본주의적 질서의 '비정상성'을 드러내는 주요한 요소로 주목한다.

이 시대에 개인의 사적인 생활과 부르주아적인 실내 공간에 대한 인식이 노동하는 장소 혹은 공적 공간에 대비되는 방식으로 생겨났다. 사적인 공간은 개인에게 환상을 품을 수 있는 공간, 추억을 끌어모으고 몽상을 즐길 수 있는 공간으로 기능하며, 공적인 공간은 경제적 활동, 즉 노동을 하는 공간으로 인식된다.

거주를 위한 장소가 실내가 되며, 사무실이 보완물이 된다. 사무실에서는 현실적인 사항밖에는 고려하지 않는 개인은 실내에서는 온갖 환상을 품게 된다. …… 실내라는 환(등)상의 세계 …… 그는 그곳에 멀리 떨어진 지방이나 과거의 추억을 끌어모은다. …… 실내는 예술이 도망갈 수 있는 피신처이다(「1939년 개요」, 121쪽).

한 개인의 '우주이자 방물상자'이기도 했던 부르주아의 실내 풍경은 19세기 후반 주택의 건축에 철골이 사용되고 아르누보*식의 장식

---

* 19세기 말에서 20세기 초에 서구에서 유행한 장식 양식으로서 전통적 예술의 양식에 반발하여 자연 형태에서 모티프를 빌려 새로운 표현을 얻고자 했다.

적 요소가 과장되게 도입되면서 한층 더 몽환적인 분위기 속으로 빠져들어 갔다. 보들레르는 그러한 경향을 다음과 같이 예언적으로 묘사한 바 있다. "가구들은 기운이 빠진 듯 기다랗게 늘어진 모양을 하고 있다. 가구들이 꿈을 꾸고 있는 듯하다. 그것들은 식물이나 금속처럼 몽유적 생명을 받고 태어난 것 같다"(보들레르, 「이중의 방」, 38쪽).

벤야민에게 보들레르와 알레고리는 프로젝트에서 결정적인 역할을 한다. 그는 보들레르의 산책자가 파리의 뒷골목을 산책하듯, 19세기의 텍스트들 사이를 산책한다.

산책자는 시장의 척후 같은 사람이다. 이처럼 척후라고 할 수 있는 그는 동시에 군중의 탐사자이기도 하다. …… 지나가는 사람[산책자]이 군중에 섞여 이리저리 밀려가는 것을 보고 외관을 바탕으로 그가 어떤 사람인지 알 수 있다고, 그의 영혼의 가장 깊은 구석까지 샅샅이 파악했다고 자아도취에 빠지는 것이다. …… 극히 분명한 개성이 어떤 유형의 하나의 사례에 불과하게 되는 것이다. 바로 이때 산책의 한가운데 불안을 일으키는 환(등)상이 출현한다(「1939년 개요」, 125~126쪽).

보들레르가 평생 추구해 온 '새로움'(modernity)은 사실 '항상 동일한 환(등)상'에 다름 아니었다. 최신의 것 속에서도 세계의 양상은 결코 변하지 않는다. 벤야민은 모든 측면에서 동일한 것으로 남아 있는 '현대'(modern)를 '지옥의 시간'이라고 부른다. 보들레르는 알레고리가 낡은 것이 되어 버린 시대에 알레고리로 시를 썼다. 문학적 메타

포로서 알레고리를 선택한 것이 아니라, 그의 눈엔 알레고리가 일차적으로 보였기 때문이다. 17세기 바로크 비애극의 알레고리가 지닌 '정치성'에 주목했던 벤야민은 보들레르의 알레고리를 통해 19세기적인 시대 비판의 언어를 발견하고자 한다.

보들레르에게서 알레고리적 형식의 열쇠는 상품이 가격으로 인해 갖게 되는 독특한 의미[작용]와 긴밀하게 연결되어 있다. 사물이 그러한 의미[작용]에 의해 기묘하게 비천해진다는 것, 이것은 17세기 알레고리의 특징인데 사물이 상품으로서의 가격에 의해 기묘하게 비천해지는 것이 이에 상응한다(「1939년 개요」, 127쪽).

이러한 내용을 전제로 벤야민은 『아케이드 프로젝트』 전체를 19세기 문화에 대한 거대한 알레고리로 표현하고자 했다. 프로젝트와 관련된 메모와 노트 중 가장 많은 분량을 차지하는 것 또한 보들레르에 관한 부분이다.

19세기 이전의 도시계획이 외부의 적으로부터 도시를 지키기 위한 것이었다면 이 시기의 도시계획은 '내부의 적'으로부터 권력을 보호하는 데 그 목적이 있었다. 제2제정기의 도시 개조 사업을 주도했던 오스만은 일직선으로 뻗은 도로들로 원근법적 전망을 확보하는 것을 도시계획의 중요한 목표로 삼았다. 기술을 예술적 시선으로 치환하여 과시하려는 오스만의 태도는 금융자본의 비호 속에서 안정적인 권력을 누리던 나폴레옹 3세의 통치 감각에 호응하는 것이었다. 이 과정에

파리의 오페라 거리
오스만의 도시계획은 제2제정기 내내 실행되었다. 그것의 가장 내밀한 의도는 시가전의 원천봉쇄에 있었다.

서 만들어진 토지 수용 방식은 당시 부르주아들의 도박 풍조와 연결되며 사기성 투기를 부추겼고, 그 결과 파리의 건물 임대료가 급상승, 프롤레타리아트들이 도시의 외곽으로 밀려나 '적색지대'를 형성하게 되었다. 이러한 도시 개조의 진정한 목적은 '내란에 맞서 이 도시를 지키는 것', 즉 바리케이드를 추방하는 것이었다. 하지만 바리케이드는 파리코뮌 기간에 부활하여 "기존의 것보다 훨씬 더 견고하고 튼튼하게 구상되었다. 바리케이드는 큰 불르바르들을 차단하고 건물 2층 높이까지 달하는 경우도 종종 있었으며 안쪽에는 참호를 감추고 있었다"(「1939년 개요」, 131쪽). 이때의 경험을 통해 부르주아지와 손잡고 1789년의 혁명을 완성하는 것이 프롤레타리아 혁명의 과제라는 환상은 불식되었다. 여기서 벤야민의 관심은 길을 내고, 길을 가고, 길을 막는 '이동'과 관련된 행위와 연결된다. 누가 길을 만드는가, 누가 그 길을 어떤 속도로 가는가, 길을 막는 것 혹은 길을 가로지른다는 것은 어떤 의미인가를 생각하게 하는 길의 문제는 그에게 '정치'의 문제였다.

「1939년 개요」의 서문에서 벤야민은 19세기의 역사관이 세계사의 흐름을 사물 형태로 응고시키고 있다는 점을 지적하면서, 프로젝트의 목적이 "문명이 이런 식으로 사물화되어 재현됨에 따라 우리가 19세기에서 물려받은 새로운 생활 형태나 경제와 기술에 기반한 새로운 창조물들이 어떻게 환(등)상의 우주 속으로 들어가는지를 보여 주는 것"(「1939년 개요」, 112쪽), 즉 문명의 사물화 경향이 현재까지 이어지는 발생학적 근원을 추적하는 것이라고 말한다.

19세기에 만들어진 문명의 창조물들은 자본주의적 이데올로기와 결합된 사물의 형태로 나타나는데, 그것들이 현실을 가리는 베일의 역할을 하는 판타스마고리아를 만들어 낸다. 사치품들의 거래 장소인 아케이드, 오락 산업과 결합된 만국박람회, 부르주아들의 실내 등은 판타스마고리아의 대표적인 장소이며, 그 시대인들이 꾸었던 집단의 꿈을 확인할 수 있는 물적 증거들이다. 하지만 꿈은 언젠가는 깨게 마련. 제2제정의 붕괴와 파리코뮌 속에서 우리는 꿈에서 깨어나 각성하는 인류의 소중한 역사적 경험을 본다. 벤야민이 발견하고 싶었던 것은 바로 이런 부분이다. 어떤 시대의 집단이 꾸었던 꿈이 '문화'를 통해 어떻게 표현되어 있는지, 어떤 계기를 통해 그 환상의 주술에서 벗어나 각성하게 되는지, 그것이 어떻게 다른 가능성의 세계로의 실천을 기획하는 것으로 연결되는지 하는 것.

판타스마고리아가 존재하는 한 인류는 영원히 신화적 불안에서 벗어날 수 없다. 그것은 단지 경제적이고 물질적인 부분에서만 나타나는 것이 아니다. 오히려 누구나 쉽게 동의할 수 있는 이상, 즉 '진보'에 대한 믿음 속에서 가장 강력하게 작동된다. '보다 나은'이라고 하는 것에 대한 자본주의적 태도는 진보를 재화의 축적을 위한 '기술' 개발과 발전의 측면으로 이해한다. 그것들은 모두 '새로움'이라는 이름으로 포장된다. 「1939년 개요」의 결론에서 벤야민은 블랑키(Louis Blanqui)를 빌려 판타스마고리아의 진보란 사실상 '반복되는 새로움', 즉 이미 있었던 것의 진부한 반복이 기술의 힘으로 화장을 고치고 등장하는 것일 뿐이라고 말한다. 즉 진보의 이미지는 역사 자체의 환상에 불과하다는 것이다.

우주 전체는 수많은 별들로 이루어져 있다. …… 자연은 넓이를 메우기 위해 원초적 조합 또는 유형의 하나하나를 무한대로 반복해야만 한다. …… 우리와 똑 닮은 사람들은 시간과 공간 속에 무수히 존재한다. …… 이들은 결코 유령이 아니다. 영원화된 현재인 것이다. 그러나 여기에 큰 결점이 있다. 진보가 없는 것이다. …… 우리가 진보라고 부르는 것은 각각의 세계에 국한되어 있으며, 그러한 세계와 함께 사라진다. 항상 그리고 어디서나, 지구라는 투기장에서는 똑같이 좁은 무대 위에서 똑같은 드라마가 똑같은 배경에서 펼쳐질 뿐이다. 자신의 위대함에 저 혼자 반해 법석을 떠는 인류는 스스로를 우주라고 믿고, 끝없이 펼쳐진 곳에서 살고 있는 것처럼 착각하지만 실제로는 감옥 안에 살고 있다(블랑키, 『무장봉기 지침: 천체에 의한 영원』 / 「1939년 개요」, 133~134쪽).

결국 우리가 살고 있는 이 세계는 '반복'을 '새로움'으로 오해하게 만드는 판타스마고리아에 의해 지배되는 세계이며, 사람들은 그 속에서 '집단의 꿈'을 꾸고 있는 셈이다. 벤야민은 꿈꾸는 집단은 역사를 모른다고 말한다. "이 집단에게 있어 사건의 경과는 항상 동일하며 또 항상 최신의 것으로서 흘러간다. 즉 최신의 것, 가장 현대적인 것이 주는 센세이션은 모든 동일한 것의 영겁회귀와 마찬가지로 사건의 몽상적 형식이다"(S 2,1). 하지만 꿈을 꾸는 것 그 자체는 부정적이기만 한 것이 아니다. 꿈은 현실을 왜곡하지만 한편으로는 그 왜곡된 이미지 속에는 '근원의 역사 혹은 계급 없는 사회의 이미지'가 투사되어 있기 때문이다. 우리는 꿈을 꿈으로써만 꿈에서 깨어날 수 있다. 또한 꿈을 꿈으로써만 다른 세계, 다가올 미래를 상상할 수 있다. 막 꿈에서 깨어나 '각성'한 자들이 다가올 시간을 대비하며 실천하는 행위를 일컬어 우리는 '혁명'이라고 부른다.

벤야민은 초현실주의자들의 예술적 실험이었던 몽타주 기법과 꿈과 도취의 방법을 유물론적 역사 기술의 방법으로 전유하여 프로젝트 전체를 '문학적 몽타주' 형식으로 구성하고자 했다. 초현실주의자들에게 "삶은 깨어남과 잠 사이의 문지방이 마치 이리저리 넘쳐 흐르는 수많은 이미지들의 발자국들로 밟히듯이 모든 이의 삶 속에서 밟혔을 때에만 살 만한 가치가 있는 것"(「초현실주의」, 145~146쪽)이었고, 과거를 향한 역사적 시선을 정치적 시선으로 맞바꾸는 실험이 예술적 활동의 진정한 이유였다는 점에 주목한 벤야민은 19세기인들의 '집단의 꿈'에서도 '혁명을 위한 도취의 힘'들을 발견하고자 했다. 잠을 자고 꿈을 꾸고 꿈에서 깨어나는 단순한 활동은 벤야민에게 '인식 가능한 지금'의 '각성'과 혁명의 실천을 위해 반드시 경험해야 할 중요한 삶의(혹은 역사의) 과정이다. 때문에 그는 "프루스트가 자기의 인생 이야기를 잠에서 깨어나는[각성] 장면부터 시작하는 것과 마찬가지로 모든 역사 기술은 깨어나는 것[각성]에서부터 시작해야 한다. …… 이 『아케이드 프로젝트』는 19세기로부터의 각성을 다룰 것"(N 4,3)이라고 말했던 것이다.

3_방법의 창안

나는 주기적으로 이 책의 내부 구성에서 바로크 시대를 다룬 저서와 비슷한 것을 떠올려 보는 유혹에 굴복하곤 하는데, 물론 외적 구성은 완전히 다르다네. 그리고 여기서도 역시 초점은 전승된 개념의 전개에 맞추어질 것이라는 것만큼은 자네에게 암시할 수 있을 것 같네. 바로크 저서에서는 '비애극'이 이념이었다면, 여기서는 상품의 물신적 성격이 그것이 될 것이네. 바로크 저서가 독자적인 인식론을 동원하고 있다면 '아케이드'를 위한 책에서도 최소한 비슷한 정도로 그러할 것이네(「벤야민이 숄렘에게」, 1935.5.20).

인식은 오직 번개의 섬광처럼 이루어진다. 텍스트는 그런 후에 길게 이어지는 천둥소리 같다(N 1,1).

다른 사람들에게는 항로로부터의 일탈인 것이 내게는 나의 항로를 결정하기 위한 자료가 된다. — 나는 다른 사람에게는 탐구의 '기본 경로'를 교란시킬 뿐인 시간의 미분소를 나의 계산의 근거로 삼는다(N 1,2).

이것이야말로 벤야민이 '아케이드'를 구상하고 접근하고 말하는 방식의 전체이다. 어떤 사물을 보고 그것이 무엇이다 혹은 어떤 것이 다라고 알아차리는 지각(인식)은 번개의 섬광처럼, 부지불식간에, 직관적으로 이루어진다. 그러므로 '섬광의 시간'이라는 것은 단순히 짧은 시간이 아니라, 그 안에 논리적인 해석 작용이 개입할 여지가 없는 압축적이고 깊이 있는 시간이다.

익숙한 표상 과정을 거치지 않고 어떤 사물을 있는 그대로 파악하는 일은 우리에게 낯설다. 하지만 표상과 재현에 익숙한 시선으로는 늘 보이는 것만 볼 수 있을 뿐이다. 무엇인가에 의해 은폐되거나 왜곡되지 않은 '있는 그대로'를 보고 말하는 일이 가능할까. 있는 그대로 보기 위해서는 어쨌든 지금까지와는 다른 방식으로 보지 않으면 안 된다. 항로를 이탈하고 경로를 교란하면서. 그 '다른 방식'에 대해 일찍이 벤야민은 『독일 비애극의 원천』의 서문에서 이렇게 말했다.

궁극적으로 방법론이란 결코 객관적 결함에 대한 단순한 두려움에 의해 이끌려서는 안 되며, 부정적으로 제시되거나 경고의 규준으로 제시되어서는 안 된다. 오히려 방법론은 학문적 극사실주의의 관점에서 제시하는 것보다 더 높은 질서의 관점에서 출발해야 한다(「인식비판적 서론」, 169쪽).

학문적 극사실주의의 관점보다 '더 높은 질서의 관점'에서 '번개의 섬광처럼' '인식'하고 '천둥처럼' 텍스트를 쏟아 내는 것. 즉 그것을 해석의 언어를 동원하여 체계화된 방식으로 검증하고 주장하는 것이 아니라, 철저하게 '보여 주는' 방식으로 말하는 것이 그의 방법론이자 텍스트를 대하는 태도인 것이다. '극사실주의적' 방법, 이른바 체계적인 연구 혹은 귀납적이거나 연역적인 방법은 모두 '과학적'이라는 이름에 맹목적으로 의지하며 신화화될 위험을 안고 있기 때문이다.

극사실주의보다 '더 높은 질서의 관점'에 서기 위해 그는 비애극과 상품들의 물신적 성격을 '개념'적 수준이 아니라 '이념'의 차원에서 파악하고자 했다. 벤야민은 왜 개념이 아니라 이념이라고 해야만 했는지에 관해 이렇게 말한다.

> 개념으로서의 비애극은 별 문제없이 미학적 분류 개념들의 계열에 편입될 것이다. 그러나 분류 영역에 대해 이념은 다른 관계에 있다. 이념은 여하한 등급도 규정하지 않으며, 각각의 개념 단계가 분류들의 체계 내에서 그 바탕을 두는 일반성, 다시 말해 평균치의 일반성을 자체 내에 지니고 있지 않다(「인식비판적 서론」, 163쪽).

결국 어떤 대상을 개념이 아니라 이념으로 파악하고자 하는 것은 그것이 '체계화'되었을 때의 오류, 즉 '평균치의 일반성'으로부터 벗어나기 위해서이다. 대상을 평균화한다는 것은 그들 각각이 지니고 있는 고유한 특성과 가치를 사상시키는 것에 다름 아니기 때문이다. 개념은 눈에 보이는 것 그대로의 현상 속에서 추출해 낼 수 있지만, 이념들은 현상들의 세계 속에 주어져 있지 않다. '아케이드'를 19세기 사람들이 꾸었던 집단의 꿈, 혹은 그들의 시선에 붙잡힌 판타스마고리아의 세계라고 한다면, 그것을 현상적으로 읽어 내는 것은 불충분할 수밖에 없다. 벤야민은 '보다 높은 차원의 질서'인 이념의 차원에서 바로크의 비애극과 19세기의 풍경을 바라보아야만 했던 것이다.

1. 별자리, 혹은 사유의 형세가 펼쳐지는 방식

이념은 현상 속에 있는 것이 아니라 현상들이 지닌 객관적 해석이며 그 현상들 간의 공통성을 규정하는 무엇이다. "각각의 이념은 태양이며, 태양들이 서로 관련 맺는 것처럼 자신과 비슷한 다른 이념들과 관계한다. 그러한 본질들의 공명 관계가 진리이다"(「인식비판적 서론」, 162쪽). 이념을 통해서 궁극적으로 밝혀지는 것은 어떤 현상이나 사태 혹은 경험적 지식이 아니라, 일회적이고 극단적인(장르의 가장 외곽에 자리 잡을 수 있는) 것들 사이에서 만들어지는 공명 관계로서의 '진리'이다. 맑스가 철학을 세계를 해석하기 위한 것이 아니라 변혁하기 위한 것으로 바라보았던 것처럼, 벤야민이 바로크 시대의 비애극을 이념으로 설정하며 그것의 궁극적 목표가 '진리의 발견'에 있다고 언급했을 때, 그의 이념은 '해석'으로부터 가장 멀리 떨어져 있는 극단의 지점, 여전히 해석의 영역에 속해 있지만 더 이상 해석이 아닌 지점, 해석의 장르 바깥에 있는 변혁의 영역으로 향한다. 중요한 작품은 장르를 세우거나 혹은 지양하는 작품이며, 완벽한 작품들에서 그 둘은 합치된다는 그의 말은 단순히 텍스트 내부에만 한정된 것은 아니다. 그가 『독일 비애극의 원천』에서 주권이론과 바로크의 알레고리를 독창적인 방식으로 분석했을 때 그것이 단순히 해석의 차원에서만 진행된 것은 아니듯, 그가 '아케이드'를 통해 19세기의 꿈을 우리 앞에 펼쳐 놓았을 때 그것은 그것과 만나는 지금-이곳의 각성을 통한 혁명적 실천을 염두에 두고 있는 것이었다.

보이는 것들은 각각 개별 사물이지만, 그것들은 매번 다양한 방식으로 무한히 관계 맺을 수 있다. 벤야민은 각각 분산된 대상들, 테마들과 마주쳤을 때 발생하는 '인식들'(특정한 순간에 생각하고 있는 모든 것)을 어떻게 일관된 방식으로 하나의 텍스트 속에서 말할 수 있을지(보여 줄 수 있을지) 고민한다. "프로젝트의 강도를 그런 식으로 증명하든 아니면 사유들이 처음부터 이 프로젝트를 텔로스로서 내포할 수 있도록 하는 형태"(N 1.3)로든. 여기서 그가 말하는 일관성이란 단일한 서사적 구성이나 완결된 전체를 염두에 둔 통일체적 구성과는 무관한 것이다. 그것은 오히려 각각의 부분들이 자율적으로 자기 가치를 가지면서도 서로 느슨하게 연결되어 있는 방식, 각각의 부분들이 각자 자기 안에 다른 부분들을 포함하고 있으며 다른 것의 일부로 기능하는 그런 관계들의 일관성이다. 각각의 부분들이 '대상'과 그것에 대한 '사유'(혹은 이념)라면 그것들 사이의 거리 혹은 관계를 측정하는 것이 벤야민이 프로젝트에서 시도하는 방법이다. 하나의 대상 그리고 그것에 관한 사유와 개념들이 각각 하나의 별이라면, 그것들 사이의 관계의 선을 그어 줌으로써 하나의, 혹은 여러 개의 별자리를 만드는 것. "이념들은 영원한 성좌(Konstellation)들이며, 그 요소들이 이러한

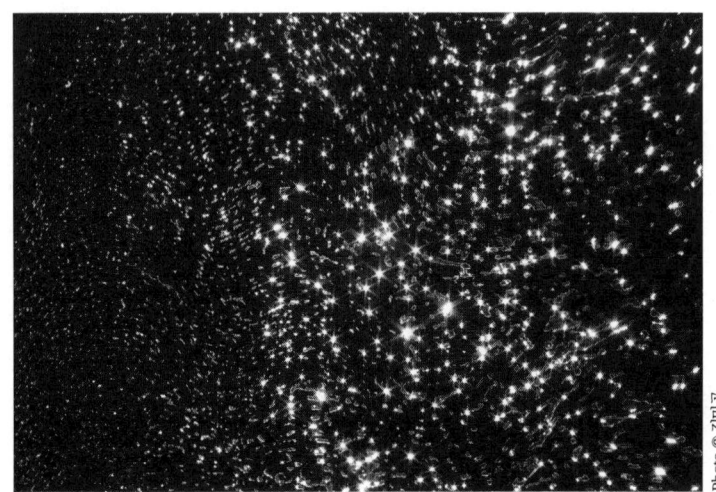

최태훈, 「은하수」, 2006

성좌들의 점들로 파악되는 가운데 현상들은 분할되는 동시에 구제된다"(「인식비판적 서론」, 157쪽).

밤하늘에서 반짝이는 별은 언제나 아름답다. 그것은 수십만 년 전 과거로부터 빛의 속도로 날아와 지금 내가 보는 밤하늘에서 빛난다. 별의 반짝임 자체가 과거가 현재화되는 방식이며, 별과 별 사이를 이어서 만들어 내는 별자리는 과거가 우리에게 보여 주는 하나의 이미지이다. 밤하늘의 별을 보며 우리는 과거와 만난다. 이러한 태도로 벤야민은 19세기를 '철저하게 긍정적으로' 보려고 한다. 때문에 그에게는 "모든 도시가 똑같이 아름다우며, 또 어떤 언어가 더 가치 있고 다른 언어는 덜하다는 이야기는 받아들일 수 없다"(N 1,6). 여기서 언어는 단지 특정한 문법적 규칙을 가진 인간의 말에 한정되지 않는다. 그것은 오히려 표현된 것 일반에 가깝다. 사물 그 자체일 수도 있고, 그것에 대한 선율적이거나 색감적인 표현일 수도 있다. 사물이나 그것을 표현하는 언어에 위계나 중심화된 질서는 존재하지 않는다. 벤야민은 개념적인 언어로 사물들을 설명하고 해석하는 것이 아니라 사물들의 '이미지'를 보여 줌으로써 이념적 층위가 자연스럽게 드러날 수 있도록 배려한다. 그것을 위해 '인용부호 없는 인용술'이 동원된다. 벤야민은 그것을 '문학적 몽타주'라고 불렀다.

문학적 몽타주. 말로 할 건 하나도 없다. 그저 보여 줄 뿐. 가치 있는 것만 발췌하거나 재기발랄한 표현을 자기 것으로 만드는 것 같은 일은 일절 하지 않는다. 누더기와 쓰레기들을 목록별로 정리하는 것이 아니라

파울 클레, 「그리고 아, 나를 더욱 쓰라리게 하는 것은 당신이 내가 가슴속으로 어떻게 느끼고 있는지 모른다는 겁니다」, 1916

스테인드글라스의 유리 파편들이 아름다운 이미지를 만들어 내듯 벤야민은 19세기의 문장들을 인용함으로써 새로운 효과를 만들어 내는 '문학적 몽타주'를 실험했다. 클레의 이 작품은 "그리고 아, 나를 더욱 쓰라리게 하는 것은 당신이 내가 가슴속으로 어떻게 느끼고 있는지 모른다는 겁니다"라는 독일어 문장으로 이루어져 있다.

유일하게 가능한 방법으로 그것들이 정당한 권리를 찾도록 해줄 생각이다. 즉 그것들을 재인용하는 것이다(N 1a,8).

영화나 회화의 몽타주나 스테인드글라스의 모자이크화가 각각 나름의 고유한 색깔과 성격을 가지고 있는 파편들로 구성되듯이, 벤야민의 문학적 몽타주는 언어로 만들어진 문장들이 본래의 맥락에서 떨어져 나와 새로운 공간에 재배열(재인용)됨으로써 하나의 새로운 이미지로 구성된다. 이때 각각의 파편들은 자기의 고유성을 유지한 채로 새로운 장소에서 이웃한 것들과 관계 맺음으로써 전혀 다른 효과를 생산한다. 각각의 파편들(『아케이드 프로젝트』에서는 세부 항목들)이 하나의 별처럼 자기를 드러내고, 그들 사이에 관계의 선분이 그어질 때마다 매번 하나의 별자리가 만들어지도록 문장들을 배열하는 것, 이것이 벤야민이 시도했던 문학적 몽타주 혹은 문학적 스테인드글라스의 조성법이다.

이러한 방법론을 통해 그는 19세기의 "가장 철저하게 바깥으로 향해 있는 가장 본질적인 부분들 상호 간격의 특징을 규정하고 보존"(N 1,3)함으로써 19세기로부터의 각성을 시도한다. 그것을 통해 "당시의 삶 그리고 외견상으로는 부차적이고, 지금은 사라져 버린 듯한 형식들로부터 오늘날의 삶, 오늘날의 형식들을 읽어 내려는 것"(N 1,11)이 이 『아케이드 프로젝트』의 최종 목표이다.

2. 변증법적 이미지와 역사유물론

하나의 별자리처럼 펼쳐지는 과거의 이미지들과 그것을 바라보는 현재가 만났을 때, 벤야민은 그것을 '변증법적 이미지'라고 부른다. 여기서 벤야민이 말하는 '변증법'은 독특하다. 일반적으로 변증법이 각각의 대립적인 모순들이 서로를 지양하며 하나의 전체성을 향해 가는 구조를 이루고 있다면, 벤야민의 변증법은 '모순들의 화해'를 목표로 하지 않는다. 그의 변증법은 오히려 하나의 사물이나 현상 속에 들어 있는 '부정의 요소' 속에서 '긍정적인 가치'를 발견하는 것, 그들 각각이 고유성을 유지하면서도 다른 것이 될 수 있도록 새로운 관계의 선분들을 그려 내는 것에 집중한다. 변증법 아닌 변증법, 변증법을 정지시키는 것으로서의 변증법적 이미지.

과거가 현재에 빛을 던지는 것도, 그렇다고 현재가 과거에 빛을 던지는 것도 아니다. 오히려 이미지란 과거에 있었던 것이 지금과 섬광처럼 한순간에 만나 하나의 성좌를 만드는 것을 말한다. 다시 말해 이미지는 정지 상태의 변증법이다. 왜냐하면 현재가 과거에 대해 갖는 관계는 순전히 시간적·연속적인 것이지만 과거에 있었던 것이 지금에 대해 갖는 관계는 변증법적인 것이기 때문이다. 시간적인 성질이 아니라 이미지적인 성질을 갖는 것이다. 즉, 진행적인 것이 아니라 이미지적인 것이며, 비약적인 것이다(N 2a,3).

벤야민은 과거와 현재를 인과적 선후관계 속에서 바라보기를 거부한다. 지금의 관점에서 과거를 바라볼 때 과거는 언제나 현재보다 미숙한 것으로 비칠 수밖에 없기 때문이다. 그는 과거와 현재를 각각 고유한 질적 가치를 지니고 있는 각기 다른 시간이라는 관점에서 바라본다. 프루스트가 어느 날 우연히 마신 한 잔의 홍차와 마들렌 때문에 유년기의 콩브레를 순식간에 떠올렸던 방식으로 그에게 과거는 순식간에 현재를 덮쳐 오고, 두 개의 시간이 서로를 붙잡음으로써 한순간 '섬광 같은' 이미지로 정지한다. 이때 과거는 낡고 미숙한 것이 아니라 현실을 바꿀 수 있는 각성의 에너지가 된다. 진정한 역사는 특정한 관점으로 기술되는 것이 아니라 과거와 현재가 맺는 특별한 관계 속에서 하나의 이미지로 새롭게 생성된다는 것을 보여 줌으로써 가능한 것이 된다.

사고에는 사유의 운동뿐만 아니라 정지도 필요하다. 사고가 긴장들로 가득한 성좌에서 정지할 때 변증법적 이미지가 나타난다. …… 유물론적 역사 기술에서 구성되는 대상 그 자체가 변증법적 이미지가 된다. 그것은 역사적 대상과 동일하다. 이것이 역사의 흐름의 연속성에서부터 그러한 대상을 떼어 내는 것을 정당화한다(N 10a,3).

과거와 현재를 연속적인 관점에서 바라보지 않고, 각각 독립적인 가치를 지닌 시간으로 이해했던 벤야민은 인간의 '사유' 또한 연속성 혹은 부단한 운동의 관점에서 바라보지 않았다. 그는 운동/정지의 이

분법을 넘어서 운동과 정지를 모두 존재의 활동 과정이라고 보았고, 이러한 활동 속에서 '생성'이 가능해진다고 생각했다. 특정한 방향으로 진행되던 운동을 정지시키는 활동은 현실에서 '발전'에 무비판적인 '진보 이념'에 대한 강력한 브레이크로 작용할 수 있기 때문에 의미심장하다. 벤야민은 진정한 진보란 시대를 연속적인 관점으로 파악하는 데 있는 것이 아니라 그러한 연속성에 간섭하는 것이라고 말한다. '시대의 연속성에 대한 간섭'은 사유의 운동과 정지를 동시에 고려하는 사고의 긴장 속에서 '변증법적 이미지'로 정지한다.

벤야민이 시간의 연속성에 간섭하는 방식은 '역사를 인용하는 것', 즉 그것을 '문학적 몽타주'로 재조립하는 것이다. "인용이라는 개념 속에는 그때그때의 역사적 대상을 그것의 관련성으로부터 떼어 내는 작업이 포함"(N 11,3)되어 있다. 역사를 인과관계 속에서 파악함으로써 언제나 과거를 현재보다 미숙한 것으로 파악하는 태도로부터 거리를 취하기 위해, 각 시대가 지니고 있는 고유한 가치를 올바로 발견하기 위해, 그는 역사를 연속성의 맥락에서 떼어 내 새로운 자리에 배치한다. 이러한 방법만이 "역사유물론의 기본 개념은 진보가 아니라 현실성을 불러일으키는 것"(N 2,2)이라는 점을 증명하기 때문이다. 그에게 있어 유물론적 관점으로 역사를 서술한다는 것은 '파괴'를 전제로 하는 역사적 사태의 '구성'을 의미했다. 과거의 한 단편이 현재의 현실성과 관계되려면 양자 간에 어떤 연속성도 있어서는 안 되기 때문이다. 그는 이러한 역사유물론에 대해 다음과 같이 말한다.

역사유물론은 균질적인 역사 서술도 또 연속적인 서술도 지향하지 않는다. 상부구조가 하부구조에 반작용하는 사실로부터 균질적인 역사, 예를 들어 균질적인 경제사는 균질적인 문학사나 균질적인 법학사와 마찬가지로 존재하지 않는다는 것이 분명해진다. 다른 한편 과거의 다종다양한 시대가 역사가의 현재에 의해 취급되는 정도가 다르기 때문에 역사 서술의 연속성은 실현될 수 없다(N 7a,2).

진보 이념 혹은 전체성에 대한 비판적 관점 속에서 벤야민은 '유물론적 연구의 완결되지 못한 종결'에 관해 전략적으로 사유했다. 그는 완결된 책의 형식에서 벗어나, 새로운 사유의 출현을 위한 각성제로 그의 책이 사용되기를 바랐다.

그러므로 그의 프로젝트 속에서는 모든 것이 고려의 대상이 된다. 부정적이고 소극적이라고 명명되었던 것 혹은 분류의 기준에 의해 그런 식으로 위치했던 것들이 관점의 전환을 통해 새로운 의미를 획득할 수 있도록 하는 일이 중요하기 때문이다. 이것을 통해 과거 전체가 어떤 '알려지지 않은 역사의 복원' 속에서 현재에 참여하게 된다. 그러므로 중요한 것은 큰 차이가 아니다. 종종 뉘앙스의 차이와 착각을 불러일으킬 정도의 작은 차이들 속에서 오히려 돌출한 것, '어떤 최고의 생'이라고 할 만한 것을 발견하는 것이 문제이다. 벤야민은 여기서 '오직 변증법적인 대조만이 문제'라고 말하고 있는데, 그가 말하는 변증법적 대조는 서로 적대적인 성격을 가진 양자 간의 대립을 증명하기 위한 것이 아니라, 각기 고유한 질적 특성을 가진 것들 간의 차이를 발견하기 위한 방법이다. 이러한 태도는 '문화'를 바라보는 것 속에서도 일관되게 확인된다. 그는 '문화'를 경제적 토대를 반영하는 상부구조로 설정했던 맑스에 반대하지 않으면서도 상부구조의 독자적 활동에 더 주목했다. 그는 경제와 문화 간의 인과적(반영론적) 관계가 아니라 '표현의 연관'을 문제 삼았다. "문화가 어떻게 경제에서 성립하는가가 아니라 문화 속에서 경제가 어떻게 표현되는가를 서술"(N 1a,6)하는 것이 그에게는 문제였던 것이다.

3. 트락타트, 인용과 메모로 이루어진 철학적 문체

벤야민은 언제나 "작품 자체가 말할 기회를 포착"하고자 했다. 책이란 지적 교환가치에 따라서가 아니라 '감촉적' 사용가치에 따라 소중히 여겨진다고 생각했기 때문이다. 그는 책을 인문학적 관점에서가 아니라 '식품화학적 요소'로서 바라본다.

> 하나의 멋진 문맥, 예를 들어 어떤 성공적인 서론은 마치 식탁에 우아하게 차려진 요리에 군침을 삼키게 하는 유혹의 몸짓에 비유됨 직하다. 그것을 바라볼 때 느끼는 쾌감은 눈앞의 그것을 파괴함으로써 얻게 되는 쾌감에 의해서만 배가된다. …… 어떤 형식의 세계도, 그것을 즐길 때, 이야기체의 산문과 같은 정도로 취해져서 소화되고 파괴되지는 않는다(볼츠·반 라이엔, 『발터 벤야민』, 42쪽).

비평가로서의 벤야민은 독서 행위 자체를 차려진 음식을 파괴적으로 먹어치우는 미식가의 감각으로 바꿔 내고, 『아케이드 프로젝트』에서 그는 미식가의 감각으로 식탁을 차리는 플래너가 된다. 다양한 텍스트들이 그의 손 안에서 솜씨 좋게 잘리고 장식되고 배치된다. 그렇게 함으로써 그는 영향력 있는 활발한 공동체들에게 더 적합하게 어울릴 만한 어떤 모순적 형식을 개발할 수 있다고 믿었다.

새로운 글쓰기의 창안은 벤야민에게 언제나 중요한 문제였다. 그것은 어떤 사유를 가장 잘 표현할 수 있는 형식을 찾는 일이며 지식인의 자기 존재 증명과 관련된 문제이기 때문이다. 학문의 세계에서는 각각의 분과 학문 혹은 장르의 성격에 '적합한' 사유 방식 혹은 문법이 미리 주어져 있고, 대체로 글쓰기의 방식도 이러한 틀 안에서 이루어진다. 하지만 정해진 틀 안에서의 사유와 그것에 대한 표현만으로는 근본적인 차이를 만들어 낼 수 없을 뿐 아니라, 틀에 맞춰진 글쓰기만으로는 새로운 종류의 사유를 표현할 수도 없다. 그러므로 그에게 새로운 종류의 글쓰기를 실험하고 창안하는 문제, 즉 어떻게 말할 것인가의 문제는 무엇에 대해 말할 것인가 이상으로 중요한 것이 된다.

『역사와 계급의식』을 통해 벤야민이 프로젝트에서 주장하는 '상품의 물신화'에 논리적 근거를 제공한 루카치 역시 사유의 실험을 위한 글쓰기의 중요성에 대해 이야기했다. 그는 예술(문학)의 장르 속에 선명하게 편입되지 않는 하나의 독특한 글쓰기 형태를 '에세이'라고 불렀다. 루카치가 말하는 에세이란 삶에 대한 근본적인 체험과 근원적인 질문 속에서 만들어진 글쓰기 형식이다. 여기서 그가 말하는 '형

이윤숙, 「Meditation 2007-6」, 2007

식'은 내용을 담는 그릇이 아니라 하나의 세계관이자 입장, 삶에 대한 일종의 태도 표명이며, 삶 자체를 만들어 내는 하나의 가능성이다(루카치, 『영혼과 형식』, 17쪽). 벤야민이 『일방통행로』에서 보여 주었던 글쓰기나 『아케이드 프로젝트』에서 시도했던 '문학적 몽타주' 역시 루카치가 말한 '삶에 대한 물음'을 제기하는 하나의 독특한 방식이었다.

『독일 비애극의 기원』의 서론 격인 「인식비판적 서론」에서도 글쓰기에 대한 벤야민의 문제의식은 두드러지게 발견된다.

> 철학적 가르침은 역사적 성문화 작업(historische Kodifikation)에 바탕을 둔다. 따라서 철학적 가르침은 기하학적 연역 방식으로 불러낼 수 있는 것이 아니다. …… 가르침과 비의적 에세이라는 개념들을 통해 제기되는 철학적 형식의 대안을 19세기의 체계 개념은 무시해 왔다(「인식비판적 서론」, 146~147쪽).

이 문제를 해결하기 위해서는 '철학적 형식의 학습'이 필요한데, 벤야민은 여기서 '새로운 사유 혹은 진리 표현'을 위한 철학적 글쓰기의 형식으로 '트락타트'(traktat)*를 제안한다. 과거 종교적 논문이나

---

* 트락타트는 어떤 테마에 대한 짧은 논문이다. 그것이 독일에 들어온 것은 8세기 무렵이었고, 주로 종교인과 정치인들에 의해 사용되었다. 유대교의 『탈무드』는 트락타트적 글쓰기의 대표적인 사례이다. 15~16세기의 문학적 글쓰기 양식으로서의 '건축적 에세이'(der Architekturtraktat)는 고대 로마에서 사용되었던 설계분류법(Entwerfssystematik)을 통해 설명되고 전파된 것이다. 그것은 고딕에서 르네상스까지 문체 변화의 동인이었다. 여기서 삽화와 텍스트는 나란히 등가적으로 병존했다.

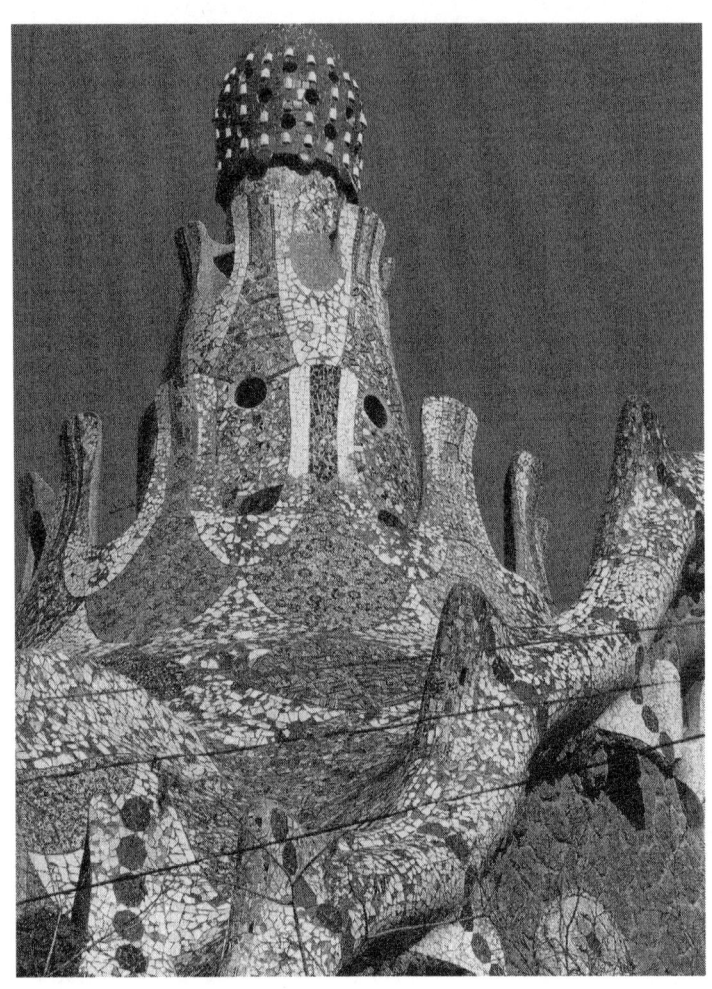

안토니오 가우디, 「귀엘 공원의 파빌리온」
형형색색의 타일 파편들이 조각의 형태를 구성하고 있다.

국가 간 계약에서 사용되던 트락타트의 규범적 형식은 지식을 전하려는 의도보다는 교육(설득과 감화)하려는 의도가 강했고, 그것을 위해 설득력 있는 텍스트를 '인용'하는 방식이 자주 사용되었다.

불규칙한 조각들로 분할되는데도 모자이크가 장엄함을 드러내듯이 철학적 관찰은 비약을 두려워하지 않는다. 모자이크는 개별적이고 동떨어진 것들이 모여 나타난다. 초월적 힘을, 그것이 성상이 지닌 힘이든 진리가 지니는 힘이든 이보다 더 강력하게 가르칠 수 없을 것이다. 사유 파편들이 지니는 가치는 그 파편들이 근본 구상에 견주어 측정될 능력이 없으면 없을수록 더 결정적이 된다(「인식비판적 서론」, 148쪽).

트락타트는 철학 형식을 연습하는 데 중요한 실험이 된다. 그것은 자신의 권위에 입각해 자기주장을 하지 않으며, 수학적 증명이라는 강제 수단도 거절하기 때문이다. 트락타트는 누군가의 좋은 생각을 '인용'함으로써 사유의 우회로를 제시한다. 우리가 『아케이드 프로젝트』에서 확인할 수 있는 인용과 메모로써의 글쓰기 역시 이러한 문제의식 속에서 전략적으로 취해진 것이다. 중단 없는 사유를 거절하는 트락타트는 매번 숨을 고르고 관조하는 자세로 사유를 중단했다가 다시 시작할 것을 요구한다.

벤야민이 보기에 철학자(혹은 역사가)는 학자와 예술가 사이에서 '고상한 중도를 확보하는 자'이다. 트락타트적 글쓰기는 학자적인 것과 예술가적인 것의 긍정적 측면을 결합하는 실험을 통해 진리가 스스로 자신을 드러낼 수 있도록 한다. '우회로서의 재현'을 실험하는 글쓰기.

4. 알레고리, 세계의 파편들을 읽는 방식

트락타트가 세계를 보는 새로운 사유와 실천을 위한 실험적 글쓰기라면, 벤야민에게 있어 알레고리는 세계를 표현하고 드러내는 방식, 그리고 그것을 독해하는 방식이다. 표현으로서의 알레고리는 '다르게 말하기'에 속한다. 특수한 것으로 보편적인 것을 표현하는 방식이라는 점에서, 그리고 '어떤 의미를 형성하며, 진정으로 대상 속에서 모습을 드러내는 암호'라는 점에서 그것은 상징과 다르지 않지만, 상징과 알레고리는 근본적으로 다른 것을 지향한다.

벤야민과 동시대를 살았고 그 역시 19세기 문화에 관심을 기울였던 에른스트 블로흐(Ernst Bloch)는 알레고리와 상징에 대해 다음과 같이 설명한다.

알레고리는 여러 개별적 사실에 대해 어떤 다양성 속에서 확장된, 파괴된 일회성 속에 실존하는 의미에 관해 하나의 암호를 전해 준다. 이에 반해 상징은 여러 개별적 사실에 대해 어떤 다양성 속에 투영되어 나타나는 일원적 의미에 관하여 하나의 암호를 전해 준다. 그렇기에 상징은 결국에는 이른바 도달하는 어떤 '필요한 유일성'으로 향할 뿐, 일시성 내지 다의성을 띠면서 이리저리 방황하지 않는다. …… 이에 비하면 알레고리는 하나의 확정된 방향을 결정하지 못한 채 끝없이 운동하며, 스스로를 유보하지 않는가?(블로흐, 『희망의 원리』, 1권 357쪽)

즉 알레고리가 하나의 의미로 결박되기를 거부하며 다양한 의미를 향해 끊임없이 미끄러져 나가는 속성을 지니고 있다면, 상징은 유일한 의미로 고정되는 것을 목표로 하는 표현의 기술이다.

벤야민은 바로크 시대의 알레고리화(畵)처럼 텍스트를 알레고리적으로 다루었다. 하나의 텍스트에서 개별 문장이나 대목들을 본래의 문맥에서 떼어 내어 새로운 장소에 '인용'하는 방식으로 재배치한 것이다. 알레고리화에서 그림이 있던 자리에는 인용문이 있고, 인용문을 통해 전달하려는 의미가 서명(書名)이 있던 자리를 차지한다. 트락타트가 벤야민이 사용하는 글쓰기의 전략적 방식이라면, 그 트락타트를 구성하는 모자이크 파편으로서의 인용문들은 바로크 회화의 알레고리화처럼 하나의 알레고리로서 기능한다. 그것들을 통해 벤야민은 '인식의 비약'을 유도한다. 인식의 비약은 하나의 인식에서 다른 인식으로의 진행 속에서가 아니라 "각각의 인식 자체 내에서" 결정적이며, "이 비약이 바로 인식이라는 것을 천편일률적으로 조제되는 모든 상품 계열로부터 구별시켜 주는 진정한 표지"(「사유이미지」, 220쪽)이다.

트락타트적 글쓰기 혹은 알레고리적 방식이 벤야민에게 의미를 갖는 것은 바로 이런 이유 때문이다. 모든 사회적 관계가 상품 관계로 치환되어 버린 자본주의 사회를 사유하기 위해서, 가짜 총체성과 동일성의 철학에 결박당하지 않고 사고의 비약을 통해 인식론적 전회를

조지 위더, 「우의도 모음집」 중에서
바로크 시대의 알레고리에서 뱀이 꼬리를 물고 있는 형상은 자주 시간을 의미하는 것이었다. 이 시대의 알레고리화는 표제와 그림을 함께 배치하고 있다.

꾀하기 위해서 그는 문자 자체를 하나의 시각적인 사물처럼 다룬다. 그림이 있던 자리에 문구들을 그림처럼 배치하고, 서명이나 문장(紋章) 등이 있던 자리에서 의미가 떠오르도록 하는 것. 그것이 파편들의 배치를 통해 하나의 별자리를 구성하도록 하고 그 별자리를 보여 주는 것, 별자리가 스스로 말하게 하는 '알레고리적 글쓰기'의 방식이다.

알레고리는 19세기에 이미 '낡은 비유'로 이해되고 있었다. 하지만 벤야민은 그것을 자기 시대의 사유를 넘어설 수 있는 유력한 표현의 형식으로 다루었다. "모든 새로운 것들 속에는 오래된 것들이 숨어 있다"라는 그의 말은 '오래된 것(낡은 것) 속에서 진정한 새로움을 발견한다'는 태도에 다름 아니다. 그에게는 19세기가 바로크와 완전히 단절적인 것이 아니다. 시대적 연속성을 갖는다는 의미가 아니라, 19세기 안에 바로크적인 것이 숨어 있다는 의미에서 그렇다. 이를테면 바로크 시대 예술작품에서 자주 확인되는 리드미컬하고 풍부한 곡선, 즉 '주름'을 우리는 제2제정기의 크리놀린 스커트에서 다시 발견할 수 있고, 이 둘의 근친성에 대해 사유할 수 있다. 벤야민은 다음과 같이 말한다.

그러한 주름이 우리에게 매력을 주는 것, 그것은 그것들이 우리 삶에 매우 중요한 소재를 포함하고 있음을 증명해 준다. — 물론 현대의 건축에 있어 철골 건축이 현대 건축의 구조를 선취함으로써 중요한 소재를 내포하게 된 만큼 이 주름 장식이 중요하지 않을지도 모른다. [하지만 이것이] 최초로 쇠망의 징조를 나타낸 순간의 부르주아지의 계급적 상황을 인식하는 데 …… 중요한 소재라는 것은 분명하다. 어쨌든 정치적으로 매우 중요한 소재이다. 초현실주의자들이 이러한 것들에 집착해 온 것뿐만 아니라 현재의 패션에서 이를 제멋대로 도용하고 있는 걸 보아도 이를 잘 알 수 있다(N 1,11).

이는 "당시의 삶, 그리고 외견상으로 부차적이고, 지금은 사라져 버린 듯한 형식들로부터 오늘날의 삶, 오늘날의 형식들을 읽어 내려는 것"이 가능하기 때문이다. 벤야민은 두 시대에서 공통적으로 발견되는 ('주름'이라는) 하나의 표현 방식이 그 시대의 정치적 현실, 혹은 당시인들이 지녔던 세계 인식의 알레고리로 드러난다고 본다.

17세기 바로크 비애극에 대한 글에서 바로크 시대의 주된 정서를 '멜랑콜리'로, 그것의 예술적 표현을 '알레고리'로 설명했던 벤야민은, 19세기의 '표현된 문화'를 철저하게 알레고리적인 것으로 본다. 알레고리적 표현에 치우치는 시대는 아무래도 아우라의 위기를 경험하게 마련이다. 절대군주가 지배했던 17~18세기의 바로크적 양식이 군주 혹은 신적인 권위를 표상하는 '상징'의 메타포를 교란하는 '알레고리'를 예술적 표현의 핵심적인 자리에 위치시켰다면, 예술작품의 기술 복제가 가능해진 19세기의 '기술'은 사물의 본질을 가리는 '베일'의 역할을 자처함으로써 아우라의 위기를 초래한다. 아우라의 위기는 어떤 사물 혹은 대상의 상징적 가치의 추락이며, 그것이 지닌 권위로부터의 이탈이다. 17세기의 알레고리가 절대군주와 종교적 권위에 대한 일종의 예술적 탈주선으로 기능한다면, 19세기 특히 보들레르에게 있어서의 알레고리는 현실을 가리는 베일을 신비로운 것이 아니라 풀어야 할 삶의 수수께끼로 우리 앞에 펼쳐 보인다. 벤야민에게 알레고리는 '실패한 상징'이 아니라, 상징의 권위에 균열을 내는 고도의 정치적 표현법이다. 그에게 알레고리란 "어떤 파괴적 열광 속에서 예술이든 삶이든 모든 '기존 질서'로부터 생겨나는 가상을 추방"하는 고도의 정치적 기술이다. 그는 바로 이 지점에서 알레고리의 '진보적 경향'을 발견한다.

바로크의 비애극이 그 자체로 이념이면서 동시에 그 이념을 표현하는 하나의 알레고리로 기능했다면, 벤야민에게는 '아케이드' 역시 동일한 방식으로 기능한다. 아케이드는 하나의 건축물이지만 그 건축물 속에는 19세기 자본주의의 원-현상들이 다양하게 수집되어 있다. 아케이드는 그 시대의 자본과 문화, 정치, 사회적 풍속 등을 읽어 낼 수 있는 밀도 높은 자료의 더미들이고, 벤야민은 그것을 바로크 비애극을 읽어 냈던 것과 동일한 알레고리적 방법으로 읽어 나간다. 예술적 알레고리의 표현을 통해 전쟁과 죽음, 질병과 폭정의 암울한 현실로부터 벗어나고자 했던 바로크인들의 의지, 이를 발견한 벤야민은 자본주의의 쇠망을 증언하는 듯한 20세기의 대란 한가운데에서 그것의 출발 지점을 돌아보면서도 어떤 희망을 발견하고자 한다. 그는 이렇게 말한다.

이 작업을 지탱시켜 주는 파토스: 쇠망의 시대 같은 것은 없다. 『비애극』에 관한 작업에서 17세기를 살펴보려고 했던 만큼이나 19세기를 철저하게 긍정적으로 보려는 시도, '쇠망의 시대' 따위 운운은 믿지 말 것. 그렇기 때문에 나에게는 모든 도시가 똑같이 아름다우며, 또 어떤 언어가 더 가치 있고 다른 언어는 가치가 덜하다는 이야기는 받아들일 수 없다(N 1,6).

바로크 시대의 건축이나 도시계획이 산업사회의 무질서함에 밀려 사라져 갔듯이, 19세기 초반에 이미 알레고리는 '낡은 것'이 되어 버렸다. 벤야민은 그 시대의 유일한 알레고리어였던 보들레르에 주목한다. 보들레르의 알레고리에는 "그를 둘러싸고 있는 세계의 허울뿐인 조화를 붕괴시키는 데 필요한 폭력성의 흔적이 도사리고" 있기 때문이다. 보들레르가 고독하게 알레고리 속으로 침잠할 수밖에 없었던 이유는 제2제정기의 속물근성, 한마디로 '상품관계'로밖에는 요약할 수 없는 자신의 시대를 발견했기 때문이다. 그는 '어리석은 19세기' 속에서 낯설어했다. 때문에 그는 쾌락과 소비의 환(등)상이 감싸고 있던 제2제정기의 분위기와 총체성의 가상으로부터 자유로웠다. 하지만 "보들레르는 도시의 부정적인 요소로부터 동시에 매혹적인 요소를 만들어 냈다"라는 벤야민의 말처럼 가장 래디컬한 도시 비판자이면서 동시에 그 자신이 가장 강렬하게 도시에 사로잡힌 댄디이기도 했다.

벤야민은 보들레르의 알레고리가 아케이드 그 자체만큼이나 '상품의 물신적 성격'과 밀접히 연관되어 있다고 생각했다. "상품 진열, 특히 신유행품점들의 증가와 더불어 상품이 점점 더 뚜렷하게 모습을 드러낸다. …… 실제로 그[보들레르]의 상상력의 지배적 모델인 알레고리는 상품 물신에 완벽하게 상응하는 것이었다"(J 79a,4). 상품은 알레고리의 현대적 체현이다. 알레고리의 표면적 의미가 실제 의미를 숨기기 위한 겉치장이라면 상품의 가격은 그것의 실제 가치에 해당하는 생산과정과 노동을 은폐한다.

상품은 교환가치와 전시가치를 강조함으로써 실체를 결여한다. 생산의 주기와 유행의 우연성 속에서 상품은 시대에 뒤처진 폐물이 될 운명을 지닌다. 그러므로 상품은 알레고리와 또 하나의 공통점을 보인다. 공허하고 무력한 상품은 폐허로만 나타날 수 있다(질로크, 『발터 벤야민과 메트로폴리스』, 270~271쪽).

벤야민은 이렇게 정리한다.

세상의 흐름을 중단시키는 것 — 이것이 보들레르의 가장 깊은 곳에 자리 잡고 있던 결의였다. …… 그의 폭력성, 조급함, 분노는 이 결의에서 유래하는 것이었다. 세계의 심장을 찌르려고[또는 자기 노래로 '세계'를 잠들게 하려고] 끊임없이 반복해서 시도하는 것도 이 때문이다. 그가 자기 작품에서 죽음으로 하여금 서두를 것을 재촉하는 것도 이러한 결의 때문이다(J 50,2).

보들레르에 대한 이러한 진단은 벤야민 자신에게도 마찬가지로 적용된다. 벤야민은 보들레르가 지니고 있었던 '알레고리적 시선'을

'지각되는 대상 속에서 깨어나는 시선의 거리'인 '아우라'와 연결시켜 세계의 진행을 중단시키고(정지의 변증법!), 폭주하는 기관차의 브레이크를 잡으려 한다(혁명!). 이것이 벤야민의 원대한 구상이자 그 자신의 '보들레르-되기'의 이유이다. 베를린에서의 유년시절을 회상하며 그는 이렇게 말한 바 있다. "저 불가해한 산맥, 아니 상품 지옥의 대열, 그곳이 '도시'였다"(『베를린 연대기』, 211쪽). 그 지옥의 도시를 보들레르보다 더 냉혹한 시선으로 노래했던 시인은 없었다. 벤야민 자신의 표현을 빌리자면 보들레르의 시는 "프랑스 제2제정의 하늘에 '아무런 분위기도 없는 하나의 별'처럼 빛나고 있다"(「보들레르의 몇 가지 모티프에 관해서」, 164쪽).

5. 건축적 상상력과 사유의 건축술

'7인의 해체주의자' 중 한 명으로 무너진 세계무역센터 자리에 들어설 '프리덤 타워'를 설계한 건축가 다니엘 리베스킨트(Daniel Libeskind)는 이렇게 말한 적이 있다.

> 어떤 재료에나 고유한 언어와 시가 담겨 있다. 그래서 다른 재료와 나란히 놓으면 운율이 바뀐다. 이 돌과 저 유리를 함께 두면 어떻게 보일까? 평형 상태인 공간에 나무를 갖다 놓으면 분위기가 달라질까? 실내 온도에는 어떤 영향을 미칠까? 그렇다면 빛은? 빛이 어떻게 이곳까지 내려와 움직이고 일렁거릴까? 돌, 유리, 나무, 빛……. 건축가는 이 보잘

것없는 재료를 이용해 생각과 감정을 표현하고, 이야기를 들려주고, 역사를 제시해야 한다(리베스킨트, 『낙천주의 예술가』, 298~299쪽).

건축가는 자신에게 주어진 재료들을 조립하여 하나의 건축물을 만든다. 그에게 중요한 것은 그 재료들이 각각 고유한 본래의 성질을 잃어버리지 않으면서도 서로 긴밀하게 관계 맺으며 새로운 효과를 생산하도록 배치하는 일이다. 그가 생각하는 건축이란 재료들이 서로 관계 맺도록 함으로써 그것을 작업한 인간의 생각과 감정을 표현하고 역사를 제시하는 것이다.

벤야민의 작업은 건축가의 그것과 대단히 유사하다. 그는 『아케이드 프로젝트』를 "극히 작은, 극히 정밀하고 잘라서 조립할 수 있는 건축 부품들로 큰 건물을 세우는 것"(N 2,6)에 비유했고, 그가 보여 주고자 한 19세기의 역사, 루카치식으로 말해서 "상품 형식이 모든 생의 지배적 형식으로 영향력을 발휘하는 사회"의 출현을 '아케이드'라는 그 시대 특유의 건축물을 통해 알레고리적으로 보여 주고자 했다. 건축가가 각각의 재료를 서로 연결하고 위치 지음으로써 새로운 효과를 기도했듯이, 역사가(혹은 철학자)는 자신의 사유를 드러내는 하나의 방식으로 원래의 자리에서 떼어 낸 문장들을 모자이크의 파편처럼 새롭게 재배치하고 인용하는 문학적 몽타주를 통해 강력한 현실성을 불러일으키고자 했다.

'상품 물신들의 신전'인 아케이드와 더불어 벤야민에게 중요한 두 개의 건축물이 있다. 하나는 아케이드와 같은 시대의 상상력, 하지만

프란체스코 디 조르조. 「이상도시의 광장과 거리」
각 건물의 1층에는 기둥과 천정으로만 이루어진 복도들이 있다. 이러한 복도들은 광장으로 통한다. 20세기 이전까지 교회, 주택, 상가건물 등 대부분의 건물 양식에 이러한 양식은 일반적이었다.

그것을 전도시킴으로써 전혀 다른 것으로 태어난 팔랑스테르이고, 또 다른 하나는 그의 유년기 체험으로 기억되는 로지아*이다.

어떤 장소는 '기억'과 관련해서만 의미를 갖는다. 누군가에게 어떤 장소는 사건이나 체험, 혹은 인상의 보존처일 때만 생생한 것이 된다. 1900년 무렵의 베를린에 대한 벤야민의 기억 속에서 로지아가 지니는 무게는 그런 것이었다. 로지아가 있는 집, 로지아의 카리아티드(여신상 기둥)들이 점령하고 있는 골목, 로지아의 한구석에서 바라본 세계로 향한 길의 시작.

골목 마당으로 통하던 그늘진 로지아에서 시간은 낡아 갔다. 바로 그렇기 때문에 내가 우리 집 로지아에서 맞은 오전 시간은 이미 오래전부터 시작된 것처럼 보였다. 그래서 다른 어떤 장소에서보다 로지아의 오전 시간은 더 자신에 충실한 것처럼 보였다. 하루의 남은 시간도 그랬다. 결코 그곳에서는 시간이 오기를 기다릴 수가 없었다. 왜냐하면 시간은 언제나 이미 나를 기다리고 있었고, 내가 마침내 그 시간을 찾아냈을 때 이미 오래전부터 거기 있었기 때문이다(『유년시절』, 136쪽).

로지아를 회상하는 벤야민에게서는 콩브레를 회상하는 프루스트의 냄새가 난다. 벤야민에게 로지아는 현재의 시간이 아닌 시간(먼저

---

* 한쪽엔 벽, 반대편엔 천장에서부터 이어지는 기둥으로 되어 있는 트인 방이나 홀, 복도를 가리키는 말. 집의 내부도 아니고 외부도 아닌 공간이다.

와 있는 시간)을 제공하는 장소였고, 그에게 유년기의 추억은 바로 그 유년기에 경험한 '먼저 와 있는 시간'의 경험 때문에 추억할 만한 것이 된다. 로지아의 벽 너머에는 방들이, 로지아의 카리아티드들 밖에는 길과 광장이 펼쳐진다. 로지아는 '어떤 집'에 속한 것이지만, 그 집의 주인에게만 귀속되는 편협한 공간은 아니다. 그곳은 누구에게나 열려 있지만 아무에게도 귀속되지 않는, 소유와 공유의 애매한 경계의 장소이다. 벽도 아니고, 담도 아니고, 방도 아닌 로지아는 누군가가 잠시 그곳을 점유하는 것은 허락하지만, 지속적으로 소유하는 것은 허락하지 않는다. 애매한 시간, 애매한 용법, 애매한 범위 속에 로지아는 존재한다. 그러므로 로지아가 소유 가능한 공간이 되는 것은 언젠가 그 장소를 잠시 점유했던 자의 추억이라는 시간 속에서일 뿐이다. 로지아의 형태 혹은 그것과 비슷한 성격을 지닌 장소들이 없지는 않지만, 그 어떤 것도 로지아만큼 '애매함'을 완강하게 자기 성격으로 가지고 있는 장소는 없다. 주랑 혹은 회랑이라고 번역되는 긴 복도들은 지나치게 엄격하고 특권적이다. 수도사들, 철학자들, 혹은 권력자들의 산책로였던 그 길들은 어떤 '사유들'을 가능한 것으로 만들었지만, 그 길을 걷는 것이 허락된 자들만의 제한된 공유지였고, 대체로 시선의 바깥에 있는 장소였다. 스토아학파의 스토아, 서태후의 이화원, 혹은 어떤 수도원의 긴 주랑들처럼.

 로지아의 한 극단에 아케이드가 있다. "아케이드는 아무런 외부도 없는 집이거나 통로이다"(L 1a,1). 누구의 장소도 아니면서 누구에게나 열려 있는 아케이드는 '공공'과 익명의 이름으로 자본이 흘러 다니는 매끄러운 통로이다. 그리고 아케이드의 극단에 팔랑스테르가 있다. 푸리에는 장사의 공간이었던 아케이드를 주거의 공간으로 뒤집어 버렸다. 동일한 시대를 살았던 사람들이 꾸었던 꿈의 표현물인 아케이드와 팔랑스테르. 하지만 그 꿈의 내용은 서로 극단적으로 다르다. 하나는 현실화되었지만 다른 하나는 실현되지 못했다. 하지만 현실화되지 못한 팔랑스테르 속에는 아케이드 속에서 집단의 꿈을 꾸던 사람들에게 자신들의 시대를 뒤집어 버릴 수 있는 유효한 각성의 계기가 숨어 있었다.

3장

판타스마고리아의 세계에 오신 것을 환영합니다

꿈 — 그것은 19세기의 근원의 역사에 대해 증언해 줄 발굴이 이루어질 대지이다.

C 2a, 11

1 _ 상품들의 신전과 꿈꾸는 실내

0. 알파빌, 어떤 미래의 판타스마고리아

고다르(Jean-Luc Godard)는 영화 「알파빌」(1960)에서 어떤 미래의 우울한 이미지를 보여 준다. 그는 1920년대 활동했던 초현실주의 시인 아폴리네르(Guillaume Apollinaire)의 시에서 영화의 모티프를 얻었고, 1960년대 파리의 거리를 그대로 영화의 배경으로 삼았다. '알파60'이라는 슈퍼컴퓨터에 의해 지배되는 도시 알파빌. 논리와 개념으로만 모든 사회적 관계가 이루어지며, 감성과 관련된 단어들은 금지되어 있는 곳. 알파빌의 성경은 사전이고, 알파빌의 양식은 신경안정제이다. 아내의 죽음 앞에서 눈물을 흘리던 남자가 처형되듯이, 알파빌에서 존재하는 방식은 적응하거나 자살하거나 처형되는 것뿐이다. 알파60이 모든 것을 '계산'하고 '판단'한다. 계산 불가능한 것들, 의심, 양심, 사랑 등과 같은 감정과 정서들 혹은 개인적 판단들은 모두 금지되는 끔찍한 디스토피아. 기계적 시스템의 작동으로만 존재하는 판타스마고리아. 알파빌의 사람들은 모두 집단의 잠 속에 빠져 있다. 벤야민이 보았던 19세기 파리는 알파빌의 오래된 과거이다. 모든 것이 활

루이스 발츠, 「야경」, 1992
판타스마고리아의 번쩍거림에 도취되어 있는 사람은 세계의 진정한 모습을 볼 수 없다.

기차고 풍요로운 외양을 하고 있지만, 무능한 정치와 탐욕스러운 자본이 사람들의 눈과 귀를 현혹하며 집단 최면을 유도하던 시대. 하지만 그 속에서 탈주하는 상상력들은 또 다른 꿈을 꾼다.

1. 브르통과 르코르뷔지에를 한데 아우른다는 것

도스토예프스키가 『유럽인상기』에서 말했던 '바알신 숭배'(물신숭배)는 근대 자본주의의 독특한 문제이다. 존재하는 모든 것은 교환가치에 의해 평가되고, 화폐가 이것을 매개한다. 자본주의 사회는 "상품 형식이 모든 생의 표현에 영향력을 발휘하는 형식, 즉 지배적 형식으로 화한 사회"(루카치, 『역사와 계급의식』, 173쪽)인 것이다. '상품'은 그것을 원하는 누군가에게 팔림으로써만 자신의 존재를 증명한다. 높은 가격으로 잘 팔리는 '상품'이 되기 위해서는 뭔가 특별한 매력이 있어야 한다. 이목을 잡아끄는 '화려한 포장'은 필수이다. 벤야민은 '상품을 생산하는 사회가 자기 주위를 둘러싸는 번쩍거림'에 매혹당하고 도취당하도록 조장하는 사물들의 기술이 판타스마고리아의 세계를 만들어 낸다고 말한다. 판타스마고리아의 번쩍거림에 도취되어 있는 사람은 세계의 진정한 모습을 볼 수 없다. 그들은 모두 꿈을 꾸듯, 잠을 자듯 자신들의 시대를 살아갈 뿐이다.

  꿈은 환상을 조장하고 허위의식을 갖게 하지만, 그것이 있기 때문에 현실을 넘어설 수 있는 에너지가 만들어지기도 한다. 꿈은 '각성'과 '혁명'으로 가는 일방통행로이다. "꿈속에서 다음 시대는 근원의 역사의 요소, 즉 계급 없는 사회의 요소들과 단단히 결합되어 나타난다"(「1935년 개요」, 92쪽)라는 말처럼, 벤야민에게 꿈은 일종의 '지나간 미래'이자 혁명과 정치를 상상할 수 있는 사유의 발진 장치이다. 어떤 시대든, 사람들은 자신들의 삶의 조건을 꿈꾸고 표현한다. 그 꿈에서 깨어나 자신들이 꾸었던 꿈을 올바로 해석하고 각성하게 될 때 지금까지와는 다른 삶, 다른 세계를 향한 활동이 가능해진다.

벤야민은 자본주의를 일컬어 "꿈을 수반한 새로운 잠이 유럽을 덮친 하나의 자연현상"이라고 말한다. 지금도 계속되는 이 오랜 잠 속에서 사람들이 꾸었던, 그리고 여전히 꾸고 있는 꿈의 빛깔은 어떤 것일까. 때로는 악몽이고 또 때로는 현몽이었을 그것의 내용들을 밝혀 내고 현실을 기획하기 위해 그는 꿈의 해석자가 되기로 한다. 꿈의 해석자로서의 벤야민의 위치는 프로이트(Sigmund Freud)와 융(Carl Jung)의 중간 혹은 그들의 종합에 가깝다. 그는 모든 꿈을 개인들의 성적인 욕망의 문제로 수렴시키는 프로이트나 집단의 원형 상징으로서의 꿈에만 의미를 부여하는 융 모두로부터 일정한 거리를 둔다. 그에게 꿈은 집단의 것이지만 개인들에게서 구체적으로 나타나는 공통된 이미지이며, 한 시대를 공유한 각 개체들의 구체적인 꿈의 형상들이 만들어 내는 한 시대의 표현물이고, 그것을 가능케 하는 시대의 에피스테메이다. 그러므로 벤야민에게 있어 꿈을 해석한다는 것은 어떤 시대의 역사를 탐구한다는 것, 과거의 흔적을 통해 현재의 상태를 이해하고 미래를 기획한다는 것에 다름 아니다. 이러한 관점에서 벤야민은 19세기에 대한 비판이 단순히 기계론이나 기계 숭배에 있어서는 안

되며, 훨씬 더 근본적으로 '도취적인 역사주의나 가식적인 습관'을 겨냥해야 한다고 말한다.

벤야민에게 있어 역사를 탐구하는 유력한 방식은 과거의 흔적으로 남아 있는 역사적 조형물이나 물질적 형상물들을 그 시대의 집단이 꾸었던 꿈의 형태로 파악하는 것이다. 그에게 집단의 꿈이 중요했던 것은 그 꿈으로부터 깨어나는 각성의 순간 때문이다. 깨어나기 위해서는 잠을 자야 한다는 전제로부터 그는 모든 시대의 몽매 상태를 긍정한다. 이러한 관점은 역사를 보는 시각의 코페르니쿠스적 전환을 요구한다. 그는 말한다.

> 지금까지는 '과거에 존재했던 것'을 고정점으로 보고, 현재는 일일이 손으로 하나하나 확인하면서 인식을 이러한 고정점 쪽으로 끌어오려고 노력하는 것으로 생각되어 왔다. 그런데 이제 이러한 관계를 역전시켜, 과거에 존재했던 것은 변증법적 전환, 각성된 의식이 돌연 출현하는 장이 되어야 한다(K 1,2).

역사를 보는 시각의 전환이 의도하는 것은 '역사에 대한 정치의 우위'이다. 있었던 것으로서의 과거를 학문적으로 자리매김하는 것이 아니라, 그것을 통해 현실을 인식하고 미래를 기획하는 정치를 구성하는 것. 역사를 '꿈의 형식'으로 바라보는 벤야민의 코페르니쿠스적 발상은 "현재를 깨어 있는 세계, 즉 우리가 과거에 존재했던 것이라고 부르는 꿈이 실제 가리키는 세계로 경험하기 위한 기법"이며, 과거에 존재했던 것을 꿈의 상기를 통해 철저하게 경험"하기 위한 것이다.

이러한 문제의식을 더욱 첨예한 것으로 만들기 위해 벤야민은 브르통(André Breton)과 르코르뷔지에(Le Corbusier)를 불러들인다. "브르통과 르코르뷔지에를 한데 어우르는 것 ─ 그것은 인식이 순간의 심장을 쏠 수 있도록 오늘날의 프랑스 정신을 활처럼 당기는 것을 의미한다"(N 1a,5). 브르통의 초현실주의는 벤야민에게 자본주의적 현실을 비판하고 탈-근대를 기획할 수 있는 유력한 방식으로 이해되며, 르코르뷔지에의 상상력은 근대 정신의 극한을 도시를 중심으로 펼쳐 보인다는 점에서 의미 있는 참조점이 된다. 이 둘은 모두 1920년대 중반을 대표할 만한 가장 심오하며 센세이셔널한 예술적 표현의 한 방식을 보여 주었다.

벤야민은 브르통을 빌려 "경제결정론은 역사의 모든 문제의 열쇠가 될 수 있는 절대 완벽한 도구가 아니"(브르통, 『초현실주의의 정치적 입장』/ N 6,4)라는 점을 강조한다. 정치나 문화, 사회적 제도 등의 상부구조는 경제적 토대를 반영한다고 말했던 맑스도 『정치경제학 비판을 위하여』에서 훌륭한 예술작품은 자신의 시대와 경제적 토대를 넘어서 보편적인 가치를 지닐 수 있다고 말한 바 있다. 벤야민에게 초현실주의가 의미 있었던 것은 낯선 사물들을 조립하고 배치하는 방식으로 나타났던 그들의 형식 실험이나 비현실적이고 몽환적인 이미지들의 제시 그 자체가 아니라, 초현실주의의 모든 시도와 저서에 나타난 중심 과제가 "혁명을 위한 도취의 힘을 얻는 것"에 있었기 때문이다. 그가 말하는 도취란, 현실과는 다른 맹목적 가상의 세계나 의식의 가

사상태에 침잠하는 상태가 아니다. 오히려 초현실주의적 도취는 "일상을 꿰뚫어 볼 수 없는 것으로, 그리고 꿰뚫어 볼 수 없는 것을 일상적인 것으로 인식하는 변증법적인 시각"(「초현실주의」, 163쪽)을 통해서 비밀스러운 것을 꿰뚫어 볼 수 있다는 데 혁명적 의미가 있다.

초현실주의의 대표 주자인 브르통은 '낡은 것이 되어 버린 것' 속에서 혁명적 에너지를 발견하는 데 탁월한 능력을 보인 작가였다. 그는 "최초의 철 구조물, 최초의 공장 건물, 최초의 사진들, 사멸하기 시작하는 대상들, 살롱의 그랜드 피아노들, 5년 전의 의상들, 유행이 물러가기 시작할 때의 상류층 스탠드바들"에서 혁명적 에너지를 읽어낸다. "어떻게 해서 사회적 빈곤뿐만 아니라 똑같이 건축상의 빈곤, 실내 장식의 빈곤, 노예화된 사물들과 노예화시키는 사람들이 혁명적인 니힐리즘으로 반전하는지를 이 예언가들과 기호해석자들 이전에 아무도 알아채지 못했다"(「초현실주의」, 150쪽).

지나간 것들, 유행이 지나고 낡은 것들 속에서 혁명적 가치를 발견하고자 하는 초현실주의자들의 태도는 19세기 파리 풍경을 탐색하는 벤야민에게서 재발견된다. 그가 제2제정기의 유행, 패션, 상품들과 그것의 거래 장소들을 거론했을 때, 그것은 낡은 것 속에서 혁명적 에너지를 발견했던 초현실주의자들의 태도와 다르지 않다.

[그들은] 이러한 사물들 속에 숨겨진 '분위기'의 엄청난 괴력을 폭발시킨다. 여러분은 결정적인 순간에 바로 최근에 가장 인기 있던 유행가에 의해 규정될 어느 한 인생이 어떤 형태를 취할 것이라고 생각하시는

르네 마그리트 외, 「숨은 여인」, 1929
당시 초현실주의 멤버들의 포토 몽타주. 그들은 눈을 감고 내면의 시선으로 숨은 여인을 본다. 그들은 눈으로 볼 수 있는 세계, 눈앞에 보이는 세계를 의심한다.

지? 이 사물 세계를 극복할 트릭은……과거를 향한 역사적 시선을 정치적 시선과 맞바꾸는 데 있다(「초현실주의」, 151쪽).

상품관계가 사회적 관계의 핵심이 되어 버린 세계에서 존재하는 모든 것들의 고유한 가치는 은폐된다. 사물들을 통해 혁명적 에너지를 발견한다는 것은 그 속에 감춰진 '분위기', 즉 아우라(어떤 사물 속에 내재되어 있는 고유한 자기 가치)를 찾아낸다는 것을 의미하며, 그런 점에서 어떤 역사적 사실을 재현하거나 복원하는 것과는 다른, 새로운 현실을 '구성'하는 정치적인 기획과 연결된다. 벤야민과 초현실주의자들에게 있어 혁명적 도취는 자본주의의 판타스마고리아에 대항하는 또 다른 꿈꾸기, 각성의 전제가 되는 폭발 직전의 밀집된 에너지와도 같은 것이다. "도취의 힘들을 혁명을 위해" 얻는 것, 즉 "시적[문학적] 정치"(「초현실주의」, 164쪽)야말로 초현실주의자들이 꾸었던 꿈이었고, 벤야민이 19세기의 아케이드를 통해 발견하고자 했던 강력한 삶의 의지였다.

브르통이 벤야민에게 '혁명적 에너지'로 전환되는 초현실주의적 방법을 발견하게 했다면, 르코르뷔지에의 건축적 사유는 시간과 공간에 대한 근대적 관점의 한 극단을 함축적으로 보여 준다는 점에서 의미가 있다. 자신의 책 『도시계획』의 서두 부분에서 르코르뷔지에는 목적지에 도달하기 위해 최소 거리와 최대 속도의 길을 만들어 가는 근대적 인간형과 게으르게 움직이며 자기 앞의 장애물을 피해 갈 뿐인 비시대적 인간형(당나귀)을 대비시킨다. 활동 혹은 생산의 최고 속도

르코르뷔지에, 「빌라 사보아」, 1997
빌라 사보아는 '집은 살기 위한 기계'라는 르코르뷔지에의 명제를 대표적으로 표현한 20세기 주택이다.

를 목표로 하는 '직선'에 대한 편애, 불필요한 장식의 제거와 기능의 극대화를 노린 공간 구성 등 르코르뷔지에의 기능주의적 입장은 한 도시나 지역을 구성하는 거주 공간인 '집'에 대한 관점에서도 동일하게 확인된다. '집은 살기 위한 기계'라는 르코르뷔지에의 유명한 명제는 주거를 둘러싼 기능주의적 관점의 핵심을 이룬다.

"코르뷔지에의 작품은 '집'이라는 신화적 조형의 종점에 서 있는 것 같다"(L 1a,4)라고 말하는 벤야민은 르코르뷔지에의 『도시계획』에서 오스망에 의한 제2제정기 파리의 도시계획과 푸리에가 구상한 팔랑스테르의 흔적을 동시에 읽어 내고자 한다.

코르뷔지에의 '현대 도시'는 대로변에 지어진 또 다른 단지라고 할 수 있다. 단 지금은 도로에 차가 달리고 이 단지의 한가운데에는 비행기가 착륙할 수 있도록 되어 있는 등 모든 것이 바뀌었다. 19세기를 향해 유익한 시선, 형태와 거리를 만들어 내는 시선을 던지기 위해서는 이곳에 서서 봐야 할 것이다(L 1a,5).

한 시대의 집단이 꾸었던 꿈, 혹은 시대적 표현물의 대표적인 형상으로 우리는 건축물을 떠올릴 수 있다. 벤야민은 19세기에 만들어진 '집단의 꿈의 집'으로 아케이드, 온실, 공장, 밀랍 인형관, 박물관, 카지노, 역 등을 떠올린다. 이들은 대체로 19세기 건축의 특징인 철과 유리를 주재료로 해서 만들어진 건축물들이다. "아무런 외부도 없는 집이거나 통로"(L 1a,1)인 아케이드는 프로젝트 전체를 포괄하는 19세기적 꿈 형상의 알레고리적 공간이며, '집단의 꿈의 집'이라는 범주의 가장 두드러진 형태로 설명되는 박물관은 거대한 크기로 확대된 부르주아들의 실내 공간으로 설명된다. "거의 모든 시대가 각각의 내적인 성향에 따라 특정한 건축 분야를 특별히 발전시키는 것 같다. 고딕 시대에는 대성당을, 바로크 시대에는 궁전을 말이다. 그리고 19세기 초에는 회고적인 성향이 강했기 때문에 과거에 푹 빠질 수 있었다. 박물관이 그것이었다"(지크프리트 기디온, 『프랑스의 건축』/ L 1a,2).

역사유물론자로서의 벤야민이 갖고 있는 역사에 대한 태도 역시 건축적 관점과 연결되어 있다. "유물론적 역사가에게 중요한 것은 어떤 역사적 사태의 구성[조립]을 통상 '재구성'[재건·복원·재현]이라고 부르는 것과 가능하면 최대한 엄밀하게 구분하는 것이다. 감정이입[주체화]이라는 형태를 취하는 재구성은 단층적이다. '구성'은 '파괴'를 전제한다"(N 7,6)라는 그의 진술은 건축가적 관점에서 역사를 바라볼 때에만 작동 가능한 것이다. 과거를 재현하거나 복원하는 것이 아니라(그것은 역사의 연속성을 전제로 하는 것이다) 파괴를 전제로 조립하고 구성할 때, 아니 새로운 건축을 전제로 파괴적 실험을 행할 때, 어떤 시대의 진정한 모습은 스스로 자신을 드러낸다.

2. 꿈속을 들여다보면

벤야민에게 잠과 꿈은 왜 중요한가. "개인의 삶뿐만 아니라 세대들의 삶에서도 관철되고 있는 하나의 단계적 과정으로서의 각성. 잠이 이러한 과정의 최초의 단계"(K 1,1)이기 때문이다. 현실 혹은 진실을 깨닫기 위해서는 일정한 단계가 필요하다. 잠을 자고 꿈을 꾸는 것, 그리고 그 꿈에서 깨어나는 것. 그러므로 잠을 자는 것과 잠에서 깨어나는 각성은 서로 대비적인 것만은 아니다. 하지만 "집단이 정치를 통해 그것들을 내 것으로 만들고, 그것들로부터 역사가 생성되기 전까지 그것들은 영원히 동일한 것의 순환 속에 머물게 된다"(K 1,5). 벤야민은 '집단의 꿈의 집'의 가장 첨예한 형태로 '박물관'을 지적한다. 거기에 "한편으로는 학문적인 연구와, 다른 한편으로는 '악취미를 가진 꿈결 같은 시대'의 요청에 부응하는 변증법"(L 1a,2)이 존재하기 때문이다. 이러한 박물관은 아케이드의 몰락 후 그 '상품 사원의 신전'으로서의 지위에 올라선 백화점과 여러 모로 관련되어 있다. "이 양자 사이에서 상점이 연결고리 역할을 하고 있다. 박물관에는 예술작품이 모이는데, 이것이 예술작품을 상품에 가까운 것으로 만든다"(L 5,5).

19세기 건축의 특징이 재료의 차원에서 '철과 유리의 사용'으로 요약될 수 있다면, 실내 장식에 집착하는 부르주아들의 실내 공간은 그 자체로 그들 계급이 꾸었던 집단의 꿈을 표현한다. "유리와 철의 장비에 맞서 실내 장식 기술은 천으로 몸을 보호"(I 3,1)하는 방식으로 이루어졌다. 비동시대적인 사물들로 실내 공간을 장식함으로써 비현실적인 몽상적 공간을 만들어 냈던 부르주아들의 실내 공간.

[이러한 부르주아의 실내 공간은] 변장하며, 유혹자처럼 여러 분위기의 의상을 갈아입는다. …… 사물은 마네킹일 뿐이며, 세계사의 위대한 순

장지영, 「사람은 언제나 외롭다」, 2007

간들조차 그저 의상일 뿐으로 그러한 의상 아래로 무가치한 것들과 하찮은 것들 그리고 통속적인 것과 공모의 눈길을 주고받는다. 그러한 니힐리즘이 부르주아적인 안락함의 가장 안쪽에 있는 핵을 이루고 있다. 이러한 기분은 해시시에 도취한 상태에서 악마적 만족, 악마적 지식, 악마적 휴식으로 농축된다. …… 이러한 내부 공간 속에서 생활한다는 것은 자기 주위에 촘촘한 망을 짜는 것, 거미집 속에 스스로를 고립시키는 것이라고밖에 할 수 없다. 이 거미집 속에는 여기저기 세계적인 사건들이 바싹 말라 버린 곤충들처럼 걸려 있다. 사람들은 거미집의 숨겨진 집에서 벗어나고 싶어 하지 않는다(I 2,6).

벤야민은 헤셀의 말을 빌려 19세기를 '꿈꾸는 듯 황홀한 악취미의 시대'라고 말한다.

이 시대는 완전히 꿈에 맞춰 만들어졌으며 꿈을 기초로 세간이 꾸며지고 가구가 만들어졌다. 고딕풍, 페르시아풍, 르네상스풍 등 여러 양식이 교대로 이어졌다. 즉, 부르주아풍 식당의 실내에는 체사레 보르자의 연회실의 분위기가 침투해 들어갔으며, 부인의 규방에는 고딕풍 대성당이 등장하고 집주인의 서재는 무지개 색으로 빛나는 페르시아 황제의 거실로 모습을 바꾸었다. 이러한 형상을 우리의 뇌리에 강하게 각인시켜 주는 몽타주 사진은 이 세대들의 가장 원시적인 지각 형식에 대응하고 있다(I 1,6).

구츠코브의 『파리에서 온 편지』(1842)에는 꿈꾸는 듯이 황홀한 기분이 드는, 또는 오리엔트풍의 실내가 이렇게 묘사되어 있다. "여기서는 모든 사람이 갑작스런 행운을 꿈꾸고 있다. 모든 사람이 평화롭고 근면한 시대라면 평생 온 힘을 쏟아야만 얻을 수 있는 것을 단 한 번에 손에 넣으려 한다. …… 아편을 피우는 듯한 황홀경이 국민 전체를 덮치고 있는 형국이다"(I 1a,5).

꿈꾸는 실내를 만들어 가는 대표적인 인물이 '수집가'이다. 벤야민은 수집가로서의 자기 자신, 그리고 푹스의 경우를 들어 19세기의 실내 공간에 독특한 성격을 부여한 수집가에게 집중한다. 그는 "사유재산이 우리를 너무나 어리석고 무기력하게 만들었기 때문에 어떤 사물은 오직 우리가 그것을 소유할 때만 비로소, 그러니까 우리를 위한 자본으로 존재할 때 또는 우리에 의해 사용될 때라야 비로소 우리 것이 된다"(맑스, 『국민경제학과 철학』/H 3a,1)라는 맑스의 말을 빌려 수집가가 사물들을 유용성 혹은 교환가치로부터 해방시켰던 점을 긍정적으로 파악한다.

수집에 있어 결정적인 것은 사물이 본래의 모든 기능에서 벗어나 그것과 동일한 사물들과 생각할 수 있는 한 가장 긴밀하게 관련을 갖도록 하는 것이다. 그러한 관계는 유용성과는 정반대되는 것이며, 완전성이라는 주목할 만한 범주에 속하게 된다. …… 진정한 수집가에게 있어 이 체계 속에 들어 있는 하나하나의 사물은 어떤 시대, 지역, 산업이나 원래의 소유자에 관한 만학의 백과사전이 된다(H 1a,2).

수집가는 (박물관 등의) 공공을 위한 수집이 갖는 교육적 의미를 고려하지 않는다. 그에게는 수집을 위한 독창적인 척도가 있기 때문에 수집가에 대한 벤야민의 평가는 일면적이지 않다. 그가 보기에, 수집가의 실내는 '환상'을 생산한다는 측면과 예술작품의 사회적 환원을 유인하고, 대가 혹은 걸작이라는 이름의 신화로부터 예술사를 해방하는 기능을 동시에 지니고 있다.

3. 자본의 욕망, 혹은 판타스마고리아의 번쩍거림

들뢰즈와 가타리(Félix Guattari)는 『앙띠오이디푸스』에서 욕망이 만들어지는 것은 개인적 수준의 어떤 '결핍' 때문이라는 프로이트식의 진단을 비판하며 그것은 진정한 욕망이 아니라 '억제되는 욕구'에 불과하다고 말한다. 진정한 욕망은 '욕망하는 생산'이다. 욕망은 무의식적으로 자기가 원하는 것을 욕망한다. 때문에 그것이 아무리 작은 것이라고 해도 일단 발생하면 사회질서를 의문시하게 된다. 욕망은 본질적으로 혁명적이라고 말할 수 있는 이유가 여기에 있다. 사회에 의해 만들어진 모든 체계들, 질서들, 억압과 착취들은 모두 욕망의 억압이며, 그것들에 대한 욕망은 가짜 욕망이다. 권력 혹은 사회의 작동 방식은 언제나 개인들로 하여금 억압과 위계질서, 착취와 예속을 욕망하도록 부추긴다. 그것은 때때로 법이나 관습, 이데올로기에 의해 만들어지기도 하지만, 벤야민이 보여 주듯이 어떤 '환상들'을 통해 조작되기도 한다. 아케이드와 패션과 박람회에서 만들어지는 환상들은 사람들로 하여금 무엇인가를 생산하게 하고 저항하게 하는 욕망 대신, 자본과 권력에 의해서 만들어진 욕망을 욕망하도록 만든다. 벤야민은 19세기 중반, 정치적 반동화의 시기이며 자본주의적 생산관계가 활기를 띠어 가던 때에 통치 권력과 자본의 권력이 어떻게 자신의 본질을 은폐하며 또한 동시에 드러내는지, 어떤 환상을 통해 대중들로 하여금 자신들의 것이 아닌 가짜 욕망을 욕망하도록 만드는지, 그럼에도 불구하고 어떤 지점에서 진짜 욕망들이 억압을 뚫고 분사되기 시작하는지를 보여 준다.

그런데 왜 하필 파리였을까. 1935년과 1939년의 개요 제목에서 알 수 있듯이 벤야민에게 파리는 '19세기의 수도'였다. "인류의 역사 중 파리라는 도시의 역사만큼 우리가 많이 알고 있는 것도 드물 것이다. 몇천 권, 몇만 권에 달하는 저서가 오로지 지상의 이 자그맣고 보잘것없는 한 점에 불과한 도시의 탐구를 위해 바쳐져 왔다"(C 1,6)라고 말하고 있듯이, 파리는 벤야민 개인에게만이 아니라 많은 사람들에게 문화적 관심과 학문적 연구의 대상이었다. 벤야민이 파리에 관심을 가졌던 것은, 그 도시가 직접적으로는 '문화'의 대표적인 공간이며, 따라서 '문화를 경제의 표현으로 연구한다'라고 하는 프로젝트의 기본 방향, 즉 자본주의와 그것에 대한 저항의 문화적 표현 양상에 관한 그의 관심을 다른 어느 장소보다 잘 보여 주고 있기 때문이다.

사회적 질서라는 측면에서 본 파리는 지리학적 측면에서 본 베수비오 화산과 좋은 대조를 이룬다. 하나는 위협적인, 위험한 단층 지괴로 이루어져 있으며 다른 하나는 끊임없이 활동 중인 혁명의 도가니이다. …… 파리에서는 혁명이라는 용암 위에서 다른 어디서도 찾아볼 수 없는 예술과 화려한 생활과 패션이 꽃을 피우고 있다(C 1,6).

벤야민은 화려함에 가려진 파리의 아케이드를 '이 세기의 암흑가를 위한 열쇠'라고 불렀다. 그가 주목한 19세기의 파리에서는 다른 어떤 지역보다 속도감 있게 자본주의의 사회적 관계가 자리 잡고 있었는데, 무엇보다도 그것은 사치와 유행의 소비문화의 활기 속에서 가장 직접적으로 확인된다. 이러한 현상은 개인적이고 사회적인 것일 뿐만 아니라 루이 나폴레옹의 제2제정기가 가지고 있던 고유한 성격, 즉 반동적 정치체제가 보여 주는 자기 은닉 테크닉으로서의 문화적 과시이기도 했다. 나폴레옹 3세와 그의 관료들은 파리를 프랑스의 수도뿐만 아니라 세계의 수도로 만들기를 원했다.

상품자본의 신전, 아케이드

벤야민에게 건축은 잠재적 신화의 가장 명백한 증거였고, 19세기의 가장 중요한 건물은 아케이드였다. "패션과 광고, 건축물이나 정치 속에서 19세기를 그러한 집단의 꿈의 형상들의 귀결로 해석하려면 이들 집단을 아케이드 속에서 추적해야 한다"(K 1,4)라고 벤야민은 말한다.

산업에 의한 사치가 만들어 낸 새로운 발명품인 이들 아케이드는 몇 개의 건물을 이어 만들어진 통로로 벽은 지붕으로 덮여 있으며, 대리석으

1845년 문을 연 아케이드의 내부

로 되어 있는데, 건물의 소유주들이 이러한 투기를 위해 힘을 합쳤던 것이다. 천장에서 빛을 받아들이는 이러한 통로 양측에는 극히 우아한 상점들이 늘어서 있는데, 이리하여 이러한 아케이드는 하나의 도시, 아니 축소된 하나의 세계이다. …… 안에서 구매할 의사가 있는 사람은 필요한 건 모두 손에 넣을 수 있다. 갑자기 소나기라도 내릴라치면 아케이드들은 우산을 준비하지 못한 모든 사람들에게 일종의 피신처를 제공해 주며, 좁기는 하지만 안전한 산책길을 제공해 준다(『그림으로 보는 파리 가이드북』/A 1,1).

파리의 아케이드는 1822년부터 1837년 사이, 즉 대부분 왕정복고기에 건설되었다. 정치적인 후퇴와 동시에 자본과 상품이 현실을 가리는 베일 역할을 자처하며 본격으로 등장하기 시작한 셈이다. 『아케이드와 거리들』 1막에 나오는 인상적인 대사 한 구절. "파리의 모든 거리를 유리 지붕으로 덮으려 한다고 들었어. 그렇게 하면 아름다운 온실이 되겠지. 그러면 우리는 안에서 멜론처럼 살 거야"(A 10,3).

아케이드에 모여 있던 '신유행품점'이 당대의 유행과 패션을 선도했고, 제국주의 전쟁의 결과 각지에서 흘러들어 온 상품들도 이곳에 진열되었다. 상점 점원만 2만여 명에 이를 만큼 '사치품'의 유통과 소비는 활발했다. 예술 또한 아케이드를 장식하고 상인들에게 봉사하는 역할을 떠맡아야 했다. 패트론을 잃어버린 예술가들은 서명을 한 작품을 상품으로 판매하면서 스스로의 경제를 책임져야만 했다. 아케이드가 백화점으로 발전하면서 '타락한 건축 형태'가 만들어졌다. 백화점은 "각 층이 하나의 단일한 공간을 이룬다. 말하자면 한눈에 전체를 바라볼 수 있어야 한다"(A 3,5)라는 것이 건축의 핵심이었다. 오가는 군중의 시선을 붙잡아 소비를 부추기는 것이 그 목적이기 때문이다. 벤야민은 보들레르를 빌려 백화점을 '대도시의 종교적 도취에 바쳐진 사원'이라고 불렀다. 백화점의 설립과 더불어 역사상 처음으로 소비자들이 스스로를 군중으로 느끼기 시작했다. 백화점은 번쩍이는 상품으로 둘러싸인 커다란 방이다. 방에는 길이 따로 없기 때문에 낯선 사람들끼리 서로 마주치고 부딪치며 공간을 배회해야 한다.

소비와 관련된 공간들이 정치적 반동기에 기획되거나 마련되었다는 것은 무엇을 의미하는 걸까. 정치적 억압을 은폐하고 소비의 욕망을 부추기는 방식으로 권력의 욕망이 작동하고 있었다는 것을 반증하는 것은 아닐까. 여기에 상품의 신화적 성격과 환상적 배열이 개입하면서 현실은 은폐되고, 사람들은 집단의 잠 속에서 꿈을 꾸기 시작하게 되는 것은 아닐까.

한편 푸리에의 팔랑스테르는 권력이 만들어 놓은 욕망의 배치, 즉 구경과 소비를 위한 가짜 욕망을 원래대로의 '생산하는 욕망'으로 되돌리려는 시도였다. 푸리에는 이를 통해 인간관계를 '도덕'이 필요 없는 관계로 되돌려 놓으려 했다. 욕망의 배치를 바꾸기. 그는 상업적 목적으로 지어진 아케이드를 팔랑스테르의 건축을 위한 규범으로 보았고, 이것을 장사를 위한 것이 아닌 주거를 위한 장소로 바꾸었다. 유리로 천정을 덮은 철골 건축물을 구상한다는 점에서 팔랑스테르의 핵심 공간인 팔랑주는 아케이드와 건축적으로 동형성을 갖는다. 이 건축적 동형성이 깨지는 것은 '거리'에 대한 관점에서부터이다. 아케이드의 갤러리형 거리는 장사와 교통이라는 거리의 두 요소 중 철저히 전자의 것만을 취했다. 아케이드는 파리의 나쁜 날씨와 도로 사정을 한꺼번에 해결했다. 물론 아케이드에는 '통행'이라는 교통의 관념은 존재하지 않는다. "아케이드는 그저 장사에 대해서만 추파를 던지는 거리로, 욕망을 북돋우는 것에만 몰두한다. 이러한 거리에서는 교통이라는 체내 순환이 정지되기 때문에 상품이 아케이드의 양측 가장자리로 쏟아져 나와 마치 종양에 걸린 조직처럼 환상적인 방식으로 결합한다"(A 3a,7). 팔랑스테르의 핵심적인 건물인 팔랑주에도 '갤러리형 거리'가 있지만, 이것은 철저히 '거주'의 편리함을 위해 배치된 것이다.

팔랑주에는 바깥 거리, 혹은 지붕 없이 바깥바람을 쐬어야 하는 노천 길은 전혀 없다. 말 그대로 이 건물의 모든 구역은 2층으로 된 건물 전체를 둘러싸고 있는 넓은 갤러리를 통해 사방으로 돌아다닐 수 있다. 이 길의 끝에는 원주 위의 통로 혹은 멋지게 장식해 놓은 매력적인 지하 통로가 있는데, 이것이 이 궁의 모든 부분과 부속 시설물을 연결하고 있다. 이런 식으로 안쪽이 비바람으로부터 보호되고, 또 어느 계절에도 스토브나 환기 시설로 기온이 조절되는 통로를 우아하게 통행할 수 있다(푸아송, 『푸리에』/A 5).

'거리'를 둘러싼 이러한 상상력은 19세기 중반에 출판된 한 편의 소설에서도 동일한 방식으로 발견된다.

사회주의 정부는 파리의 모든 건물의 법적 소유자가 되자마자 모든 건물을 건축가들에게 위임해서 거기에 갤러리형 거리를 건설하도록 …… 명령했다. …… 모든 거리를 가로질러 지붕을 씌운 통로를 만들면 쉽게 이러한 일을 마무리할 수 있다. …… 파리 사람들은 새로운 갤러리의 맛을 알게 되면서 오래된 거리에는 더 이상 발길을 돌리고 싶어 하지 않게 되었다. 오래된 거리는 개에게나 어울리는 곳이라고 말하고들 있다(토니 무알랭,『2000년의 파리』/ A 8a,2).

이는 당시 파리 시내의 복잡하고 불편한 도로 사정과 불규칙한 날씨와 비교되는, 아케이드 혹은 백화점이나 박람회장에서의 산책이 만들어 낸 쾌적함이 자극한 몽상의 일부였다. 아케이드에서의 산책이 생겨난 것은 1870년대까지의 도로 사정 때문이었다. 마차가 거리를 지배했고, 보도는 너무 좁아서 통행인들이 불편을 겪어야만 했다. 오스만은 이 길을 대로로 만들었다. 중앙집권적이고, 바리케이드를 쌓을 수 없는. 하지만 장사가 잘되면 아케이드의 상점이 2층까지 확장되었듯이 코뮌 때에는 2층 바리케이드가 등장했다.

벤야민은 푸리에의 팔랑스테르와 코뮌적 상상력을 통해 막 싹트기 시작한 자본주의와 국가적 권력의 배치에 저항했던 힘들의 존재와 그들의 욕망을 보여 주고자 한다. 푸리에가 하고자 했던 '도덕이 필요 없는 관계들'의 생산은, '자유로운 개인들의 연합'을 위해 감각적 세계를 그것을 만드는 개인들의 살아 있는 감성적 활동 전체로 파악해야 한다는 맑스의 주장(『독일 이데올로기』)과 크게 다른 것이 아니다. 벤야민은 푸리에와 맑스를 통해 다른 욕망, 은폐되고 관리되고 억압되는 '생산하는 욕망'들의 정체와 그것의 배치에 대해 말하고 싶었던 것이다.

패션, 여성과 상품 사이의 변증법적 거래 장소

보들레르의 말처럼 모더니티(modernity)의 성격을 '새로운 것, 영원한 것, 덧없음에 대한 추구'라고 한다면, '패션'만큼 모더니티의 성격을 잘 보여 주는 것도 없다. 언제나 새로운 유행을 만들어 내며 속도감 있게 변화하는 패션의 세계는 한 시대의 정신이나 경향을 표현해 주며, 낡은 것(죽음)을 끊임없이 지연해 감으로써 영원을 추구한다. 이러한 "패션은 건축과 마찬가지로 체험된 순간의 어둠 속에 존재하며, 집단의 꿈-의식에 속해 있다"(K 2a,4)라고 벤야민은 말한다.

사치와 유행, 소비에 대해 이야기할 때 가장 먼저 주목하게 되는 것은 '패션'이다. 아케이드에 신유행품점이 들어서기 이전에도 부티크 혹은 상점을 중심으로 여성들의 옷이 전시되고 소비되고 유행했지만, 그것은 어디까지나 상류층에 속한 사람들 속에서 이루어지는 것이었다. 19세기 중반이 되면서 의복은 서민층이나 노동자계급에게도 피부를 보호하는 기능을 가진 것뿐이라는 관념에서 벗어나 자신의 취향을 표현하는 것으로 의미가 확장되기 시작했다.

예전에는 모든 여성이 파란색이나 검정색 옷을 입고 있었는데, 닳을 것을 우려해 10년 동안 세탁 한 번 하지 않는 것이 예사였다. 하지만 오늘

오노레 도미에, 「크리놀린 스커트를 입었을 때의 위험」, 1855

날엔 가난한 노동자인 남편들도 하루 치 일당이면 아내에게 꽃무늬 옷을 사 줄 수 있게 되었다. 산책길에서 마주치는 현란한 옷차림의 여성들은 전에는 모두 상복 같은 옷차림을 하고 있었다(미슐레, 『민중』/ B 8,3).

그럼에도 불구하고 사치와 패션, 유행 등은 여전히 노동하는 자들과는 거리가 먼 것이었다. 1848년 2월 혁명의 결과로 부르주아 계급이 사회의 지배적 계급이 되면서 여성들의 복장도 변화하기 시작했다. "가족 간의 연결고리가 느슨해지고, 사치가 늘어 가면서 풍속이 타락해 마침내 복장만으로는 여염집 여인과 고급 매춘부를 구분하기가 곤란해졌다"(샤를 블랑, 「여성의 복장에 관한 고찰」/ B 5a,3).

패션에는 개인의 취향 이전에 사회적 동기가 우선한다. 프리드리히 피셔(Friedrich Vischer)는 크리놀린 스커트야말로 프랑스 제2제정의 상징, "과장된 거짓과 공허하고 잘난 체하는 방만함의 상징"(B 3a,5)이라고 말한다. 그 옷은 제2제정기의 제국주의적 성격을 표현하고 있는 것이기도 했다. 나폴레옹 3세는 보불전쟁과 멕시코 원정 이외에도 크림전쟁을 통해 러시아를 압박했고, 영국과 연합하여 청나라와 전쟁을 했으며, 이집트에 수에즈운하를 건설하는가 하면, 이탈리아 통일전쟁에도 기웃거렸다.

[크리놀린 스커트처럼] 넓게 퍼졌지만 속은 비어 있는 이 제국주의는 1948년이라는 해의 모든 조류의 역류의 마지막이자 가장 강렬한 표현

으로서 버팀대가 든 스커트처럼 모든 측면, 즉 좋은 측면과 나쁜 측면, 정당한 측면과 부당한 측면 모두를 감싸 안은 채 그것들 모두에 지배력을 행사해 나갔다(피셔, 「오늘날의 패션에 관한 분별 있는 견해」/ B 2a, 7).

이런 점에서 패션은 정치와 내밀하게 관계 맺는다. 그것은 때때로 지배계급의 이해관계를 위장하기 위한 것으로 의미를 갖는다. "지배자들은 커다란 변화에 대해서는 강한 반감을 갖고 있다. 그들은 모든 것이 그대로 있기를 바란다. 가능하다면 천 년이고 만 년이고. 가능하면 달은 항상 하늘에 걸려 있고, 태양도 저물지 않기를 바란다"(브레히트, 「진실을 쓸 때의 5가지 어려움」/ B 4a, 1)라는 말처럼, 패션 혹은 유행의 속도는 큰 변화를 두려워하는 지배계급의 정신성을 은폐하며, 은폐함으로써 반영하는 것이라고도 할 수 있다.

한편 패션은 그 자체로 계급의 표지이기도 하다. 패션 속에는 상류계급이 중간계급으로부터 자신들을 구별 짓고자 하는 의도가 숨어 있으며, 그것의 유행과 유통이 하위계급으로 전파되기 시작하면 이미 그것은 그들에게 낡은 것이 되어 버린다.

따라서 참신함은 패션의 불가결한 조건이다. …… 패션에는 어떤 사람이 상류사회에 속해 있는지 그렇지 않은지에 대한 외적인 기준이 포함되어 있다. 이를 포기할 생각이 없는 사람은 설령 …… 새롭게 유행하고 있는 패션이 아무리 싫더라도 그러한 유행을 따르지 않을 수 없다(B 6).

이런 식으로 변화하는 패션 속에는 계급적 구별뿐만 아니라, 끊임없이 새로운 제품을 생산하여 매출을 향상시키는 방식으로 잉여를 창출하는 자본주의적 생산방식이 동시에 작동하고 있다. "패션이 급격하게 바뀌면 바뀔수록 상품의 값어치는 그만큼 싸진다. 그리고 상품의 값이 싸질수록 소비자들도 그만큼 패션을 급격하게 바꾸도록 부추겨지며 제조자들도 그렇게 하지 않을 수 없게"(짐멜, 『철학적 문화』/ B 7a,3) 되는 것이다. 또한 짐멜(Georg Simmel)은 여성이 패션에 집착하는 것이 "역사의 거의 대부분의 시기 동안 숙명적으로 사회적 입지가 약할 수밖에 없었기 때문에 여성들은 '관습'이라면 어떤 것과도 밀접한 관계를 맺어야 했기 때문"(짐멜, 『철학적 문화』/ B 7, 8)이라고 말한다. 이런 측면에서 패션은 여성들에게 가장 열광적이며 은밀한 충족감을 준다. '세상 모든 사람과 동시대인이다'라는 감각을 확인할 수 있는 수단인 것이다.

벤야민은 패션의 유행이 소비되는 아케이드를 통해 언제나 새로운 것이 또 다른 새로운 것에 의해 대체되는 상품 논리를 보여 주고자 하는데, 이것은 연대기적 역사 기술의 태도를 지니고 있는 역사주의자들의 '진보 개념'의 허구성을 밝히는 일과 맞닿아 있다. 패션이 보여 주는 유행과 새로움에 대한 강박은, 영원히 발전을 거듭하게 될 것이라고 하는 진보에 대한 맹목적 믿음과 함께 새로운 것을 더 새로운 것으로 빠르게 대체함으로써 불멸에 가까워질 수 있다고 하는 인간의 욕망을 대변한다. 하지만 패션의 새로움 속에는 언제나 과거에 이미 있었던 것들, 자연이나 우주 혹은 이전 시대의 사람들이 만들었던 것의 흔적이 기입되어 있다고 벤야민은 말한다. 과거는 때때로 '유행에 뒤처진 것'이라는 인상을 주기도 하지만, 그러한 인상을 받는 것은 "어떤 방식이든 오직 가장 현실적인 것이 언급될 경우뿐이다. 가장 현대적인 건축술의 출발은 아케이드에서 찾을 수 있지만 그것이 현대인에게는 유행에 뒤처진 것처럼 비치는 것은 마치 아버지가 아들에게 골동품처럼 비치는 것과 마찬가지이다"(B 3,6).

끊임없이 새로운 것을 생산하고자 하지만, 그 안에 있는 과거의 경험이나 흔적으로부터 자유로워질 수 없는 패션의 죽음은 '더 이상 속도를 따라갈 수 없을 때' 온다. 새로움에 대한 패션의 강박은 죽음에 대한 공포를 은폐하기 위한 것이다. 패션은 여성의 신체라고 하는 유기물에 무기물로서의 상품을 입힘으로써 생명과 죽음을 공존하게 한다. "패션은 여성과 상품 — 쾌락과 사체 — 사이에 변증법적인 거래 장소를 열어 놓았다. ······ 패션이란 여성을 이용한 죽음의 도발이며, 도저히 잊기 힘든 날카로운 웃음소리가 간간이 들리는 가운데 부패와 나누는 쓸쓸한 대화이다"(B 1,4). 패션은 죽음을 부추긴다.

한편 어떤 시대의 성격과 정치, 그리고 상품의 성격과 문화적 현상을 보여 주는 것으로서의 패션 속에는 아직 경험하지 못한 시대에 대한 '예견력'이 숨어 있다.

철학자들이 패션에 열렬한 관심을 보이는 것은 패션의 터무니없는 예견력 때문이다. ······ 패션은 다가올 것에 대해 예술보다 훨씬 더 항상적이며, 정확한 접촉을 유지하고 있다. 그것은 미래에 다가올 것을 감지하는 여성 집단의 비할 데 없는 후각 덕분이다. 새로운 시즌이 다가오면 최신 복장에는 어떤 것을 알리는 비밀스런 표시가 반드시 들어 있기 마련이다. 그러한 신호를 읽어 내는 방법을 익힌 사람이라면 누구나 예술의 최신 경향뿐만 아니라 새로운 법전이나 전쟁, 혁명까지도 미리 감지할 수 있을 것이다(B 1a,1).

때문에 패션이 보여 주는 예견력과 다양한 자기표현의 시도와 그 가능성을 벤야민은 긍정한다. "패션은 초현실주의의 선구자, 아니 영원한 대리인"(B 1a,2)이라고 그는 말한다. 반면 아도르노의 경우 당대의 유행하는 현상 속에서 반혁명을 읽어 내며, 유행과 패션을 생산하는 시스템에 의해 관리되는 대중들의 '도구적 이성'을 비판한다. 아도르노에게 시스템의 바깥, 자본의 '혁명적 전유'는 현실적으로 불가능한 것이었다. 확실히 자본주의 사회에서의 패션과 유행이란, 그야말로 상품에 대한 지불 능력을 가진 자들에 한정된 사태일 뿐이며, 이것이 하나의 계급 혹은 계층적 징표로서의 역할을 한다는 점을 무시할 수 없다. 아케이드를 혁명적 방식으로 전유하고자 했던 푸리에는 패션에 대해서도 다른 접근법을 보였다.

조화 사회에서는 계산에 의하면 패션의 변화와 …… 기성복 제조에서 유래하는 결함이 1인당 연간 500프랑의 손실을 가져온다고 한다. …… 의복과 가구에 관한 한 조화 사회는 가능하면 최대한도로 다양성을 추구하지만 그것들을 위한 지출은 최소한으로 억제하는 것을 목표로 한다. …… 협동노동으로 만든 제품이 탁월하기 때문에 …… 거기서 제조된 제품은 어느 것이나 완성도가 높아, 가구나 의복은 …… 영구적으로 사용할 수가 있다(모블랑, 『푸리에』/ B 8a,1).

박람회와 광고, 자본주의의 학습장

19세기 중반 영국에서 시작된 산업박람회는 "박물관[미술관]의 비밀스런 건축 청사진"(G 2a,6)이었다. 아케이드나 박물관과 마찬가지로 철골과 유리로 지어진 박람회장에는 아케이드에서 팔릴 법한 상품들이 박물관이나 미술관의 예술작품처럼 전시되었다. 이러한 만국만람회는 "소비에서 배제된 대중이 교환가치에 대한 공감을 교육받는 고등교육기관"(G 16,6)이었다. 전시된 상품들에는 백화점의 상품들처럼 가격표가 붙어 있었고, 옆에는 예술작품을 전시하는 공간에서나 볼 수 있는 "어떤 것이든 보는 것은 좋으나 만져서는 안 된다"라는 문구가 동시에 부착되어 있었다. 박람회를 통해 노동자(대중)들은 상품의 물신적 성격과 교환가치를 동시에 학습했고, 상품을 위한 광고에 적응하기 위해 오락 산업이 제공하는 갖가지 오락물들을 통해 자극에 대한 반응을 다양한 방식으로 훈련받았다.

개인은 오락 산업의 틀 안에서 이러한 기분전환에 몸을 맡기는데, 이러한 틀 속에서 그는 항상 밀집된 군중의 하나의 구성 요소가 된다. 이러한 대중은 유원지의 롤러코스터나 회전목마, 무한궤도 등을 타고 소리를 지르며 즐거워하지만 이들의 태도는 순수한 반동에 불과할 뿐이다.

그리하여 그들은 정치 선전뿐만 아니라 산업적 선전이 기대하는 바대로 복종하는 훈련을 받고 있을 뿐이다(「1939년 개요」, 119쪽).

박람회는 각종 오락 산업의 동시적인 출현을 가져왔다. 박람회장 주변에 차려졌던 각종 오락시설들을 통해 대중들은 여가 혹은 놀이의 시간조차 화폐를 지불함으로써만 소비하게 된다는 것을 경험하게 된다. "오락 산업은 대중들이 반응하는 방식들을 세련화시키고 다양화"(G 16,7)시켰으며, 이런 식의 경험을 통해 대중들은 광고의 작동 방식을 쉽게 수용할 수 있었다. "만국박람회는 소비로부터 강제적으로 배제당한 군중이 상품의 교환가치와 일체화할 때까지 이 교환가치에 속속들이 침투당하는 학교"(「1939년 개요」, 119쪽)였던 셈이다. 한편 자본은 박람회를 통해 노동자들이 상품을 생산하는 자에서 동시에 소비를 생산하는 자로 그 역할을 확장하기를 바랐지만, 그것은 동시에 노동자들의 자기세력화를 부추기는 기회로 작용하기도 했다.

자본주의에 대한 교육이란 자본주의에 대한 '환상'을 심어 주는 것에 다름 아니다. 박람회에서 그것은 건축물로부터 상품들의 배치와 관람, 오락 산업과 선전 등 다양한 방식으로 시도되었다. 박람회장에는 "모든 지역의 것이, 더 나아가 종종 과거를 회고하는 것을 포함해 모든 시대의 것이 한데 모인다. 농업, 광업, 산업, 게다가 작동하는 모습 그대로 전시해 놓은 기계에서 원료, 가공 제품, 예술과 공예에 이르기까지. 거기에는 때 이른 종합을 요구하는 주목할 만한 욕구도 존재"(G 2,3)한다. 각기 다른 시공간에서 만들어진 사물들이 하나의 공간에

조르주 가렌, 「1889년 만국박람회를 위해 지어진 에펠탑의 플래시오버」
에펠탑이 화려한 조명을 뿜어내고 있다.

서 전시되는 순간, 각각의 사물은 본래의 용법이나 가치에 상관없이 '상품'이라는 하나의 카테고리 속에서 '때 이른 종합'의 형태로 균질화된다.

맑스는 『자본』에서 상품의 물신적 성격에 대해 이렇게 말한다.

[상품 세계의 물신적 성격은] 인간의 눈에는 물건들 사이의 관계라는 환상적인[판타스마고리아적인] 형태로 나타나지만, 그것은 사실상 인간들 사이의 특정한 사회적 관계에 지나지 않는다. …… 생산자들에게는 자기들의 사적 노동 사이의 사회적 관계는, 개인들이 자기들의 작업에서 맺는 직접적인 사회적 관계로서가 아니라, 물건을 통한 개인들 사이의 관계로, 그리고 물건들 사이의 사회적 관계로 나타난다. 노동생산물은 교환에 의해 비로소 …… 가치를 획득한다(맑스, 『자본론』, 1권 93~94쪽).

교환가치 체제는 상품의 물신적 성격과 생산관계를 은폐한다. 박람회는 상품의 교환가치를 자연스럽게 대중들에게 내면화시키면서 다른 한편으로는 계급 간 착취 관계를 은폐한다.

프랑스 대혁명 100주년 기념식전을 개최하면서 프랑스의 부르주아지는 말하자면 의도적으로 사회 변혁의 경제적 가능성과 필연성을 프롤레타리아의 눈앞에 들이미는 것에 신경을 썼다. 만국박람회는 프롤레타리아에게 모든 문명국가에서 생산수단이 도달한 전례 없는 발전 단계를 분명하게 이해할 수 있도록 해주었다. …… 더 나아가 만국박람회

외젠 아제, 「생-자크가, 생-세브렝가와 만나는 모퉁이에서」, 1899
파리의 건물 벽들은 광고 포스터로 도배되곤 했다.

는 생산력의 현대적 발전은 필연적으로 산업 위기를 가져와 지금 생산을 지배하고 있는 무정부 상태는 점점 더 첨예해지며, 따라서 세계경제의 진전에도 점점 더 파괴적인 영향을 미칠 수밖에 없으리라는 것도 함께 보여 주었다(플레하노프,「부르주아지는 그들의 혁명을 어떻게 기억하는가」/ G 4a,1).

광고는 상품의 물신적 성격을 선전하고 거기에 환상을 부여하는 역할을 담당한다. 상품에 대한 정보를 제공하는 것은 여기서 오히려 부차적이다. 박람회의 경험을 통해 대중들은 빠른 속도로 쏟아져 나오는 새로운 상품들과 감각적 광고에 적절히 반응하는 법을 훈련받았고, 박람회 이후 광고의 산업적 의미는 강화되었다. 포스터 광고는 이 시대의 가장 대중적인 미디어였으며, 사람들의 일상에 중요한 한 부분이기도 했다.

[1848년 2월 혁명과 6월 봉기 사이에] 모든 벽은 혁명파의 포스터로 뒤덮여 있었다. …… 그러한 종류의 포스터 하나 붙어 있지 않은 대저택과 성당은 하나도 없었다. 이전에 이 정도로 많은 게시물을 볼 수 있던 도시는 없었다. 정부조차 포고령이나 담화문을 이러한 방식으로 공시했다. …… 공적인 포고문을 알리는 광고꾼들의 수도 매일 늘어났다. 그리고 달리 할 것이라고는 아무것도 없는 수천 명의 파리 사람들이 신문팔이가 되었다(지그문트 엥글렌더,『프랑스 노동자 연맹의 역사』/ G 3,1).

이 시대의 광고는 대부분 포스터의 형태로 만들어졌다. 광고 포스터는 1789년 대혁명 시기 때에도 존재했던 것이지만 박람회와 결합되면서 산업적 효과가 강화되며 이후에는 이 두 영역, 즉 산업과 혁명의 분야에서 경쟁적으로 광고 포스터를 활용한다. "잘 만들어진 포스터는 천박한 것이나 산업 또는 혁명의 영역에서밖에는 …… 존재하지 않는다. …… 포스터에서 도덕은 예술과 전혀 무관하며 예술 또한 도덕과 전혀 무관하다. 그리고 이것보다 포스터의 성격을 더 잘 규정하는 것도 없을 것이다"(탈마이르, 『피의 촌』 / G 1.8). 포스터 광고가 예술의 영역에 속하지 않음에도 불구하고 여기에는 "이 지상의 삶에서는 아직까지 어느 누구도 경험해 보지 못한 것들에 대한 은유"(G 1a,4)가 포함되어 있는데, 이 은유가 산업이나 혁명에 대한 '환상'을 심어 주는 계기가 된다. 광고는 상품 선전의 도구이자 혁명적 각성을 위한 매체로서 이중적 기능을 수행해 나갔다.

광고에 이중적 의미가 있는 것과 마찬가지로 박람회가 자본주의의 선전장이기만 했던 것은 아니다. 자본주의의 온갖 환상들을 실험하고 경험하는 박람회 기간 동안, 노동자들은 단지 소비자로서의 훈련만 받았던 것은 아니다. 벤야민이 주목했던 것은 이런 부분이었다. "1851년의 런던 만국박람회에 1차 [노동자] 파견단이, 1862년의 런던 만국박람회에는 750명에 달하는 제2차 파견단이 참가했다. 이 제2차 파견단은 맑스가 국제노동자연맹[제1인터내셔널]을 창설하는 데 간접적이지만 중요한 의의를 갖고 있었다"(「1935년 개요」, 98~99쪽).

4. 아케이드의 이면, 지하의 파리

매춘과 도박, 지상의 지옥

탈진한 혈관에 새 피를 주입하여 그 시스템을 자극할 때 들판이 없어지고 도로와 운하가 건설되며 새 도시가 흙에서 솟아나서 병든 몸에 생명이 돌아오듯 할 것이다. 그래! 돈은 이러한 기적을 행할 것이다. …… 당신은 투기와 도박이 주된 메커니즘임을, 우리가 추진하는 것 같은 방대한 업무의 심장 그 자체임을 이해해야 한다. 그래 그것은 피를 끌어들이고, 실개울의 모든 원천에서 물을 빨아들이며 그것을 주워 모아 사방의 강으로 돌려보내며, 엄청난 돈의 순환을 이룬다. 그것이 바로 거대기업의 생명이다. …… 투기 그것은 우리의 삶의 동기가 아닌가. 그것은 우리가 살고 투쟁하도록 몰아붙이는 영원한 욕구이다. 내 소중한 친구여, 투기가 없으면 일체의 사업이 없을 것이다. …… 사랑할 때와 똑같아. 사랑과 마찬가지로 투기를 할 때도 더러운 점이 많이 있지. 사랑에 관해서도 사람들은 그들 자신의 희열만 생각하지만, 사랑이 없다면 생명도 없을 것이고 세계는 종말을 맞이하게 되겠지(졸라, 『쟁탈전』).

『아케이드 프로젝트』에서 매춘과 도박은 하나의 항목 속에서 취급된다. 벤야민에게 있어 매춘과 도박은 화폐를 매개로 '쾌락'을 추구하는 자본주의적 관계의 극단적 타락을 보여 준다는 점, '반복'되는 행위와 연결된다는 점에서 구조적 동형성을 지닌다. 매춘은 상품의 극단적 형태를 취한다. 여성의 신체 위에서 노동과 생산수단은 하나가 되며, 신체 그 자체가 화폐로 교환 가능한 상품으로 전락한다. 노동자가 자신이 생산하는 상품의 생산 전 과정에서, 그리고 그 결과로부터 소외받게 된다는 맑스의 논리는 매춘에 이르러 가장 극단적이고 비극적인 방식으로 타락한다. 매춘이 여성의 신체를 하나의 상품으로 거래하는 것이라면, 도박은 도박꾼의 운을 밑천으로 하는 내기를 하나의 상품으로 만들어 화폐와 교환되기를 욕망하는 구조를 지니고 있다. 여기서 화폐는 단순히 상품과 맞바꾸는 교환가치만을 지니는 것이 아니다. 그것과 교환한 신체를 통한 쾌락, 그리고 투기나 내기를 통한 쾌락의 대가로 지불된다. 하지만 이 쾌락은 신과의 약속(무조건 믿어라!), 혹은 법(제도)의 명령(무조건 지켜라!)으로부터 이탈함으로써 얻어지는 것으로 타락한 신앙의 형식을 지닌 화폐를 다시 한번 타락시킨다.

사창가와 도박장에 존재하는 희열은 완전히 동일한 것으로, 가장 죄가 무거운 희열이기 때문이다. 즉 쾌락을 운명의 장으로 만드는 것이다. …… 진정한 외설 행위[쾌락]의 근저에는 기본적으로 이런 식으로 신과 함께하는 삶의 경로로부터 쾌락을 훔쳐 내는 것이 자리 잡고 있다 (O 1,1).

매춘과 도박에서 화폐는 교환의 질서를 와해시킨다. 매춘에서 그것은 상품과의 관계 속에서 교환의 주체로 기능하는 인간의 신체를 그 자체로 상품으로 전락시킨 대가로 지불되고, 도박에서는 유희의 대가로 지불된다. 도박과 매춘은 이윤을 중심으로 작동하는 시장의 질서와 부르주아 세계의 일상을 지탱하는 생활 윤리를 교란함으로써 자본주의 자체 내 모순과 '소비'의 극단적 편향을 드러내는 장소가 된다. 소비의 극단은 소비의 주체로서의 인간을 소비하고, 소비의 매개인 화폐를 소비함으로써 완성된다. 이러한 소비는 모든 자본주의적 소비와 마찬가지로 '환상'을 생산함으로써 이루어진다.

> 도박대의 녹색 천 위에서 모든 숫자로부터 도박꾼을 응시하고 있는 것 — 즉 행운 — 이 이곳 아케이드에서는 모든 여자의 몸에서 성적인 키마이라가 되어 그에게 눈짓을 보내 온다. 그의 타입이란 '환영'(幻影)으로서 말이다. …… 숫자에 돈을 거는 행위를 통해 돈과 재산이 모든 중력에서 해방되어 운명의 패에 의해 그에게 떨어진 것은 마치 여자가 순조롭게 포옹에 응해 준 것과 같다(O 1,1).

매춘이 이루어지는 장소는 스펙터클의 장소이다. 상품이 된 신체들은 '팔리기 위해' 치장하고 유혹하며 환상을 생산한다. 팔레루아얄을 중심으로 자리 잡았던 매춘의 장소는 대량생산품이 되어 버린 신체들을 전시하고 관리하고 판매하는 시장이 되었다. "대중은 대량생산과 동시에 출현했다. …… 대도시 매춘에서는 여성 자신이 대량생산품이 된다. 이러한 현상은 대도시 생활의 완전히 새로운 특징"(「중앙공원」)이다. 대량 상품이 된 신체에 화폐는 쾌락의 대가로 지불된다.

오노레 도미에, 「증권거래소」, 1856

하지만 이것은 동시에 구매자의 '수치심'의 표현이기도 하다. 여기서 화폐는 단순히 지불 수단이나 혹은 선물이 아니다. 화폐로 지불할 수 없는 것을 지불함으로써 거래할 수 없는 것을 '거래 성사'시키는 메커니즘은 성립한다. 이러한 현상은 단순히 개별적 차원에서만 이루어지는 것이 아니다. "사회라는 신체에 수치심으로 붉어진 상처가 생기면 사회는 돈을 분비해 그것을 치유"(O 1a,4)해 왔기 때문이다.

생산 과정에 직접 관여하지 않은 봉건계급의 특권이었던 도박이 시민계급의 오락이 되었다는 것은 19세기에 일어난 하나의 사건이었다. 도박의 유행은 투자를 투기화하는 증권거래소의 풍경 속에서도 발견된다.

> 정오에 증권거래소 앞을 지나가다 보면 긴 줄을 볼 수 있을 것이다. ······ 이 줄은 부르주아, 연금 생활자, 식료품점 주인, 수위, 심부름꾼, 우체부, 예술가, 연극인 등 온갖 계층 출신들로 이루어져 있는데, 이들은 둥근 울타리 앞쪽의 맨 앞줄을 차지하려고 몰려든다(『증권거래인 파리』/ g 3,1)

도박꾼은 매 순간 그의 모든 감각을 현재 눈앞에서 벌어지고 있는 하나의 사건에 집중시키며, 그것은 나중에 벌어질 사건들에 영향을 끼칠 수 없는 하나의 독자적이고 파편적인 체험으로만 존재한다. 이것은 부르주아들의 세계 혹은 역사에 대한 하나의 시각이기도 하다.

도박은 사건들에 충격이라는 성격을 부여해, 그것을 경험의 연관성들로부터 벗어나도록 해주기 위한 수단이다. 선거 결과나 전쟁의 발발 등에 대해 내기를 거는 것도 우연은 아니다. 부르주아지의 경우 특히 정치적 사건은 도박대 위에서의 판세와 같은 형세를 띠기 쉽다. 그러나 프롤레타리아의 경우……정치적인 사건 속에서 항상적인 것을 인식하는 경향이 있다(O 13,5).

맑스의 말처럼 프롤레타리아는 언제나 혁명의 실패 속에서 혁명을 배운다. 벤야민이 도박을 통해 말하고자 하는 것은 결국 자본주의 세계 내에 포함되어 있는 자기 파괴적 요소인 셈이다. "충격을 가져오는 체험의 이상은 파국이다. 이것은 도박에서 아주 분명하게 드러난다. 잃은 것을 되찾기 위해 판돈을 점점 키우면서 도박꾼은 절대적인 파멸로 향하게 된다"(O 14,4).

푸리에는 장사의 공간을 거주의 공간으로 전도시켰던 감각으로 증권거래소 또한 전혀 다른 성격의 공간을 상상하는 데 활용했다.

팔랑주의 거래소는 런던이나 암스테르담의 증권거래소보다 훨씬 더 활기를 띠고, 훨씬 더 복잡하게 돌아가고 있다. 장사에 관한 것이든, 쾌락에 관한 것이든 내일과 모레에 가질 만남에 대해 각자 조정을 해야 하기 때문이다. …… 만약 1,200명의 사람이 있고, 한 사람당 20건의 회합을 마련해야 한다면 전체적으로 2만 4천 건의 거래가 이루어져야 하는 셈이다(『푸리에의 초고의 공간』/ g 4,2).

푸리에의 증권거래소는 투기, 자본, 화폐가 흘러 다니는 사물화된 장소가 아니라 사회적 관계를 조정하고 배분하는 허브와도 같은 성격을 지닌 공간이었다.

문턱과 비밀통로

아케이드와 패션, 박람회, 광고 등을 통해 자본주의의 소비와 그것이 만들어 내는 환상의 스펙터클을 보여 주었던 벤야민은 그 빛나는 화려함의 이면을 들추는 것 역시 잊지 않는다. 도시 전체가 과장된 장식으로 치장하며 '집단 수면'에 빠져 있는 19세기의 모습은 몰락한 아케이드와 지하도 속에서 다른 의미를 부여받게 된다. "지옥에서는 창살들이 ― 알레고리로서 ― 자리 잡고 있듯이 파사주 비비엔에서는 정문 입구의 조각상들이 장사의 알레고리를 대변하면서 자리 잡고 있다"(C 1,1)라는 말은 화려한 아케이드가 사실상 지상의 지옥에 다름 아니라는 것을 의미한다. 지옥이 창살을 통해 경계를 삼듯이, 아케이드 앞에 세워진 조각이나 경계석, 문턱 등은 모두 장사나 상업의 그물망으로부터 아무도 빠져나갈 수 없다는 신화적 알레고리를 표현하는 것이다. 벤야민에게는 "파리의 아케이드들의 역사와 상황이 이제 막 파리가 접어든 이 세기의 암흑가를 위한 열쇠"(C 1,7)이다. 그는 파리를 단순히 아케이드나 문, 묘지나 사창가, 역 등을 중심으로 조립하는 데 그치지 않고 "살인과 폭동, 도로망 중 피로 물든 교차로들, 휴식처, 대화재 등 남들 눈에 띄지 않고 깊숙이 감춰진 모습들을 갖고 조립"(C 1,8)하고자 한다. 그는 도저히 아케이드로는 보이지 않을 "대소서와 여성이 운영하는 과일 상점이 있는 어둡고 꾸불꾸불한 작은 아케이드"(C 1a, 1)와 같은 존재에 주목하고, 파리가 "지하에 펴져 있는 동굴망 위에 자리"(C 2, 1) 잡고 있다는 데 관심을 기울인다.

그곳[지하]으로부터 지하철과 선로가 내는 소음이 땅 위로 울려 퍼지고, 지상에서는 승합마차나 화물 자동차가 한 대씩 지나갈 때마다 내는 반향이 긴 여운을 남긴다. 게다가 공업 기술로 만든 이 거대한 가로망과 터널망은 중세 초기부터 수 세기를 가로질러 성장을 거듭해 온 고대의 지하 묘지나 석회석 채석장, 인조 동굴, 카타콤베 등과 교차하고 있다. 오늘날에도 2프랑만 지불하면 파리에서 가장 어두운 이 밤의 세계를 탐방할 수 있는 입장권을 살 수 있는데, 이것은 지상 세계의 입장권보다 훨씬 쌀 뿐만 아니라 훨씬 더 안전하기까지 하다(C 2, 1).

지하에 대한 탐구와 함께 파리의 가장 그늘지고 외진 지역을 '진정한 빛 아래'로 끌어내려는 시도가 동시에 진행된다.

그곳에서 태어난 사람은 그곳을 떠나지 않더라도 가장 파란만장하고 대담한 생애를 보낼 수 있을 것이다. 왜냐하면 그곳에는 민중의 비참, 프롤레타리아의 궁핍을 나타내는 온갖 건물이 부단히, 조금의 빈틈도 없이 세워지고 있었기 때문이다. 산부인과, 기아 양육원, 구빈원, 마지막으로 (단두대가 딸린) 파리의 대감옥인 라상테 감옥과 단두대 등이 그것이다(C 2, 3).

그에게 도시를 안다는 것은 "철도의 교차로들을 따라, 집들을 가로질러, 공원 안과 강변을 따라 달리며 경계선으로 기능하는 선을 이해하고 있다는 것을 의미한다. 그리고 이들 경계와 더불어 다양한 구역의 외진 곳을 알고 있다는 것을 의미한다"(C 3,3). 문제는 어떤 길을 택할 것인가, 어디에 발을 들여놓을 것인가이다.

2 _ 미디어, 복제기술의 승리와 혁명의 기표들

1. 베르토프, 에이젠슈타인, 혹은 간격을 사유한다는 것

베르토프(Dziga Vertov)의 강점은 무엇보다도 몽타주에 있다. 「카메라를 든 사나이」에서 그가 보여 주었던 스냅들의 연결은, 서사적 내러티브의 구성에 익숙한 시선들에는 낯설고 충격적인 것이었다. 부동의 사물들을 감각적인 속도로 이어 붙이는 형식 실험을 통해 그는 부르주아적인 퇴폐와 건강한 사회주의적 생산을 끊임없이 대비시킨다. 그것이 키노-프라우다(kino-pravda, 영화-진실)를 실천하는 가장 효과적인 방법이었다. 하지만 그 자신이 몽타주를 포기하고 다시 거대 서사의 내러티브 속으로 들어갔을 때, 이념에 대한 강박에서 자유로울 수 없었고, 아이러니하게도 그때 그의 영화에서는 소비에트적인 것과 파시즘적인(혹은 제국주의적인) 것의 근친성이 발견된다. 벤야민이 「세계의 6분의 1」을 향해 날리는 비판의 칼날도 이런 맥락 위에 있다.

특유의 영상들을 통하여 엄청나게 큰 러시아가 새로운 사회질서로 거듭나고 있는 모습을 보여 준다는 그 주요 과제를 베르토프 감독은 해결하지 못했다. 러시아를 영화로 식민지화하는 작업은 실패로 끝났지만 유럽에 대한 경계 짓기는 탁월하게 성공을 거둔다. 그러한 경계 짓기를 하면서 이 영화는 시작한다. 몇 초씩 간격을 두고 근로 현장(돌아가는 피스톤, 수확하기에 바쁜 일손, 운송 작업)의 영상들과 자본의 향락 현장(바, 댄스홀, 클럽)의 영상들이 이어진다. …… 그러나 유감스럽게도 이 영화는 이러한 도식을 쉽게 벗어던지고 다시 러시아의 여러 민족과 풍경들을 묘사하는 데 주력했는데, 이것들이 경제적 생산 토대와 갖는 연관은 너무 희미하게 암시되고 있을 뿐이다. 사람들이 여전히 얼마나 불확실하게 탐색하고 있는지는, 크레인이나 기중기나 변속장치들을 찍은 영상에 「탄호이저」나 「로엔그린」의 모티프가 배경음악으로 연주되는 사정만 보더라도 알 수 있다(「러시아 영화예술의 상황에 대하여」, 229~230쪽).

한편 에이젠슈타인의 「전함 포템킨」은 벤야민에게 기술이 영화적 관점에서나 정치적 관점에서 성공한 사례로 이해된다. 그 영화의 중요성은 영화의 기술과 내용이 부르주아를 신격화하는 것으로부터 벗어나 있을 뿐만 아니라, 부르주아는 "그들 계급의 파멸에 대해 프롤레타리아가 그들에게 얘기하는 곳에서도, 아니 바로 그곳에서, '아름다움'을 향유하지 않으면 안 되"(「오스카 슈미츠에 대한 반박」, 240~241쪽)는 자리에 놓여 있기 때문이다. 벤야민은 이렇게 말한다.

이 영화에서 처음으로 대중의 운동이 전적으로 건축학적인, 그러면서 전혀 기념비적이지 않은 성격을 갖게 되었고, 이 점이 대중운동이 영화

세르게이 에이젠슈타인, 「전함 포템킨」, 1925
불멸의 이미지 오데사 계단의 유모차.

관에 수용될 권리를 입증한다. 다른 어떠한 수단도 이 움직여진 집단을 재현할 수 없을 것이다. 오히려 다른 어떤 수단도 심지어 영화 속 전율과 경악의 움직임의 아름다움까지 전달할 수 없을 것이다(「오스카 슈미츠」, 241쪽).

벤야민이 '복제' 혹은 '기술'을 혁명적인 것으로 인식했다면, 그것은 바로 이와 같은 의미에서이다.

「기술복제시대의 예술작품」(이하 「예술작품」)에서 벤야민은 '복제기술'의 긍정적 가능성에 대해 이야기했다. 맑스가 자본주의적 생산이 아직 초기 단계에 있었던 시기에 자본주의적 생산양식을 분석했듯이, 벤야민은 여기서 기계적 기술혁명의 초기 단계에서 발견되는 사진과 영화 등을 통해 예술작품의 기술적 복제가 갖는 사회문화적 의미를 분석한다. 그는 맑스의 도식에 따라 자본주의 철폐 이후 프롤레타리아 예술이 어떠할 것인가를 예언적으로 묘사하는 것이 아니라, 당대의 "생산 조건하에서 예술이 어떤 방향으로 나아갈 것인가 하는 예술 발전 경향에 관한 테제들"(「예술작품」, 198쪽)을 서술하고자 한다. 그동안 '손'이 담당해 왔던 예술적 의무를 렌즈를 투시하는 '눈'으로 이동시킨 카메라의 발명으로 예술작품은 작가의 신체적 촉감에서 시각적 감각으로의 감각 이동 속에서 만들어지게 되며, 이 과정에 '기술'이 개입한다. 이러한 기술은 '산업화'라는 경제적 토대가 만들어지면서 가능해진 사태였다.

복제기술은 …… 복제된 것을 전통의 영역으로부터 분리시킨다. 복제기술은 복제품을 대량생산함으로써 일회적 산물을 대량 제조된 산물로서 대체시킨다. 복제기술은 수용자로 하여금 그때그때의 개별적 상황 속에서 복제품과 대면하게 함으로써 그 복제품을 현재화한다. …… 복제품의 대량생산과 복제품의 현재화는 결과적으로 전통적인 것을 마구 뒤흔들어 놓았다. …… 이러한 위기와 변혁은 오늘날의 대중운동과도 매우 밀접한 관련을 맺고 있다. 영화는 이러한 대중운동의 가장 강력한 매개체이다(「예술작품」, 202쪽).

그러므로 벤야민에게 예술작품의 진품성, 혹은 유일무이한 현존성(일회성)의 상실이라고 하는 '아우라의 붕괴'는 오히려 부차적인 문제이다. 그것은 예술작품이 가지고 있던 본래적 사용가치인 종교적 의식, 즉 아름다움에 대한 숭배라는 '세속화된 의식'의 붕괴에 다름 아닌 것이기 때문이다. 그 결과 "종교의식적인 것에 그 근거를 두고 있던 예술의 사회적 기능의 자리에 또 하나의 다른 사회적 실천, 즉 정치에 그 근거를 두고 있는 예술의 다른 사회적 기능"(「예술작품」, 207쪽)이 자리 잡기 시작했다.

복제가 긍정적으로 이해될 수 있다면 그것은 복제가 "수많은 경로를 통하여 — 산업적인 그래픽의 경로든 광고 그림의 경로든, 민중이 하는 도해의 경로든 과학적 도해의 경로든 — 사회의 생산 수준과 교양 수준에 영향을 미치기 때문"(「파리 편지 II : 회화와 사진」, 283쪽)이다. 복제는 대중의 교육에 복무한다. 그것은 사회적 특권 계층의 전유물이었던 예술작품을 대중들과 만날 수 있게 하며, 대중들을 정치 세력화할 수 있는 장치로 기능한다. 그러므로 '기술'은 그 자체로 의미를 갖지 않는다. 그것은 정치적이고 사회·경제적인 시대적 콘텍스트와의 상호 연관 혹은 다양한 세력들의 작용 속에서 표현된다.

예술의 중요하고 기본적인 진보는 새로운 내용도 아니고 새로운 형식도 아니라는 점이다. 기술의 혁명이 그 둘에 앞서 나타난다. 그러나 기술이 영화 속에서 그 기술에 근본적으로 부응하는 형식도 찾아내지 못하고 내용도 찾아내지 못했다면, 그것은 전혀 우연이 아니다. 다시 말해 형식의 무경향적 유희들, 줄거리의 무경향적 유희들과 더불어 그 물음은 언제나 매 경우마다 그때그때 해결될 수 있을 뿐임이 드러난다(「오스카 슈미츠」, 240쪽).

러시아 영화예술에 관한 벤야민의 관심으로부터 우리는 '몽타주'가 그에게 중요한 방법적 근거가 된다는 것을 확인할 수 있다. 몽타주는 현실에 대한 모방이나 재현이 아니라 새로운 현실의 구성 혹은 발견과 관련된다. 영화는 성격상 이것을 근본적으로 실천할 수밖에 없는 장르이다. 영화는 시공간의 연속성을 유지하면서 촬영되는 것이 아니라 각각 다른 시공간에서 촬영된 장면들을 이어 붙이고 잘라 내며 조립(몽타주)하는 '편집'에 의해 완성되기 때문이다. 중요한 것은 그런 방식으로 생산된 영화의 장면들, 혹은 그것이 만들어 내는 이미지들 그 자체가 아니라, 장면과 장면의 사이, 그 간격, 필름을 이어 붙이고 잘라 낸 그 흔적들이다. 이 검은 공간, 컷과 컷이 연속적인 것이 아님을 증명하는 얇고 검은 줄이야말로 사유가 발생하는 공간이다. 벤야민에게 브레히트가 매력적이었던 것도 그의 서사극이 보여 주는 방법적 실험 속에 사유의 공간이 마련되어 있었기 때문이다.

서사극은 줄거리를 전개시키기보다는 상황을 묘사해야 된다고 그[브레히트]는 말한 바 있다. 곧 알게 되겠지만 서사극은 줄거리를 중단함으로써 그러한 상황을 갖게 되는 것이다. …… 중단은 사건 진행 과정을 정지상태에 이르게 하고, 또 이를 통해 청중에게는 사건 진행에 대해서, 배우에게는 그의 역할에 대해서 어떤 입장을 취하도록 강요한다(「생산자로서의 작가」, 267~268쪽).

사건의 연속적 전개와 발전의 도식을 거부하는 브레히트의 방법은 '진보 이론'에 대한 벤야민의 비판적 방법인 '정지 상태의 변증법'과 공명한다. 순차적이고 연속적인 시간과 그 속에서 만들어지는 사건들이 일순간 정지될 때, 자명해 보이던 세계는 갑자기 낯설어지고, 현실은 의심에 찬 것으로 바뀌며, 미래를 향한 경로는 재탐색된다. 정지는 연속적인 시간에 개입하는 짧지만 질적으로 다른 시간이며, 이때 다른 사유, 다른 행동에 대한 입장이 만들어진다.

사유가 이 세계 내에서 참을 수 없는 어떤 것을 포착하게 되는 것은 더 나은 혹은 더 진실한 세계라는 명목을 통해서가 아니라, 반대로 사유가 더 이상 세계를 사유할 수 없을 만큼, 그리고 사유 자신조차 사유할 수 없을 만큼 세계가 참을 수 없는 것이 되었기 때문이다. 참을 수 없는 것이란 더 이상 어떤 중대한 부당함이 아닌, 항구적인 일상적 진부함의 상태를 의미한다. …… 미세한 출구란 무엇일 수 있을까? 믿을 것, 또 다른 세계가 아닌 인간과 세계의 관계, 사랑 혹은 삶을 믿을 것, 불가능성을 믿듯, 사유할 수는 없지만 그러나 사유될 수만 있는, 이 사유할 수 없는 것을 믿듯 그것들을 믿을 것. …… 사유의 무능력이란 사유에 속하는 것으로서, 결국 우리는 전능한 하나의 사유를 재건하려 하지 않고 이 무능력을 우리의 사유 방식으로 삼아야 한다(들뢰즈, 『시네마Ⅱ: 시간-이미지』, 335쪽).

참을 수 없는 세계란 어떤 것인가. 불편과 부당, 폭력이 만연하는 세계? 혹은 차별과 빈곤과 착취로 얼룩진 세계? 물론 이런 세계에서 살아간다는 것도 참을 수 없는 일이다. 하지만 더 끔찍한 것은 이러한 현실을 가리는 세련된 판타스마고리아의 세계에서 배짱 좋게 잠자는 일이 아닐까. 참을 수 없는 세계란 어쩌면 새로움에 대한 강박적 추구에도 불구하고, '권태와 무위' 속에서 '항구적인 일상적 진부함의 상태'를 살아가게 하는, 그런 세계가 아닐까. 이런 세계는 사유의 불가능성을 조장한다. 반복되는 삶의 패턴들 속에서 사유할 것이라곤 아무것도 없는 상태를 조장하는 것, 이것이야말로 끔찍한 일이다. 하지만 바로 이 순간, 아무것도 사유할 수 없는 상태를 사유하는 것으로부터 출발하지 않으면 안 된다. 다른 세계가 있다는 것, 그 다른 세계를 상상하고 만들 수 있다는 것을 믿는 것으로부터 출발하는 것. 출구는 그때 만들어진다.

2. 인쇄혁명, 문자 혹은 지식의 대중화

전기·전자·전신이 발견되고 그것의 기술적 작동이 가능하기 이전 시대의 미디어는 극히 제한적이었다. 미디어를 '정보의 소통'이라고 정의한다면, 오랫동안 하나의 정보 내지 의사는 직접 전달되거나 편지의 형식으로, 혹은 미리 약속된 상징물들을 전달하는 형태로 이루어졌다. 그러던 것이 이른바 구텐베르크 혁명이라고 일컬어지는 인쇄술의 발명과 보급을 통해 대중적 미디어의 가능성으로 나아가게 된 것은 15세기 중반 이후였다. 이전 시대에도 필사본의 형태나 소규모 인쇄는 가능했지만, 그것은 어디까지나 소수의 권력층 사이에서만 제한적으로 이루어지고 유통되었을 뿐이다. 구텐베르크의 인쇄혁명이 가지는 의미는 무엇보다도 권력의 중요한 구성 요소로서의 '지식'을 대중적 접근이 가능한 것으로 만들었다는 데 있다.

물론 특권적인 소수의 전유물이었던 지식이 대중적인 것이 되기 위해서는 대중적 소통이 가능한 언어의 체계와 그에 따른 미디어의 형식이 요구된다. 이전까지 유럽에서의 공식 언어 혹은 지식 생산의 언어였던 라틴어가 각 지역의 방언들로 대체되고 그 방언들이 국민국가의 국어로 만들어지게 되는 과정, 그리고 국민교육의 형성이 있고 난 다음에야 비로소 대중적 미디어의 형식들은 가능해졌다.

19세기에 들어서면서 책과 신문, 포스터, 석판화 등은 인쇄술의 보급과 교육의 확대, 국민국가의 형성에 힘입어 주요한 미디어로서의 역할을 담당하게 된다. 이들 미디어는 정치적 반동기 혹은 혁명기에 의사 전달과 표현의 역할을 했을 뿐만 아니라 대중들을 선동하거나 특정한 이념을 전파하면서 확산되어 나갔고, 특정한 문화적 현상 혹은 문예의 장르를 만들어 내기도 했다. 무엇보다도 이것들은 그 자체로 거래 가능한 하나의 '상품'으로 기능하기 시작했다. 벤야민이 19세기의 미디어에서 주목하는 부분은 바로 이 지점이다. 미디어의 혁명적 활용과 상품으로서의 성격.

인쇄술이 활자를 통해 문자의 대중화를 가져왔지만, 그 문자언어의 체계가 대중적으로 공감을 얻기 위해서는 일정한 시간이 필요했다. 대중들이 문자언어를 학습하고 그것을 통해 의사소통이 보편적으로 이루어지기 이전에, 대중적 공감대가 필요한 내용들에 대한 의사소통의 창구 역할을 했던 미디어는 무엇이었을까. 모든 사람들이 이해할 수 있는 그림 혹은 이미지의 형태가 아니었을까. 그런 이유로 포스터와 석판화는 한동안 미디어로서의 핵심적인 역할을 담당해야 했다. 1789년 대혁명 때부터 대중적인 표현의 장으로 활용되었던 포스터는 19세기에도 유력한 미디어로서의 역할을 담당했다. 그 속에는 당시에 존재했던 모든 정당의 이념이 표현되었고, 루이 나폴레옹조차 담화나 칙령을 포스터로 발표하기를 좋아했다. 산업박람회를 전후로 해서 포스터는 상업적 광고의 장으로 적극 활용되기 시작했다.

풍자의 형식을 띤 캐리커처들이 무수하게 그려졌던 석판화들. 석

「질 블라스」(GIL BLAS), 1885년 2월 27일자
빅토르 위고의 83세 생일을 축하하는 특별호로 발간되었다.

판화의 경우, "나폴레옹 전설을 그려 낸 직인들 이후, 그리고 낭만주의 시대의 문학적 예술가들에 이어 프랑스인의 일상생활을 기록하는 자들이 등장했다. 최초의 사람들은 문학의 발전을 앞당겼으며, 마지막 사람들은 민중과 귀족 계급 사이에 매우 깊은 골을 만들어 버렸다"(앙리 부쇼, 『석판화』/ i 1,1). 석판화는 나폴레옹 3세의 권력 장악과 더불어 쇠퇴해 갔다. 석판의 규모나 무게 때문이기도 했지만, 사진이나 동판, 목판 등의 도전이 만만치 않았기 때문이다. 석판화가 대중적 인기를 끌면서 정치적 의미를 부여받기 시작한 것은 오노레 도미에의 작품들 덕분이다. 그는 민중들의 비참과 빈곤, 그리고 권력자들의 행태를 풍자하는 작품을 다수 그렸는데, 당시의 저명한 역사학자인 미슐레(Jules Michelet)는 자신의 책에 도미에의 삽화를 요구할 정도였다. "그의 캐리커처는 엄청난 폭을 갖고 있지만 거기엔 어떤 원한이나 악의도 들어 있지 않다. 그의 작품 전체가 성실함이나 인간의 선함과 같은 자질에 의해 뒷받침되어 있다"(보들레르, 「도미에의 데생」/ b 1a, 4).

구텐베르크의 인쇄혁명을 가장 직접적으로 확인할 수 있는 미디어는 '신문'이다. 가장 대중적인 교양물로서의 신문은, 지식과 정보의 전달자였으며 정치적 입장을 표현할 수 있는 유력한 미디어였다. 대혁명 이후, 프랑스에서 신문의 발행은 대단히 유동적이었는데, 혁명 혹은 대중들의 봉기 이후에 신문 발행은 급격히 늘어났고, 정치적 반동기에는 역으로 현저히 줄어드는 양상이 반복되었다(노명식, 『프랑스 혁명에서 파리코뮌까지』 참조). 신문의 파급력과 대중 장악력은 권력의 입장에서는 언제나 신경 쓰이고 성가신 것이었다.

신문이 갖게 된 대중 장악력은 한편으로는 대중들의 문화적 욕구와 연결된 것이기도 하다. 새로운 볼거리를 제공한다는 신문 자체의 특성과 더불어 신문에 실린 연재소설이나 캐리커처, 그리고 훗날의 사진 등의 이미지는 대중들의 문화적인 욕구와 오락 취미를 때로는 자극하고 때로는 반영하는 방식으로 충족해 나갔다. 이른바 '근대의 서사시'로 불리는 '소설'이 '대중적'인 공감을 얻게 된 것은 신문 연재 덕분이었다. 이전에도 소설이 단행본 출판되는 사례가 없지는 않았지만, 소수의 독자와만 소통하는 식이었다. 18세기에 이르러 비로소 작가는 특정한 계급(혹은 신분)의 독자에게 봉사하는 글쓰기에서 벗어나 자신의 입장을 가질 수 있었고, 자신의 이름을 걸고 작품을 상품으로 판매할 수 있게 되었다. 신문은 연재소설 덕분에 판매부수를 올릴 수 있었고, 소설은 신문에 실림으로써 잠정적 독자를 현실화시킬 수 있었다. 신문의 형식, 즉 각각의 사건들을 특정한 맥락에서 절단 채취하여 하나의 텍스트 위에 병치시키는 기술이 소설의 서사를 구성하는 데 일정한 기능을 한 측면도 간과할 수 없다. '한편'이라는 접속사는 각기 다른 사건들을 병치시키는 역할을 했고, 독자들은 동일한 시간대에 다른 공간에서 벌어진 사건을 간접적인 방식으로 경험하고 조망하는 능력을 학습할 수 있었다(앤더슨, 『상상의 공동체』 참조).

이러한 "문학과 일간신문의 결합은……공업적 목적을 위한 증기의 사용처럼 혁명적 효과를 가지며, 문학적 생산의 모든 성격을 바꾸어 놓는다"(하우저, 『문학과 예술의 사회사』, 4권 26쪽). 벤야민은 이렇게 말한다.

오늘날의 문학에 이르러서는, 보다 행복했던 시대에서는 서로 생산을 촉진하는 작용을 했던 대립 개념이 이율배반적 대립 개념이 되어 버렸다. 과학과 문예, 비평과 생산, 교육과 정치 등이 상호 간의 관계를 잃고 무질서하게 동떨어지게 되었다. 이러한 문학적 혼동의 무대가 바로 신문이다(「생산자로서의 작가」, 257~258쪽).

아케이드가 생겨나기 시작했던 1920년대 중반에는 "신문이 아주 드물었기 때문에 카페에서는 여러 사람이 함께 신문을 읽었다. 그렇지 않으면 정기구독을 해야 신문을 손에 넣을 수 있었는데, 그렇게 하려면 연간 약 80프랑의 비용이 들었다. 1824년의 경우 가장 널리 읽히는 12개 신문의 정기구독자 수는 전부 합쳐 56,000명이었다. 참고로 자유주의자들도 왕당파들 못지않게 하층 계급을 신문에서 떼어 놓기 위해 신경을 썼다"(U 4a,7). 이런 사태에 맞서 하층민에게 신문을 보급하고 자신들의 정치적 입장을 확산시키기 위해 구독료를 낮추고 결손분을 선전 광고 수입으로 메움으로써 대응하는 신문사도 생겨났다.

정치적 입장을 관철하고 그것을 대중화하기 위해 상업주의와 손을 잡아야만 하는 아이러니가 생겨난 셈이다. 19세기 중반 이후, 각 신문들은 전문가의 기고뿐만 아니라 일반적인 흥미 기사들, 즉 여행기와 스캔들 및 재판 보고 등을 실었다. 그러나 역시 가장 인기 있는 것은 연재소설이었다. 발자크(Honore de Balzac), 외젠 쉬(Eugène Sue), 뒤마(Alexandre Dumas) 등 인기 작가들은 엄청난 수요를 채우기 위해 규격화된 작품을 만들어 내는 데 도움을 주는 대리 필자들을 고용

장 베로, 「디바 지의 편집실」, 1889

해야 할 지경이었다. 상품으로서의 문학에 걸맞은 일종의 문학 공장이 형성되었고, 소설은 예술의 원리에 의해서가 아니라 기계적 생산의 표본에 따라 만들어지는 기이한 풍경이 연출되기도 했다.

3. 기술혁명과 새로운 예술의 등장

사회적 관계들은 생산력들과 밀접하게 연관되어 있다. 새로운 생산력을 획득함으로써 인간들은 그들의 생산양식을 변화시키며……모든 사회적 관계들을 변화시킨다(맑스, 「철학의 빈곤」, 273쪽).

널리 알려진 바대로, '예술작품의 기술적 복제'에 대한 벤야민의 입장은 대체로 긍정적인 것이었다. 전쟁을 경험한 동시대의 지식인들이 기술 혹은 기계를 비판적으로 바라보았던 것과는 달리, 그는 거기서 어떤 가능성 내지는 긍정성을 발견하고자 했다. 벤야민의 말처럼, 복제 그 자체는 근대적인 기술의 산물이 아니다. 예술작품은 원칙적으로 언제나 복제 가능했으며, 인간의 손으로 만들었던 모든 것은 언제나 다시 모방될 수 있었다. 일상생활에 필요한 도구나 미적 가치를 지니는 물건들의 복제는 주로 전수되거나 모방되는 방식으로 이루어져 왔다. 하지만 '기술적 복제'는 예술과 기술에 동시적으로 작동한다는 점에서 새로운 현상이다. 인쇄를 통한 문자의 복제가 가능해진 이후 석판인쇄의 등장으로 복제기술은 하나의 새로운 단계에 들어섰다. 인쇄술이 교육과 신문·출판 등의 발전을 촉진했다면, 판화는 도미에의 경우에서 알 수 있듯이, 석판인쇄술을 통해 일상의 생활을 그림으로 담을 수가 있었다.

판화술과 석판인쇄술은 함께 발전하다가 사진술에 의해 시대의 뒤쪽으로 물러났다. 이미지의 복제기술인 사진술은 인간의 눈이 사물을 포착하는 속도와 동시적이며 인간이 어떤 사물에 대해 말하는 것과도 거의 동시적으로 작동한다. 사물에 대한 재현도 모방도 아닌 것으로서의 '이미지의 복제'를 둘러싼 논란은 그것이 예술인가 아닌가 하는 논쟁의 여부와는 상관없이 급속도로 확산되어 갔다.

『아케이드 프로젝트』에서 벤야민은 다양한 방식으로 다양한 항목들 속에서 복제에 관해서 말한다. 그리고 예술작품과 관련된 것으로서 신문과 책, 인쇄술, 문학(위고), 석판화(도미에), 파노라마, 사진 등의 복제에 관해 말하고 있으며, 그밖에 인형이나 거울, 건축물(디오라마) 등 물질적 차원의 복제물들까지도 염두에 두고 있다. 여기서 거론되는 것들은 대체로 복제에 특정한 '기술'이 방법적으로 개입한다는 점에서, 그리고 그것들이 모두 '상품'으로서의 가치를 지닌다는 점에서 공통점을 지닌다. 상품적 가치를 지니는 복제물들은 시장에 전시되고 유통되며 판매된다.

예술작품의 기술적 복제, 그리고 복제가 가져오는 19세기의 문화적 상황의 변화에서 결정적인 것은 '사진'의 발명이었다. 초기의 사진은 예술적 의미보다는 경제적이고 실용적인 차원에서 접근되었고, 회화의 보조물로 이해되었다. 이후 한동안 사진은 미술과의 긴장 관계를 유지해야만 했다.

정작 사진의 제물이 된 것은 풍경화가 아니라 미니 초상화였다. 사정이 너무나도 급속하게 진전함에 따라 이미 1840년경에는 수많은 초상화가의 대부분이 직업 사진사가 되었다. …… 그들의 사진술이 높은 수준에 이른 것은 그들의 예술적 수련에 힘입어서가 아니라 그들의 장인적 수련에 힘입어서였다. …… 나중에는 드디어 직업 사진사의 자리에 장사꾼들이 도처에서 몰려들게 되었고, 또 아류의 화가들이 마치 사진에 복수라도 하듯 음화수정이라는 것을 보편화시키자 취미의 급격한 붕괴가 시작되었다. 사진첩이 범람하기 시작한 것도 바로 이 무렵이었다. 이들 사진첩은 집 안의 가장 차가운 장소나 응접실의 선반 내지 탁자 위에 곧잘 놓이곤 했다(「사진의 작은 역사」, 241쪽).

사진은 먼저 사회 지배층 내에서 받아들여졌다. 실업가, 공장주, 은행가, 정치가, 문인, 학자 등의 "초상사진을 찍을 경우 …… 인물의 모습을 수학적 정확성에 따라, 개인의 형태와 비율을 있는 그대로 재현하는 것만이 중요한 것은 아니다. 동시에 아니 무엇보다 먼저 수정하고 미화함으로써 이 인물에 대해 자연이 갖고 있는 의도를 파악하고 그것을 표현하는 일이 필요하다"(지젤 프로인트, 『사회학적 관점에서 본 사진』/Y 4,4)라는 의식이 점점 확대되어 갔다.

존재하는 사물 혹은 현상을 재현하는 예술로서의 회화는 사진의 등장으로 존재론적 위협을 겪어야만 했지만, 그 과정 속에서 기계적 기술로는 표현할 수 없는 새로운 방법과 스타일을 발견해 갔다. 이런 차원에서 사진은 회화에 대한 건강한 카운터파트로서의 역할을 수행

오노레 도미에, 「사진을 예술로 높인 나다르」, 1862

했던 셈이다. 다게르(Louis Daguerre)의 은판사진은 풍경화가들에게 전혀 새로운 원근법을 보여 주었고, 회화의 보조물로 사진이 독자적이고 대중적인 지위를 확보해 감에 따라 회화 역시 그것과 길항하면서 독자적으로 양식적 변화를 거듭하게 되었다. 하지만 1850년대 중반까지도 사진과 회화의 갈등은 계속되었다.

쿠르베의 시대에는 대형 촬영이나 스냅 촬영이라는 것이 아직 없었다. 그의 회화는 그러한 촬영의 길을 제시한다. …… 쿠르베의 특수한 위치는, 그가 사진을 추월하려고 시도할 수 있었던 최후의 화가라는 점에 있다. 이후 사람들은 사진을 피하려고 했다. 인상파 화가들이 제일 먼저 그러했다. 그려진 그림은 도안적 장치를 벗어나고 있다. 그림은 그로써 어느 정도 카메라와의 경쟁을 피하게 된다. 사진은 사진 나름대로 세기 전환기에 인상파 화가들을 모방하는 시도들을 통해 시험을 한다. 사진은 고무로 문지르는 수법을 쓰게 된다(「파리 편지 Ⅱ」, 288~289쪽).

회화가 가진 정보상의 장점은 사진의 등장으로 감소되었고, 사진이 갖고 있는 재현 능력과 대결하면서 자신의 영역을 발견하기 위한 화가들의 실험이 새로운 스타일의 발견을 가져왔다. 들라크루아(Ferdinand Delacroix)의 그림이 사진과의 경합을 피할 수 있었던 것은 색채의 힘뿐만이 아니라 그가 그린 대상들의 격렬한 움직임 덕분이었다(당시엔 스냅사진이 존재하지 않았다). 그리하여 그는 사진에 대해 호의적인 관심을 가질 수 있었다. 스냅사진이 가능해진 시대의 드가(Edgar Degas)는 그의 작품에 카메라 렌즈가 사물을 포착하는 방식을 도용하기도 했다.

적어도 19세기 중반까지 사진은 예술과는 무관한 기술의 영역으로만 이해되었다. 1855년 만국박람회 때에도 사진은 미술관에 전시되지 못했고, 산업관의 거대한 특설매장 속에 한 자리를 차지하면서 공공의 장소에서 대중들에게 모습을 드러냈다. 1859년이 되어서야 미술관 위원회는 "산업관 안에 사진 전시 장소를 하나 할당해 주었다. 회화와 판화 전시를 위해 할당된 공간 곁에 있었으나 입구는 완전 별개로, 말하자면 열쇠가 따로 있었던 셈이다"(루이 피기에, 『1859년의 살롱 사진』 / Y 6a,2). 하지만 이를 기회로 사진은 처음으로 광범위한 대중에게 한층 더 친숙하게 다가갈 수 있었다. 이 전시는 사진이 산업으로서 발전하기 위한 서막을 열었다. 사람들은 전시된 저명인사의 초상사진을 가까이서 실감할 수 있었다. 때문에 초창기 사진에서 '기술적 완성'이나 '고상한 취미'를 강조하는 것은 초창기 사진을 잘못 이해하고 있는 결과라고 벤야민은 말한다.

이러한 초창기 사진들은, 고객의 입장에서 보면, 기술의 최첨단을 걷는 기술자로서의 사진사가 등장한 역사적 공간에서 생겨났지만, 사진사의 입장에서 보면, 상승일로에 있는 계급의 구성원이 부르주아 저고리의 주름이나 목도리에까지 속속들이 스며들어 있었던 분위기를 지니고 모두 고객으로 등장한 역사적 공간에서 생겨났던 것이다(「사진의 작은 역사」, 243쪽).

'예술로서의 사진'을 둘러싼 논란은 회화와 사진 양쪽이 서로를 견제하고 영향받는 상호과정 속에서 일정하게 발전해 갔다. 하지만 '사진으로서의 예술', 즉 기술적 복제의 결과로 나타난 사진 속의 예술작품 문제에 대해서는 충분히 사유되지 않았다. 벤야민은 '사진으로서의 예술', 즉 '복제기술의 발달과 함께 변화한 위대한 예술작품에 대한 이해'에 주목한다. 사.진의 등장 이전에 예술작품은 구텐베르크 혁명 이전의 문자와 마찬가지로 특수한 사람들만의 전유물이었다. 예술작품은 예술가들을 후원하는 패트론 개인의 소유물로서 문화자본의 계층적 표시였다. 복제기술과 사진의 출현으로 우리는 "하나의 그림, 특히 하나의 조각이나 심지어 건축물이 현실 속에서보다는 사진 속에서 훨씬 더 쉽게 포착된다는 사실을 관찰할 수가 있을 것이다"(「사진의 작은 역사」, 248쪽). 뿐만 아니라, 복제기술의 발달로 사람들은 집 안에서도 사진을 통해 위대한 걸작들을 감상할 수 있게 되었고 작품에 대한 이해를 확대할 수 있었다. 신문이 사람들에게 했던 역할, 즉 직접 체험하지 못한 사건을 정보화하여 간접경험의 형태로 전환하여 전달하는 그 역할을, 사진은 예술작품을 축소하여 한 장의 종이에 담아 쉽게 공간 이동할 수 있게 만들어 냄으로써 원하는 사람들이 작품을 감상할 수 있는 기회를 넓혀 주었다. 신문이 대량 인쇄되어 사건을 원래의 장소에서 떼어 내 원거리까지 전달함으로써 지식의 대중화에 기여했던 것과 마찬가지로 예술작품을 축소된 형태로 인화함으로써 대량생산된 상품으로 바꾸어 버린 사진은 예술에 대한 대중들의 이해의 폭을 넓혔다.

루이스 하인, 「전기발전소의 증기펌프 기계」, 1920
사진의 포커스는 졸고 있는 노동자에게 맞춰져 있지만 표제에는 기계라는 말만 나온다. 기계의 일부가 되어 버린 노동자 혹은 인간의 사물화에 대해 사유할 수 있다.

사진이 갖는 이러한 미디어로서의 성격과는 별개로 예술작품을 축소 인화하여 원래의 장소로부터 예술작품의 형상을 떼어 냄으로써 작품과 그것이 놓여 있는 장소가 함께 만들어 내는 '분위기'와 그 효과는 사라진다. 분위기란 무엇인가. 벤야민은 이렇게 말한다.

그것은 공간과 시간이 서로 얽혀 짜여지는 교묘한 거미줄과 같은 것이다. 다시 말해 그것은 어떤 먼 곳의 것이 — 비록 그 먼 곳이 아무리 가깝게 있는 것처럼 보여지더라도 — 일회적으로 나타나는 현상인 것이다. 어느 여름 한낮 고요한 휴식 속에서 보는 사람의 눈에 그 그림자를 던지고 있는 지평선상의 산맥이나 아니면 작은 나뭇가지를 바라보고 있는 바로 그 순간, 이 순간의 시간은 이들 현상과 혼연일체가 되어 하나로 어울리게 되는데, 이때 우리는 이러한 산이나 나뭇가지가 갖는 분위기를 숨 쉬게 되는 것이다(「사진의 작은 역사」, 245쪽).

이러한 분위기 혹은 아우라는 어떤 사물과 그것이 원래 놓여 있는 장소, 그것을 대면하는 사람의 기분이나 상태에 따라 전혀 다른 효과를 생산한다. 하지만 원래의 맥락에서 떨어져 나와 한 장의 사진 속에 담겨진 사물(혹은 예술작품), 평면화되어 다른 곳으로 공간 이동한 사물 속에는 '그때-그곳'의 분위기는 담겨 있지 않다. 복제기술이 '일회적 산물을 대량 제조된 상품으로 대치'시켰기 때문이다.

전통적으로 예술작품의 진품성을 판단하는 하나의 척도로 기능했던 '아우라'의 위기는 예술작품의 위기가 아니라, 예술작품을 대중화하고 그 소유의 범위를 확대하는 긍정적 효과를 지니고 있다고 벤야민은 진단한다. 그것을 가능케 한 '사진'이라는 매체는 보는 사람에게 기계적인 연상작용을 정지시킨다는 중요한 의미를 지닌다. 기계적인 연상작용의 정지, 즉 "순간적이면서도 신비스러운 영상이 불러일으키는 쇼크"를 사진은 갖고 있다. 하지만 이것만으로는 부족하다. 기계적 연상을 끊어 버린 그 자리에서 다른 것이 만들어지기 위해서는 잠에서 깨어나 각성하기 위해 꿈꾸기가 필요하듯이 무엇인가가 필요하다. 그 무엇인가를 벤야민은 '표제'라고 말한다. "사진의 표제는 사진으로 하여금 모든 삶의 상황을 문학화하는 데 기여하도록 하는 수단이 되게 한다. 이러한 표제 설명이 없으면 모든 사진의 구성은 불확실한 것에서 머무를 수밖에 없을 것이다"(「사진의 작은 역사」, 252쪽). 삶의 상황을 문학화하는 것, 그것은 눈앞에 보이는 현상의 이면을 사유할 수 있는 방법의 하나이다.

   벤야민은 어떤 사물이나 장르, 양식을 대하는 일반적인 태도, 즉 그것을 대하는 특정한 기준과 방식을 자명한 것으로 받아들임으로써 권위를 추인해 주는 태도를 거부한다. 그에게 중요했던 것은 어떤 것의 권위(혹은 가치)가 아니라 그것의 용법이었다. 사진의 등장이 예술작품의 아우라를 위기에 빠뜨렸다는 것을 부인하는 것이 아니라, 복제기술이 예술작품의 대중적 이해에 기여했다는 데 주목한다. 또 사물을 보는 기계적 연상의 태도를 중단시킬 수 있는 혁명적 능력을 사진으로부터 발견해 낸다. 결국 벤야민이 주목했던 바는, 어떤 사물이나 장르, 작품, 양식, 현상들에 대한 용법이었던 셈이다. 그에게 예술작품의 아우라가 위기에 봉착했다는 것보다 더 중요했던 것은 그것의 대중적 전유였듯이, 기계와 기술의 발달이 가져온 부정적 효과보다는 그것을 전유하는 방식과 생산수단의 소유관계를 지적하는 일이 더 핵심적인 것이었다. 영화의 경우, 그것이 집합적 신체의 구성을 통해 작품을 생산하는 장르임에도 불구하고, "서구에서는 영화의 자본주의적 착취로 인하여 자기 자신을 재현·연출해 보려는 현대인 간의 정당한 요구는 외면 내지 무시되고 있다. 이러한 상황 아래에서 서구의 영화산업은 환상을 불러일으키는 스펙터클과 아리송한 상상력을 통하여 대중의 참여를 부채질하는 데만 관심을 쏟고 있을 따름"(「예술작품」, 218쪽)이라는 것이 그의 진단이다.* 이런 점에서라면 영화야말로 현실을 가리는 판타스마고리아의 결정체라고도 할 수 있다. 하지만 영화를 만들어 내는 데 필요한 요소들이 특정한 개인이나 권력에 속해 있지 않고 자본의 이윤 창출과 연결되지 않는 영화를 만드는 것, 대중들이 영화의 수동적 감상자로서가 아니라 영화 창작의 일부로 활동하는 것 또한 가능한 일이다. 일례로 "러시아 영화에서 보게 되는 배우의 일부는 우리가 흔히 생각하는 의미의 배우가 아니라 자기 자신을 — 특히 작업 과정 속에서의 자신을 — 연출하는 민중이다"(「예술작품」, 218쪽). 생산수단을 누가 어떤 방식으로 소유하는가, 어떤 과정을 통해 작품 혹은 상품이 생산되는가, 어떤 효과를 발생시키는가에 따라 '기술'

---

* 벤야민은 영화를 일컬어 "오늘날 기계 속에 예시적으로 들어 있는 모든 직관 형식과 속도, 리듬을 풀어 놓은 것"이라고 말하며, 따라서 "현대 예술의 모든 문제는 영화와 관련해서만 최종적으로 정식화될 수 있다"(K 3,3)라고 한다.

은 매번 다른 것이 된다. 파시즘이 '기술에 의해 변화된 지각의 예술적 만족'을 자신들의 정치적 도구로 활용했다면, 코뮤니즘은 그것에 맞서 '예술을 정치화'한다고 벤야민은 말한다.

3 _ 군중·산책자·프롤레타리아트

1. 군중의 탄생, 군중의 발견

에드거 앨런 포(Edgar Allan Poe)는 그의 단편 「군중 속의 남자」에서 '아무것도 알 수 없는' 군중의 성격에 관해 이야기한다. 주인공 '나'는 "몇 달 동안 건강이 좋지 않았으나, 이제는 다시 힘을 얻어 권태와 정반대되는 행복한 기분"을 느끼며 런던에 있는 커피하우스 D에 앉아 유리창을 통해 군중들을 관찰한다. 그 속에는 귀족, 부호, 변호사, 무역업 종사자, 증권 투자자 등 사회의 상류층에 해당하는 사람도 있고, '상류층의 우아함을 벗어던진' 활기찬 사무원 무리도 있고, 소매치기도 있고, "벨벳 조끼, 장식 목도리, 금도금 체인, 세공한 단추를 단 지독한 깡패의 옷부터 세심하고 간소한 성직자의 옷까지 다양하게 차려입은 도박사"의 무리도 있다. 유태인 상인, 거리의 걸인, 그리고 여자들이 있다. 또 "한때는 훌륭했을, 지금도 꼼꼼하게 솔질을 한 옷을 입은 사람들, 뛰어오를 듯 걷지만, 안색은 끔찍할 정도로 창백하고 눈은 공허한 사람들. 그들은 군중 속을 지나다니며 손에 닿는 것이면 무엇이든 떨리는 손가락으로 움켜잡는다. 그 밖에 파이 만드는 사람, 짐꾼, 석

탄 하역인부, 청소부, 오르간 가정교사, 원숭이 보여 주는 사람, 노래하는 사람들, 유행가 상인들, 남루하고 지친 막노동꾼들"이 있다. 이렇게 다양한 사람들의 무리를 '나'는 관찰한다. 그러던 중 "쉰다섯에서 일흔가량의 나이로 보이는 쇠약한 노인의 얼굴"과 마주친 '나'는 "거대한 정신력, 주의력, 인색함, 탐욕, 냉정함, 악의, 피에 대한 갈증, 승리, 명랑함, 과도한 공포, 강하고 절대적인 절망의 생각이 혼란스럽고 역설적으로" 떠오르는 것을 느끼며, 거리로 나와 그 남자의 뒤를 밟기 시작한다. 하지만 밤새도록 런던 시내와 교외를 걸어 다니는 노인에게서 '나'는 어떤 것도 알아낼 수 없다. '나'의 결론, "그 노인은 알기 어려운 범죄인의 전형이며 천재이다. 그는 혼자 있기를 거부한다. 그는 군중 속의 남자이다. 따라가는 것은 헛수고이다. 그에 대해서, 그의 행동에 대해서 아무것도 알 수 없기 때문이다"(포, 「군중 속의 남자」, 599쪽).

포의 이 짧은 소설 안에는 '군중'과 '산책자'에 대한 많은 정보가 들어 있다. 군중은 다양하고 모호한 사람들의 무리이다. 그 안에는 다양한 계급과 신분, 성별, 직업군이 혼재한다. 때문에 군중에 대해서는 그 자체로는 아무것도 알 수 없다. 벤야민은 포의 이 텍스트가 야만성과 규율 사이의 상관관계를 분명하게 보여 주고 있다고 말한다. 사람들과 부딪치기라도 하면 자기를 밀친 그 사람에게 당황한 듯 깊이 고개 숙여 인사하는, 포의 작품에 등장하는 군중은 기계에 적응이라도 된 듯 기계적으로만 행동하는 자들이다. 벤야민은 군중이 보여 주는 기계적 행동을 '충격에 대한 하나의 반응'으로 해석한다. 비슷한 관점에서 짐멜은 대도시에 사는 개인들의 심리적 기반을 '신경과민'에서 찾는다. 충격에 대한 기계적 반응과 신경과민은 모두 내·외적 자극들이 급속도로, 그리고 끊임없이 변화하는 데서 기인하는 것이다. 짐멜에 따르면, 현대의 삶에서 가장 심층적인 문제는 개인이 자기 자신의 독립과 개성을 사회나 역사적 유산, 외적 문화 및 삶의 기술 등의 압도적인 힘으로부터 지켜 내려는 요구에서 유래한다.

기디온(Sigfried Giedion)은 『19세기 프랑스 건축』에서 19세기를 일컬어 "개인주의적 경향과 집단주의적 경향이 기묘하게 뒤엉켜 있는 세기"라고 하면서, "이 세기는 이전의 어떤 시대와도 달리 모든 행위에 '개인주의적'이라는 딱지를 붙이지만 지하의 감춰진 곳에서는, 즉 쉽게 무시되는 일상의 영역에서는 마치 뭔가에 취한 것처럼 집단적인 뭔가를 위한 온갖 요소를 만들어 내지 않을 수 없었다. …… 우리가 전념해야 할 것은 바로 이러한 소재, 즉 잿빛 건물, 시장, 백화점, 박람회장이다"(기디온, 『프랑스의 건축』 / K 1a,5)라고 했다. 벤야민은 이러한 건축물들과 더불어 거대한 군중(혹은 대중)이 역사의 무대에 등장하게 된다는 것, 그것들이 도시라는 공간을 구성하는 핵심적인 요소가 된다는 점에 주목한다. "대중은 개인의 모든 흔적을 지워 버린다. 추방된 자의 최신 은신처이다. 마침내 도시의 미궁 속에서 가장 새롭고 가장 불가해한 미궁이 된다. 대중에 의해 이제까지 알려지지 않았던 지하 세계의 모습이 도시의 이미지 속에 새겨진다"(M 16,3).

유럽 대륙의 다른 나라들보다 일찍 산업화를 경험한 영국은 그에 따른 도시화 역시 빠른 속도로 진행되었다. 런던을 방문한 엥겔스가 발견한 자본주의의 실체는 무엇보다도 군중이라는 존재에 있었다.

이원석, 「오늘도」, 2003
'군중'은 도시의 발명품이다. 군중 속에서 개인은 독자적인 존재가 아니라 하나의 거대한 흐름이나 덩어리의 일부일 따름이다.

서로 밀고 밀리며 지나쳐 가는 온갖 계급과 신분의 수만 명의 사람들, 이들은 똑같은 특성, 능력을 갖고 있으며 너나없이 행복해지는 것에 관심을 가진 똑같은 인간들이 아닐까? 이들은 모두 결국 똑같은 수단과 방법으로 행복을 얻으려고 노력하고 있는 것이 아닐까? 그런데도 이들은 뭐 하나 공통된 것 없는 것처럼, 서로 뭐 하나 관련도 없는 것처럼 각자의 길을 재촉하며 지나쳐 간다. 이들 사이에 이루어진 유일한 합의는 보도의 우측으로 걸어가야 하며, 그렇게 함으로써 바삐 지나가는 양쪽 군중의 흐름을 멈추게 하지 말아야 한다는 암묵적인 것뿐이다(엥겔스, 『영국 노동자계급의 상태』/ M 5a,1).

이러한 현실에서 "개개인의 이러한 고립, 이처럼 편협한 이기심이 모든 곳에서 우리가 살고 있는 이 사회의 기본 원리"가 된다.
엥겔스가 발견한 군중은 몰개성적이고 탈인격적이다. 그들은 하나의 거대한 '흐름'으로만 포착될 뿐, 이 거대한 덩어리(mass)를 구성하는 개인은 철저하게 고립된 존재이다. 훗날 발레리(Paul Valéry)가 런던에서 발견한 군중의 이미지 역시 여기서 크게 벗어나지 않는다.

이들 무리는 각자가 독자적인 존재, 즉 각자에 고유한 이력, 고유한 신, 장점과 단점, 독백이나 운명을 가진 독자적인 존재들의 무리처럼 보이지는 않았다. 오히려 무의식적으로, 내 몸 어딘가 깊숙한 곳에서, 내 눈의 어두운 그늘 속에서, 뭔지 모르지만 똑같은 허공으로 빨려 들어가는 똑같은 알갱이들의 흐름처럼 생각되었다(발레리, 『죽은 것들』/ M 20,2).

오노레 도미에, 「무료관람일」, 1852
군중들은 거리에만 있는 것이 아니다. 백화점, 극장, 미술관 등 어디에서나 군중들과 마주친다. 전시장의 무료 관람일에 몰려든 사람들. 그들이 관람하는 것은 그들 자신이다.

도시적 공간 속에서 발견되는 대중은 그 자체로는 규정 불가능한 무리에 불과하지만 그렇기 때문에 그 안에는 파시즘의 재료도, 혁명의 가능성도 잠재해 있다. 벤야민은 군중에게 이 두 가지 가능성을 모두 열어 두었다.*

보들레르에게도 '군중'은 하나의 충격적인 체험이었다. 그는 이 충격을 '산책자'의 시선을 통해 예술적 경지로 끌어올리고자 했다.

다수의 군중 속에 잠기는 재능은 누구에게나 주어진 것이 아니다. 군중을 즐기는 것은 일종의 예술이고, …… 자신의 고독을 채울 줄 모르는 자는 역시 분주한 군중 속에서도 홀로 존재할 줄 모른다. 시인은 제 멋대로 자기 자신일 수도 있고, 동시에 타인이 될 수도 있는 비길 데 없이 훌륭한 특권을 누린다. …… 고독하고 사색적인 산책자는 온갖 사람과의 이 교류 속에서 어떤 독특한 도취를 끌어낸다. 쉽사리 군중과 결합하는 자는 열광적인 환희를 알고 있다. 상자처럼 닫힌 에고이스트나 연체동물처럼 갇힌 나태한 자는 영원히 누릴 수 없는 환희다(보들레르, 「군중」, 75~76쪽).

---

* 네그리(Antonio Negri)는 20세기 대중의 본질을 '무차별성'에서 찾는다. "대중은 온갖 유형들과 종류들로 구성되어 있다. 그러나 실제로 우리는 다양한 사회적 주체들이 대중을 구성한다고 말하지 말아야 한다. 대중의 본질은 무차별성이다. 모든 차이들은 대중 속에 가라앉아 익사한다. 인구의 모든 색깔들은 회색으로 바랜다. 이 대중들은 일치해서 움직일 수 있다. 왜냐하면 그들은 무구별적인 동형의 집합체를 형성하기 때문이다"(네그리, 『다중』, 18~19쪽). 네그리 역시 대중 혹은 군중의 양방향성을 의식했고, 때문에 그것과 다른, 차이가 차이인 채로 남아 있는 '다중'의 개념을 강조하면서 다양한 사회적 네트워크 간의 소통과 공동의 활동에 주목하고자 했다.

벤야민은 포나 보들레르에게 무정형한 행인으로서의 군중, 단순한 사람들 그 자체인 대도시의 군중 이미지가 중요한 작품의 모티프이자 자신의 작품을 구매할 소비자로 인식되었다고 말한다.

군중이라는 대상만큼 19세기 문인들의 관심을 끌 만한 가치가 있었던 대상도 없었다. 군중은 바야흐로 독서 생활에 익숙해진 광범위한 계층 속에서 독서층으로 형성될 채비를 하고 있었다. 그들은 주문자가 된 것이다. …… 군중이란 거의 고대적인 의미에 있어서 고객의 무리, 관객의 무리를 뜻했다(「보들레르의 모티프」, 131쪽).

보들레르에게 '군중은 움직이는 베일'이었고, 그는 이 베일을 통해 파리를 보았다. 하지만 보들레르에게 군중은 이미 내면화되어 그의 일부가 되어 버린 존재였다. 때문에 그는 파리의 거주민이나 파리의 모습을 묘사할 수 없었다. 그 자신이 군중이자 군중의 외부자였다. 그는 "이 더러운 세상에서 길을 잃고 군중들에게 떠밀리는 나는 깊숙이 흘러간 세월을 뒤돌아볼 때 환멸과 고뇌만이 보일 뿐이요 앞으로는 …… 아무런 새로운 것도 없이 폭풍우밖에 안 보이는 그런 지쳐 빠진 남자"(보들레르, 『작품집』 2권 / J 47a,2)로 자신을 인식하기도 했지만, 군중들 속에서 도시적인 감수성에 도취되기도 했다. "군중 속에 있을 때의 즐거움은 증가된 수에서 느끼는 향락의 신비로운 표현이다. …… 수는 모든 것 속에 있다. …… 도취도 하나의 수이다. …… 대도시의 종교적 도취"(보들레르, 『작품집』 2권 / J 34a,3). 특히 산책자로서의 보들레르는 자신을 그들의 공범자로 만듦과 동시에 그들로부터 스스로를 격리시킨다. "그는 꽤 깊이 그들과 결탁하고 있지만, 그것은 다만 단 한 번 경멸의 시선을 던짐으로써 부지불식간에 그들을 무가치한 존재로 내팽개쳐 버리기 위함이었다"(「보들레르의 모티프」, 139쪽). 보들레르는 산책자와 군중 사이를 들락거렸다. 그는 완벽하게 군중들 속으로 편입되기도 거부했지만, 군중들로부터 완전히 등을 돌리고 고독한 외톨이로 지낼 수도 없었다. 결국 그는 철저하게 고독했고, 그를 둘러싼 세계와 불화할 수밖에 없었다. 그에게, 그리고 산책자에게 고독은 군중 속에서만 가능한 것이었다. 이것은 비슷한 시기에 러시아에서 발표되었던 도스토예프스키의 『지하생활자의 수기』에서 보이는 지하생활자의 고독과는 사뭇 다르다. 그는 "저들은 모두 한통속이고 나만 외톨이"라고 느끼는 자였고, 그의 고독은 군중으로부터 떨어져 있는 자의 것이었다.

2. 산책자, 군중 속의 이방인

벤야민이 취급하는 모든 것이 다 그렇듯이, '산책자' 역시 그에게는 이중적인 성격을 갖는다. 벤야민에게 산책자는 자본주의적 노동, 시간, 관계 등에 균열을 낼 수 있는 자본주의의 외부자인 동시에, 자본과 권력이 생산하는 판타스마고리아에 도취되는 군중의 일부이다. 그는 상품을 둘러싼 자본주의적 생산관계의 바깥에 있다. 프로테스탄트적 윤리의 관점에서 보면 산책자의 무위도식은 주어진 소명으로서의 신성한 노동의 의무를 방기하는 비윤리적 태도이며, 노동의 시간을 중심으로 작동하는 공적인 시간과 사적인 시간, 즉 노동과 휴식의 시간을 교란하는 행위이다. 특정한 정체성으로 수렴되지 않고 어떤 집단의 내부인인 동시에 외부자였던 산책자는 생산적인 활동을 하지 않는다는 점에서 룸펜이었지만 생산관계의 외부에 있다는 점에서 자본주의적 관계에 대한 가장 근본적인 비판자로서의 역할을 동시에 수행했다. 그의 무위는 "분업에 반대하는 시위"(M 5,8)였던 것이다. 이러한 산책자의 태도를 벤야민은 "제2제정하에서의 중간계급의 정치적 태도의 축도"(M 2,5)로 지적했다.

    도시는 산책자에게 하나의 풍경으로 인식된다. 자연이 인간에게 하나의 시각적 대상으로 인식되는 것과 마찬가지로 인간의 능력으로 조성된 인공의 도시 또한 하나의 볼거리로 인식되기 시작한 것이다. 산책자는 대도시의 거리를 마치 숲 속을 거닐 듯 산책한다. 사람들의 얼굴과 옷맵시를 살피고 진열된 상품들과 탈것들, 건축물들을 관찰한다. 도시에 있는 모든 것을 관찰하는 산책자의 걸음은 당시 유행이던 '거북이를 동반한 산책의 속도'에 어울리는 것이었다. "1839년에는 산책 나갈 때 거북이를 데리고 가는 것이 우아해 보였다. 이것은 아케이드를 어떤 속도로 산책했던가를 파악할 수 있게 해준다"(M 3,8). 기계적인 상품 생산의 속도와 노동의 속도를 거스르는 게으른 무위도식자의 속도인 산책의 속도는 산업화가 진행되기 시작한 당시 도시의 일반적인 속도에 반하는 것이다. 도심을 가로지르며 오가는 승합마차는 물론 "1845년경부터 …… 이미 유럽 각지에는 철도와 증기선이 존재했는데, 이처럼 새로운 교통수단은 찬미의 대상"(에곤 프리델, 『현대 문화사』/ M 6,3)이 되었던 것이 당시 보다 일반적인 속도에 대한 감각이었다.

때로는 도시의 일반적 속도에 반하는 산책의 속도와 산책자의 경험을 자본주의는 자기 것으로 전유하기도 했다. 거북이의 속도로 시장(아케이드)을 관찰하는 산책자를 일컬어 벤야민은 "소비자의 왕국으로 파견된 자본가들의 스파이"(M 5,6)라고 부르는데, 그의 꼼꼼한 관찰로 얻어 낸 지식이 "경기 동향에 관한 비밀스런 학문과 밀접한 관련"을 맺기 때문이다. 거북이걸음의 속도로 사물을 바라보는 산책자-스파이의 시선은 범행 현장을 탐사하는 탐정의 꼼꼼한 시선과 다르지 않다. 벤야민은 다음과 같이 말한다.

> 산책자의 모습 속에는 이미 탐정의 모습이 예시되어 있다. 산책자는 그의 행동 스타일을 사회적으로 정당화해야 한다. 이를 위해서는 무심한 모습이 그럴듯하게 보이도록 하는 것보다 더 안성맞춤인 것도 없을 것이다. 하지만 실제로 그러한 무심함의 이면에는 아무것도 모르는 범죄자로부터 한시라도 눈을 뗄 수 없는 감시자의 긴장된 주의력이 숨어 있다(M 13a,2).

산책자에게 도시는 모든 것을 관찰할 수 있는 흥미진진한 사물들의 진열장이자 군중들의 집합소이지만, 또 다른 한편으로는 도시 전체가 그에게는 하나의 실내 공간으로 인식된다. 그에게 각 구역은 하나하나의 방이 되며 작은 방들은 실제 방들처럼 문턱이 구분되지 않는 하나의 집으로 이해되기도 했다. 도시 전체를 하나의 실내 공간으로 인식하는 산책자의 태도는 사실 동시대 대중들 모두에게 공통된 것이었다. 물론 여기에도 계급적·계층적 차이가 존재하는데, 사회의 상류층이 정원을 가꾸고 벤치와 정자를 설치함으로써 자연을 실내로 끌어들였다면, 사적인 공간을 갖기 힘들었던 가난한 사람들은 거리, 특히 골목을 사적 공간의 일부로 활용할 수밖에 없었다.

거리는 집단의 거처이다. 집단은 영원히 불안정하며 영원히 유동적인 존재로, 자택에서 사방의 벽으로 보호받고 있는 개인만큼이나 집의 벽들 사이에서 많은 것을 경험하고 체험하고, 인식하고 생각한다. 이러한 집단에게 반짝반짝 빛나는 에나멜 간판은 부르주아의 응접실에 걸린 유화만큼이나 멋진 — 어쩌면 더 나은 — 벽장식이며, '벽보 금지'가 붙어 있는 벽은 집단의 필기대, 신문 가판대는 서재, 우편함은 청동상, 벤치는 침실의 가구이며, 카페의 테라스는 가사를 감독하는 출창(出窓)이다. 노상의 노동자들이 웃옷을 걸쳐 놓은 난간은 현관이며, 안마당에서 옥외로 이어지는 출입구는 시민들에게는 깜짝 놀랄 만큼 긴 복도로, 이것은 노동자들에게는 도시의 내실로 들어가는 입구이다. 노동자들 입장에서 보면 아케이드는 응접실이었다. 거리는 다른 어느 곳보다도 더 이 아케이드에서 대중에게 가구를 구비한 편안한 실내로 모습을 드러낸다(M 3a,4).

아케이드를 거실처럼, 신문 가판대를 서재처럼, 벤치를 침실의 가구처럼 상상하고 꿈을 꿈으로써만 대중들은 도시를 자신의 것으로 이해할 수 있었다. 산업의 속도에 반하는 산책 속도를 발견함으로써만 그들은 도시라는 리바이어던을 마주볼 수 있었다. 도시가 실내로 이해되는 한, 그곳의 공기는 언제나 '베일'에 싸인 것 같은 모호함을 유지할 수밖에 없었다. 산업화가 진행되면서 만들어진 각종 판타스마고리아의 효과는 이렇게 도시에 사는 사람들이 스스로 만들어 내는 '베일 효과'(그들은 서로에게 베일이 되었고, 그들이 도시를 실내로 상상할 때 그것은 현실을 가리는 베일이 되었다)와 공명하며 완성되어 갔다. 도시-실내에서 사람들은 잠을 자고 꿈을 꾼다. "하지만 결국 혁명만이 도시에 새로운 공기를 불어넣는다. 혁명의 옥외성(屋外性, Pleinasmus). 혁명은 도시의 마력을 빼앗는다"(M 3,3). 그렇다면 문제는 어떻게 잠에서 깨어날까, 어떻게 각성의 계기를 만들 수 있을까에 있다.

19세기 이후의 노동 분업은 사회적·기술적 메커니즘 속에서 평준화되고 소모되는 개인의 문제를 강하게 부각시켰다. 대도시의 삶에서는 고유한 인격을 펼치기 어렵다. 이때 차이에 대한 감수성은 어떤 개인들에게는 유별남, 변덕, 멋부리기 등 특유의 과장된 행동으로 나타난다. '산책자'는 그 유별난 개인의 특징적인 성격을 잘 보여 주는 캐릭터이다. 그는 아무것도 하지 않기 때문에 권태롭고, 권태롭기 때문에 우울하다. 그는 유리창과 같은 얇은 막을 사이에 두고 군중들을 관찰하거나 그 군중 속으로 휩쓸려 들어가 거리를 배회하며 시간을 보낸다. 그에게는 특정한 시간 내에 반드시 도착해야만 하는 약속(혹은

귀스타브 쿠르베, 「화가의 아틀리에」, 1855
아틀리에 안에 모여 있는 사람들은 모두 각자일 뿐이다. 그림의 오른쪽 맨 끝에 홀로 책을 읽고 있는 보들레르가 보인다.

계약)도 목적지도 없다. 시간은 산책자와 군중을, 특히 산책자와 노동자를 가르는 결정적 기준이 된다. 산책자 혹은 노동하지 않는 상류층이 경험하는 무위의 시간은 권태를 유발한다.

[그들에게] 권태란 안쪽에 극히 화려하고 다채로운 색깔의 비단으로 안감을 댄 따뜻한 잿빛 천과 같은 것이다. 꿈을 꿀 때 우리는 이 천으로 우리를 둘러싼다. 그러면 이 안감의 아라베스크 문양 속에서 편안하게 있을 수 있는 것이다. 그러나 이 천에 싸여 잠자고 있는 사람은 밖에서 볼 때는 잿빛 권태를 느끼고 있는 것처럼 보인다. …… [아케이드와 같은] 공간들 속에서의 삶은 꿈속에서 벌어지는 사건들처럼 어떤 악센트도 없이 흘러간다. 산책이야말로 이러한 선잠[반수면] 상태의 리듬이다(D 2a,1).

하지만 '권태'가 룸펜 산책자와 무위도식 상류층만의 전유물은 아니다. 비생산적 활동 혹은 노동하지 않음에서 오는 권태, 상층 계급의 이데올로기인 권태의 경제적 하부구조는 공장노동에 있기 때문이다. "해도 해도 똑같은 기계적인 공정이 언제까지나 끝나지 않고 계속되는 고된 노동의 음울한 단조로움은 시시포스의 노동과 비슷하다"(엥겔스, 『영국 노동자계급의 상태』/ D 2a,4). 끝없이 계속되는 단순노동의 '반복'이 노동자들을 권태로 이끈다. 결국 모더니티의 중요한 축으로서의 '새로움'에 대한 강박적 추구는 반복되는 노동과 목적 없는 무위의 삶이라는 주름의 바깥쪽이었던 셈이다. 집단의 잠에 가담하고 있는 정도를 나타내는 징표이기도 했던 권태는 1840년대에는 유행병처럼 퍼져 나갔다.

포의 소설에 등장하는 '나'는 권태와는 사뭇 다른 상태에서 군중들을 관찰하고, 어떤 군중 하나를 집요하게 따라다니기까지 하지만, 산책자의 본래적인 성격인 '관찰' 그 자체를 잃어버리지는 않는다. 포는 "권태란 가장 예민한 욕망의 상태인 정신적 비전의 얇은 막이 시작될 때, 분명하고 거리낌 없는 라이프니츠(Gottfried Leibniz)의 철학이 조지아스의 미친 듯한 가벼운 수사학을 능가하듯 일상의 상태를 완전히 뛰어넘는다. 단지 숨 쉬는 것조차 즐거움이듯, 부정적인 고통 속에서조차 긍정적인 기쁨을 이끌어 내듯"(포, 「군중 속의 남자」, 591쪽)이라고 말한다. 일상을 뛰어넘는, 정신적 비전의 가장 예민한 상태로서의 권태는 지적인 '탐구'의 과정이자 예술적 창조의 계기가 된다.

예술적 창조의 비전은 산책자의 게으른 산책과 무위가 발견한 중요한 가치이자 윤리이다. 포와 디킨스(Charles Dickens), 위고와 발자크, 프루스트와 보들레르에게 산책이 없었더라면, 그들의 문학작품은 불가능했을지도 모른다. 디킨스의 경우, "그의 영역은 인도(人道)였으며, 가로등은 그의 별, 보행자들은 그의 주인공들이었다. 그는 자기 집의 가장 깊은 곳에 있는 문을 열 수 있다. 양쪽으로 집들이 줄지어 서 있고 별들로 지붕을 이은 비밀스런 아케이드로 통하는 문을 말이다!"(G. K. 체스터튼, 『디킨스』 / M 11,1). 이처럼 "천재들은 대부분 위대한 산책자들이었다. 단, 근면하고 지적으로 풍요로운 산책자들이었다"(피에르 라루스, 『대백과사전』 / M 20a,1). 그러므로 산책자(flaneur)는 정원의 풍경을 거니는 산보자(promeneur)와 다르다. 그는 더 이상 '즐기면서 산책'할 수 없다. 그는 도시의 그늘 아래로 혹은 군중들 속으로 도피하거나 자신이 발 딛고 있는 이 세계와는 다른 세계를 꿈꾼다. 때문에 산책자가 무엇인가를 볼 때, 그것은 주어진 구경거리를 아무런 경계심도 없이 대하는 순수한 구경꾼의 태도와는 다르다.

[순수한 산책자는] 항상 자기 개성을 충분히 확보하고 있다. 반대로 구경꾼은 외부 세계에 열광하고 도취되기 때문에 그들의 개성은 외부 세계에 흡수되어 사라지고 만다. 구경거리에 정신이 빼앗긴 구경꾼은 비인격적인 존재가 된다. 그는 더 이상 하나의 인격이 아니다. 그는 공중, 군중이다(빅토르 푸르넬, 『파리의 거리에서 볼 수 있는 것들』/ M 6,5).

3. 사회운동과 프롤레타리아트의 발견

군중과 산책자가 19세기의 발명품이었던 것과 마찬가지로 프롤레타리아트는 산업화의 산물이다. 그들은 자본주의적 생산관계 속에서 노동자로 살아가는 계급이지만, 그들이 자기 자신을 계급적 정체성과 역사적 의식을 갖는 진정한 프롤레타리아트로 이해하게 된 것은 몇 번의 정치적 사건과 사회운동을 경험하고 나서였다.

 1789년의 대혁명 이후부터 1871년의 파리코뮌에 이르기까지 프랑스의 역사는, 정치적인 헤게모니를 둘러싼 혁명과 반동의 운동이 경합하면서 반전에 반전을 거듭한 시기였다. 『아케이드 프로젝트』에서 벤야민은 1830년 7월 혁명에서 파리코뮌까지의 시기에 역사적 반동화에 맞서 싸웠던 계급 혹은 계층들의 활동에 주목한다. 특히 1848년 2월 혁명과 6월 노동자 봉기는 부르주아와 프롤레타리아 간의 계급적 적대의 완성, 즉 더 이상 프롤레타리아가 부르주아 혁명의 연대 세력일 수 없다는 것을 확인했다는 점에서 중요하다. 맑스는 2월 혁명 발발 직전 『공산당선언』을 통해 이 사실을 명확히 했다.

[적어도 이 단계까지] 노동자들의 대중적 결속은 아직은 노동자 자신들의 단결의 결과가 아니라 부르주아지의 단결의 결과인데, …… 프롤레타리아들은 그들의 적과 싸우는 것이 아니라, 그들의 적들의 적들, 즉 절대 군주의 잔재들, 토지 소유자들, 비산업 부르주아들, 소부르주아들과 싸우는 것이다. 이리하여 역사의 운동 전체는 부르주아지의 손 안에 집중된다. 그렇게 얻어진 각각의 모든 승리는 부르주아지의 승리인 것이다(맑스, 『공산당선언』, 408쪽).

1848년 2월 혁명의 결과가 그것을 증명해 주었다. 벤야민은 제2제정기의 파리 풍경을 통해 부르주아지의 지배가 전 사회적으로 진행되고 있다는 것을 보여 준다. 제정기의 통치자는 나폴레옹 3세였지만, 사회의 지배자는 부르주아 계급이었다.

부르주아 계급이 지배하는 19세기 프랑스 사회는 '집단의 잠'에 빠져 있었다. 문명의 속도 속에서, 상품들의 홍수 속에서, 거대한 건축물과 사치와 흐릿한 날씨 속에서, 그리고 궁핍과 절망 속에서 그 시대

사람들은 자신들의 시대를 몽롱하게 걸어 다녔다. 벤야민은 이런 시대의 백일몽에서 깨어나는 '각성'의 과정을 '혁명'이라고 생각했고, 그것은 맑스가 말한 정치투쟁으로서의 계급투쟁의 결과와 상통하는 것이다. 2월 혁명이 프롤레타리아가 자신의 계급성을 자각하지 못하고 부르주아 혁명에 동원됨으로써 그들의 시대를 가능케 하는 데 도움을 준 것에 불과했다면, 프롤레타리아의 각성을 통해 계급투쟁이 계급의 소멸로 나아갈 때 모든 사회적 관계가 재편될 것이기 때문이다. 정치를 주권의 문제라고 이해한다면, 정치투쟁으로서의 계급투쟁은 그것을 통해 주권이 어떤 소수가 행사하는 통치권의 형태가 아닌, 살아가는 모든 존재들이 자기 삶의 주체로 활동하고 자발적이고 자유로운 연대 활동으로 공적인 활동을 할 수 있는 권리로서 행사될 수 있도록 하는 것이다. 여기에는 착취나 억압, 지배나 피지배 관계가 성립할 수 없다. 그는 때로는 군중 속에 있고, 때로는 군중의 바깥에서 고립된 개인으로 서 있는 '산책자'를 발견함으로써 그 속에서 19세기적 대도시의 성격을 읽어 내는 한편, 그것에 대한 저항의 가능성 또한 적극적으로 찾고자 한다. 프롤레타리아라는 계급에 의한 자기 시대에 대한 저항이 일반적으로 선명하게 교감할 수 있는 것이라면, 이른바 적대계급으로서의 부르주아지 안에도 자기 시대와 불화하거나 저항하는 개인들이 존재했다는 것, 하지만 그 방식은 대단히 특이한 것이었다는 것을 납득시키기 위해서는 훨씬 더 섬세한 고증이 필요했다. 이런 점에서 보들레르(혹은 포)는 벤야민에게 대단히 의미심장한 파트너였던 셈이다.

임승천, 「바이러스」, 2008
문명의 속도와 상품들의 홍수와 거대한 건축물과 사치와 흐릿한 날씨 속에서, 그리고 궁핍과 절망 속에서 19세기 프랑스 사회는 '집단의 잠' 속에 빠져 있었다.

벤야민의 『아케이드 프로젝트』 작업은 이러한 인식 속에서 진행된다. 때문에 그는 여기서 특정한 권력 관계들, 그 시대의 여러 세력들이 어떤 계기를 통해 상호 긴장감을 유발하며, 역사를 진보 혹은 반동화하는지를 읽어 내고 싶어 한다. 1830년의 7월 혁명과 1848년의 2월 혁명, 그리고 1871년의 파리코뮌을 가능케 했던 주체들의 성격과 활동들, 그 세력들의 구성 방식과 이합집산에 그는 주목한다. 그것을 통해 꿈꾸는 시대의 실상과 '각성'의 가능성을 타진해 보는 것이다. 그것을 위해 벤야민은 어느 한쪽에 대한 편애를 버린다. 계급운동의 선봉이 되는 공산당 운동조차도 비판적 관점에서 바라본다.

봉건적·계층적 폭력에 직면한 공산당이 부단히 실천해야 할 것은 조직과 합리주의에 대한 찬미인데, 이때 절대적으로 필요한 것은 그러한 찬미를 논쟁적 관계로 파악하고, 또 공산당 운동 자체에도 …… 신비적 요소가 포함되어 있다는 것을 확인하는 것이다. 물론 이보다 중요한 것은 신체성 속에 내속되어 있는 이러한 신비적 요소를 종교적 요소와 혼동하지 않는 것이다(a 1,2).

탄압받는 조직이 갖고 있는 자기 유지의 근거로서의 '조직'에 대한 찬미는 그것의 도덕적 정당성과는 별개로 '조직의 신비화'라는 또 하나의 위험을 지니고 있다. 때문에 그는 이것을 비판적 관점에서 바라보지 않을 수 없다.

혁명운동에는 주체 세력이 필요하다. 그것은 개별적이고 개인적인 사람들의 무리가 아니라 특정한 성격을 지닌 무리들의 '조직'이다. "7월 혁명 시기에는 공화파 부르주아와 프롤레타리아가 가까웠기 때문에 비밀결사가 급증하였다. 7월 혁명 후의 비밀결사. 질서와 진보, 정치범연맹, 7월의 주창자, 프랑크족의 환생, 인민의 벗 사, 가족사"(V 8,5) 등이 있었다. 'Compagnons', 즉 '빵을 나누어 먹는 사람들'이라는 뜻을 가진 동업직인조합은 14세기 혹은 12세기부터 조직되는데, 이들이 이후에 혁명의 주체가 된다. 이 외에도 비밀결사들과 조직들과 음모가들에 의해, 술집이라는 정치적 공간에 의해, 각종 미디어에 의해 혁명은 가능한 것이 되었다. 또한 이 직인조합이 노동조합의 기원으로 기능했다는 것을 벤야민은 보여 주고자 한다.

선전협회는 1833년 말의 대규모 파업을 대부분 주도했다. "이 파업은 식자공, 기계공, 석공, 밧줄 제조공, 마부, 구두 수선공, 장갑 제조공, 목공, 벽지 제조공, 메리야스 제조공, 열쇠공에게까지 확산"(V 5,5)되었다. 연합회 혹은 독립직인회의 경우, 그들에게는 어떤 비밀도 어떤 가입의식도 없었으며 어떤 서열도 없었다. 결사의 모든 구성원은 평등했다. 조합원들은 살고 식사하고 모이는 집에 갈 때는 "어머니 집에 간다"라고 말했다. 조합원들은 처음 만났을 때 어느 계통인지 어느 조합에 속해 있는지 서로 묻곤 했다. 동지라는 것이 확인되면 축배를 들었고, 반대의 경우엔 욕설과 주먹질이 오갔다. 삼각자와 컴퍼스는 동업직인조합 전체의 상징이었다. compagnon의 어원이 compas에서 유래했기 때문이다. "그들은 모두 천공이라는 동일한 둥근 천장 아래 살며 동일한 땅 위를 걷고 있기 때문에 그들이 나라이고, 따라서 그렇게 자신을 국가라고 부르는 것이다. 왜냐하면 그들에게 있어 세계는 하나의 커다란 국가이기 때문이다"(V 6,1).

이들 조직과 함께 '음모 활동가들'이라고 불리는 비밀 활동가들이 있었다. 그들 중에는 다른 직업을 갖지 않고 오로지 비밀 활동만 하는 사람도 있었고, 평소에는 일을 하다가 결정적인 순간 혁명의 공간에 투신하는 사람들도 있었다. "파리에서 봉기가 있을 때면 어김없이 나타나는 거의 만용처럼 보일 정도의 필사적인 투쟁은 바로 이처럼 노련한 직업적 음모 활동가, 즉 프랑스인들이 말하는 기습병에 의해 이루어졌다"(V 2). 이들의 역할은 혁명적 프롤레타리아트를 조직하고, 혁명적 발전 과정의 선취와 혁명의 즉각 개시를 선동하는 것이었다.

음모 혹은 비밀결사를 조직한 프롤레타리아들은 혁명의 에너지를 만들어 내는 구실을 했다. 다양한 직업을 가진, 다양한 성격의 결사를 조직한 그들이 결사를 운영하고 조직하는 방식 또한 다양했다. 혁명의 주체에 대한 성격을 분석하기 위해 벤야민은 『아케이드 프로젝트』의 항목들에서 이렇게 다양한 결사조직들을 언급하고, 메모하고, 고려한다. 그들은 자신의 계급적 성격을 인식할 때 프롤레타리아가 되지만, 반대의 경우, 이를테면 12월10일회의 경우에서처럼 반동적인 역할을 하기도 한다. 대중의 성격은 고정된 것이 아니며, 어떤 관계의 장(場) 속에 배치되느냐에 따라 다른 운동을 생산한다. 루이 보나파르트의 홍위병 노릇을 했던 12월10일회는 룸펜프롤레타리아가 대부분이었다. 맑스에 의하면 그들은 "유랑자, 제대 군인, 전과자, 탈출한 갤리선의 노예들, 사기꾼, 노점상, 유랑 거지, 소매치기, 요술쟁이, 노름꾼,

디아고 리베라, 「무기고」, 1928

뚜쟁이, 포주, 문사, 손풍금쟁이, 넝마주이, 칼 가는 사람, 땜장이, 걸인"(맑스, 「루이 보나파르트의 브뤼메르 18일」, 339쪽) 등이다. 뿔뿔이 흩어져 부초처럼 떠다니는 불특정의 대중. 그들을 일컬어 프랑스인들은 라보엠(보헤미안)이라고 불렀다.

프롤레타리아는 부르주아와 전혀 다른 존재이다. 그들이 계급적으로 다르다는 것은 단지 생산수단의 소유 여부 때문만이 아니다. 그들은 기호와 취향, 자연과 세계를 감각하는 방식까지도 전혀 다르다. 생산 활동을 하지 않는 부르주아들의 병인 '권태'는 그들에게서 반복되는 단순노동에서 오는 직업병으로서만 나타난다.

부자가 되거나 …… 아니면 협량한 두뇌의 소유자가 되지 않는 한 …… 연금생활자로서 무기력하게 보내는 날들은 노동자에게 짓눌릴 듯한 부담이 된다. 구름 한 점 없이 맑게 갠 하늘이 무엇이며, 그가 사는 집의 정원이 푸르고 꽃들의 향기가 자욱하며 새들의 행복한 지저귐이 들린다 한들 그것이 다 무엇이란 말인가. 그의 무기력한 정신은 고독의 매혹 따위에는 조금도 움직이지 않는다. 그의 귀가 우연히 멀리 떨어진 곳에 있는 작업장에서 들려오는 어떤 날카로운 소리나 혹은 공장 제분기의 단조로운 물방아 소리라도 듣게 되면 즉시 그의 얼굴은 빛난다(에두아르 푸코, 『발명가 파리: 프랑스 산업의 생리학』 / r 1a, 4).

프롤레타리아라는 이름은 오늘날에는 이처럼 정확하게 규정되어 있지만 …… 당시[1848년 무렵]에는 극히 낭만적이고 뭔가 은밀한 것이 있는 것처럼 들렸다. 이들은 천민이며 갤리선의 노예이며, 카르보나리 당원이며, 예술가이며 쇄신자이며, 제수이트들의 숙적이다(a 22,3).

7월 왕정하에서 수상직에 있었던 기조(François Guizot)는 2월 혁명 후에 이렇게 말했다. "성공해서 정권의 자리에 오래 머물러 있을수록 나의 성공도 정권의 존속도 근본적인 효과는 없으며, 패배한 적이 사실은 승리를 거둔 것이며, 나아가 적을 실제로 패배시키기 위해서는 차마 입에 올리는 것조차 불가능한 것을 실행해야 한다는 것을 실감하게 되었다." 맑스는 「1848년 혁명과 프롤레타리아트」에서 혁명과 관련해 "우리의 용감한 친구, 우리의 로빈 후드, 땅속에서 재빠르게 일을 진행시킬 수 있는 늙은 두더지 — 이것이야말로 혁명이다. …… 오늘날 유럽의 모든 집에는 비밀스런 빨간 십자 표시가 되어 있다. 역사 자신이 재판관이 되는 것이다. 그리고 재판을 집행하는 것은 프롤레타리아트이다"(a 17a,4)라고 말했고, 엥겔스는 맑스에게 보낸 편지에서 "혁명이든 반혁명이든 그것이 일어나게 된 인과성을 완전히 망각하는 것은 반동이 승리할 때 반드시 나타나는 결과"(a 18,4)라고 말하며, 계급성은 주어지는 것이 아니라 특정한 조건 속에서 만들어지는 것이라고 했다.

노동자들은 비록 혁명에 의해 초래된 상황 때문에 고통을 겪었지만 곤궁의 책임이 혁명에 있다고는 생각하지 못했다. 이들은 혁명이 인민 대중의 행복으로 이어지지 않은 것은 음모가들이 혁명의 근본 원리를 왜

곡했기 때문이라고 생각했다. …… [그들은] 혁명적인 방법으로 공화정을 수립하기 위한 음모를 꾸미고 있던 부르주아 공화파 쪽에 오히려 매력을 느끼게 되었다(폴 라파르크,「프랑스의 계급투쟁」/ V 3,1).

그 시대에 막 잠에서 깨어나기 시작한 프롤레타리아는 한편으로는 여전히 시대의 잠 속에 한 발을 담그고 있었고, 또 다른 한 발은 자신의 계급성을 이해하고 실천하게 되는 각성의 순간을 향해 내딛고 있었다. 벤야민은 19세기의 사회운동들을 통해 혁명의 조건들을 다양하게 살펴본다. 혁명의 주체는 어떻게 만들어지는지, 그들의 조건은 어떠했는지, 정치적 반동의 상황이 그들에게 어떻게 작용했는지. 그리고 그 안에서 자신의 시대와 연결되는, 작지만 소중한 혁명의 가능성들을 발견하고자 한다.

4장

이것은 역사가 아니다?

❖
어떤 시대든 산 사람들은 자기들이 역사의 정오에 있다고 생각한다. 그들에게는 과거를 위해 향연을 베풀 의무가 있다. 역사가는 죽은 자들을 연회에 초대하기 위해 보내지는 사자(使者)이다.

N 15, 2

1 _ 왜 1848년인가

1. 사건들, 사건들

1848년 2월 프랑스에서는 7월 왕정이 무너지고 제2공화정이 수립되었다. 자본이, 그리고 부르주아가 사회적 권력을 획득하기 시작한 것이 이때부터이다. 하지만 이것이 그 시대 모든 권력이 부르주아에게 집중되었다는 것을 의미하는 것은 아니다. 영국에서는 지주가, 프로이센에서는 융커가, 그리고 프랑스에서는 여전히 금융귀족과 지주가 정치·경제적 권력의 핵심적 위치에 있었다. 2월 혁명 이후 프랑스뿐만 아니라 유럽의 각 지역에 자유주의적 사상이 범람하게 되었고, 공화제와 대의정치가 자리 잡기 시작했으며, 자본주의적 경제가 확산되기 시작한다. 이것이 우리가 1848년 2월 혁명에 주목하는 하나의 이유이다. 어떤 한 계급이 한 시대의 대표로 그들 자신을 이해하기 시작했다는 것, 그리고 오늘날에도 그들이 사회의 보편적 지배계급으로 존재하고 있다는 것. 1848년 발표된 『공산당선언』에서 맑스는 다음과 같이 말했다.

부르주아지는 역사에서 극히 혁명적인 역할을 수행하였다. …… 부르주아지는 처음으로 인간의 활동이 무엇을 이룩할 수 있는가를 증명하였다. …… 부르주아지는 세계시장의 개발을 통해서 모든 나라들의 생산과 소비를 범세계적인 것으로 탈바꿈시켰다. …… 모든 민족들에게 망하고 싶지 않거든 부르주아지의 생산양식을 채용하라고 강요한다. 그들은 소위 문명을 도입하라고, 즉 부르주아가 되라고 강요한다. 한마디로 부르주아지는 자신의 모습대로 세계를 창조하고 있는 것이다. …… 부르주아지는 인구를 밀집시키고, 생산수단을 집중시키고, 소유를 소수의 손에 집적시켰다. …… [상이한] 이해관계들, 법률들, 정부들, 관세들을 갖고 있던, 그리고 거의 동맹 관계에 의해서만 연결되어 있던 독립적 지방들이 하나의 국민, 하나의 정부, 하나의 법률, 하나의 전국적 계급 이해, 하나의 관세구역으로 통합되었다. 부르주아지는 백 년도 채 못 되는 그들의 계급 지배 속에서 과거의 모든 세대들을 합친 것보다 더 많고 더 거대한 생산력들을 창조하였다(맑스, 『공산당선언』, 402~405쪽).

이 글은 1847년 12월에서 1848년 1월 사이에 쓰였다. 맑스는 2월 혁명이 발생하기 전에 이미, 혁명의 결과 나타나고 진행될 일련의 사건들에 대해 정확하게 예측했던 셈이다. 혁명 실패 이후 맑스는, 세계가 자본주의와 부르주아를 중심으로 진행되리라는 것을 확신하게 되었다. 그는 부르주아지의 '능력'에 놀랐으며, 그 능력이 만들어 내는 효과에 주목했다. "그것은 인간의 노동, 이동, 경작, 통신, 조작, 자연과 인간 자신에 대한 인식 등으로, 부르주아지가 만들어 내는 새로운, 그리고 끊임없이 갱신된 활동 양식"(버먼, 『맑스주의의 향연』, 150쪽)이었다. 그가 본 것은 근대성(modernity) 그 자체였다. 부르주아지의 등장이 중요했던 것은, 그들이 지배계급이 되었기 때문이 아니라, 그들의 능력이 모든 사회적 관계를 자본주의적인 것으로 재편하고 이를 전 지구적으로 확산시켜 나갔기 때문이다. 즉, 세계시장을 개척하여 모든 나라의 생산과 분배에 자본주의적 특성을 부여함으로써 이전 시대와는 다른 방식으로 사회적 관계를 조직해 나간 것. 19세기는 유럽 제국들의 식민지 개척 전쟁을 통해 이를 증명해 보였다. 이렇게 시작된 부르주아지의 능력은 지금 우리 시대에도 여전히 동일한 방식으로 작동된다. 아니, 훨씬 더 세련되고 복잡한 방식, 네그리식으로 말하자면 '네트워크 권력'이라고 할 만한 모습으로 전 세계를 자본주의의 매끄러운 공간으로 치환시켜 나간다. 1848년 2월은 그러한 힘의 출발이다.

1789년의 혁명 이후 1848년 2월 이전까지 유럽에서는 정치혁명이 산업혁명의 우위에 있었지만, 2월 혁명 이후 그 관계는 역전되기 시작한다. 1848년 혁명의 실패와 이후에 진행되는 정치적 반동화에도 불구하고 진보와 발전이라는 관념 속에서 경제는 활기를 띠어 갔고, 이 속에서 모든 사회적 제도는 재편되어 갔다. 홉스봄(Eric Hobsbawm)의 말을 빌리면, '국민들의 봄'이라 불리는 저 유명한 1848년은 문자 그대로 처음이자 마지막인 유럽 혁명이었다. 맑스가 『자본』을 출간한 1860년대 중반 이후에는 일상적으로 '자본주의'라는 말이 세계의 정치·경제상 중요한 신개념으로 자리 잡기 시작했다.

비록 짧은 시간이었지만, 프랑스의 2월 혁명은 소부르주아지와 프롤레타리아가 연합하여 왕정을 공화정으로 바꿔 낸 중요한 정치혁명이었다. 혁명의 결과 노동자들의 노동권과 단결권이 승인되었고, 국립공장이 설립되어 노동자들은 하루 10시간 노동하고 2프랑의 일당을 받을 수 있게 되었다. 혁명 이전까지 전체 인구의 약 170분의 1만이 가지고 있었던 선거권이 모든 21세 이상 남성에게 주어졌다. 노예제와 사형제도가 폐지되었고 신체를 구속하거나 사사롭게 체형을 가하는 일도 금지되었다. 출판의 자유가 선언되면서 170여 개의 신문이 창간되었고, 450여 개의 클럽이 새롭게 만들어졌다. 하지만 몇 달 후 있었던 총선거 결과 보수적인 왕정파와 금융귀족, 대부르주아 등이 의회의 다수를 차지하게 되면서 혁명은 급격히 반동화되기 시작한다. 여기에 국립공장 운영 문제가 겹치면서 시작된 노동자들의 6월 봉기가 실패로 돌아가면서 혁명의 성과들은 회수되어야 했다. 국립공장은 폐지되었고, 클럽들은 폐쇄되었으며, 폭동 진압에 응하지 않은 국민방위대는 무장해제되거나 해산되었고, 언론 탄압, 노동시간 연장, 사회주의자에 대한 감시와 탄압이 이어졌다. 봉기 실패 이후 2월 혁명의 정치적 의미는 완전히 퇴색되었다. 그리고 1851년 12월 선거를 통해 이 시대의 성격에 가장 잘 어울리는 인물인 루이 나폴레옹이 등장한다.

대다수의 프랑스 국민들에게 공화주의자들이 불안과 무질서를 조장하는 폭군으로 보였던 반면, 루이 나폴레옹은 삼촌 나폴레옹의 연장으로 이해되었다. "나폴레옹의 이름은 농민과 군인에게는 질서와 영광을 의미하였고, 상공업자에게는 경제적 번영을 의미하였다. 또한 많은 노동자들에게 그는 사회주의와 대혁명의 계승자로 보였다"(노명식, 『프랑스 혁명에서 파리코뮌까지』, 259쪽). 대통령으로 당선된 루이 나폴레옹은 헌법을 수정하여 임기를 연장하고 선거법을 개정하고 교회와 보수파를 자기편으로 끌어들이는 한편 노동자들의 투표권도 회복시켜 주는 등 세력 확장에 힘을 기울이다가 대통령 선거 이듬해인 1852년 12월 2일 쿠데타를 일으키고 제2제정을 선포, 황제의 지위에 오른다. 맑스는 「루이 보나파르트의 브뤼메르 18일」에서 헤겔의 말을 빌려, 두 번 반복되는 역사, 특히 뒤에 모방되는 역사의 '소극'(笑劇)적 성격을 신랄하게 풍자했다. 루이 나폴레옹은 삼촌 나폴레옹의 영웅적 성격을 본받은 것이 아니라, 반동적 독재 기술을 모방했던 것이다.

쿠데타 이후, 루이 나폴레옹은 대통령 시절에는 허용했던 모든 법적·제도적·정치적 자유들을 강하게 억압해 나갔다. 이러한 사실은 무엇보다도 언론 탄압에서 단적으로 나타나는데 2월 혁명 직후 170여 종에 달했던 신문이 1853년 말에는 14종으로 격감했다. 정치가 직접적으로 말해질 수 없는 시대가 되었고, 문학이나 철학의 형식을 경유해서만 간신히 무엇인가를 말할 수 있었다.

정치와 언론은 크게 위축되었으나 다른 분야의 활동은 그렇지 않았다. ……53~55년의 콜레라의 유행과 흉작, 54년의 세계적 불황 등의 불리한 조건에도 불구하고 프랑스의 경제는 토건 사업에 자극된 상대적 번영을 60년까지 계속하였다. 55년에는 대박람회를 파리에서 열어 프랑스의 산업 발전과 제2제국의 안정을 세계에 과시하였다. 이러한 안정과 번영은 7월 왕국 말기 및 제2공화국 시대의 불황과 불안정에 대조가 되었다. 더구나 사람들은 보통선거와 국민투표를 통해 자기들은 국민주권을 향유하고 있다는 착각에 도취해 있었다(노명식, 『프랑스 혁명에서 파리코뮌까지』, 266쪽).

이러한 성과에 고무된 루이 나폴레옹은 대외적으로 자유무역정책을 펴면서 영국·벨기에·프러시아·이탈리아 등과 통상조약을 맺어 산업의 근대화에 주의를 기울여 나갔으며, 노동자 결사법을 제정하고 언론의 자유를 확대하기도 했다. 반정부 세력들이 다시 힘을 키워 나갔고 노동운동 역시 활발해지면서 1870년의 파업에는 군대가 동원될 정도가 되었다. 루이 나폴레옹의 제2제정은 보불전쟁의 패배로 붕괴되고, 역사는 짧은 코뮌의 시간을 경험하게 된다.

진보의 이념 아래에서 진행된 경제적 번영과 확장의 경험은 2월 혁명 이후 유럽을 크게 변화시켰다. 대부분의 나라가 국민국가 단위의 통일을 완수했고, 나름의 문화를 만들어 갔으며, 자본주의를 발전시키고 확장해 나갔다. 19세기는 이런 점에서 홉스봄의 말처럼 '자본의 시대'라고 부를 만하다. 1848년 혁명은 그것의 진정한 출발점이다.

2. 맑스가 혁명의 실패에 흥분했던 이유

역사의 기록들이 보여 주듯이, 1848년의 혁명은 실패로 돌아갔다. 맑스는 「1848년에서 1850년까지의 프랑스에서의 계급투쟁」에서 이렇게 말한다. "1848년에서 1849년까지의 혁명 연대기에서 비교적 중요한 각 편들은 불과 몇몇 장을 제외하고는 다음과 같은 제목을 달고 있다. 혁명의 패배!" 그리고 맑스는 뒤이어 곧 이렇게 말한다.

이러한 패배들 속에서 쓰러진 것은 혁명이 아니었다. 쓰러진 것은, 그때까지 첨예한 계급 대립으로 치닫지 않았던 사회적 관계들의 결과들, 혁명 이전의 전통적 부속물들이었다. ─ 쓰러진 것은 2월 혁명 이전까지 혁명당이 벗어나지 못했던 인물들, 환상들, 관념들, 계획들이었으며, 2월의 승리가 아닌 일련의 패배들이 이러한 것들로부터 혁명당을 자유롭게 할 수 있었다. 한마디로 혁명은 그 직접적이고 희비극적인 성과물을 통해서가 아니라, 반대로 결속되고 강력한 반혁명을 산출함으로써, 적을 산출함으로써 그 전진의 길을 개척해 나갔다(맑스, 「프랑스에서의 계급투쟁」, 5쪽).

맑스의 목표는 혁명이 실패했다는 사실 그 자체, 혹은 어떤 성과물을 기록하는 데 있는 것이 아니었다. 그의 목표는 오히려 혁명의 패배를 확인하는 것, 아직 온전하게 성숙하지 못한 혁명의 이념과 환상과 관념들이 불러온 반혁명적 결과와 대면하는 것, 무시무시하게 자라 버린 적을 발견하는 데 있었다. 그리고 그것은 적을 통해 나를 발견하는 것에 다름 아니었다. 1848년의 혁명이 프롤레타리아의 입장에서는 명백히 실패한 것이었고 이후 부르주아의 시대가 전개되리라는 것을 맑스는 누구보다 먼저 예민하게 알아차렸지만, 부르주아의 자립만이

세계 각국의 『공산당선언』 표지들

역설적으로 프롤레타리아의 자립을 보장하는 것이 될 수 있다는 점에서 그는 혁명의 실패를 비관하지 않았다. 맑스는 혁명 1년 전에 계급 간의 적대와 대립을 이미 예견했고, 진정한 혁명은 프롤레타리아가 자신의 고유한 능력으로 완수해야만 하는 것이라고 말했다. 『공산당선언』에서 그는 모든 사회의 역사는 계급투쟁의 역사라는 것, 그리고 모든 계급투쟁은 정치 투쟁이라는 것을 강조하며 프롤레타리아의 단결을 호소했다. "프롤레타리아들은 공산주의 혁명 속에서 족쇄 이외에 아무것도 잃을 것이 없다. 그들에게는 얻어야 할 세계가 있다. 만국의 프롤레타리아여, 단결하라!" 그러므로 혁명의 실패는 계급적 적대 관계와 모순에도 불구하고 소부르주아와 연대한 프롤레타리아에게는 어찌 보면 당연한 결과이기도 했다. 맑스의 진단처럼 1848년 이후 부르주아와 프롤레타리아는 더 이상 연대할 수 없는 계급적 적대 관계임을 각자가 확실하게 인식할 수 있게 되었다.

「프랑스에서의 계급투쟁」은 2월 혁명의 패배 이후, 어떻게 부르주아지의 세계가 펼쳐지는지, 산업노동자와 농민 등 대다수의 프롤레타리아가 어떻게 부르주아와 권력자들에게 기만당했는지, 그리고 그것을 통해 어떻게 프롤레타리아가 자신의 계급성을 획득해 가는지를 적나라하게 보여 준다. 2월 혁명과 6월 봉기의 패배로 프롤레타리아의 힘은 위축되고 제2제정기의 경제적 호황으로 정치적인 혁명은 미궁에 빠졌지만, 이 기간 동안 프롤레타리아와 혁명가들은 비싼 수업료를 치르며 힘을 키우고 있었다. 맑스에 따르면 진정한 혁명은 "현대적 생산력들과 부르주아 생산 형태들이 서로 모순에 빠지는 시기에

만 가능할 뿐이다"(맑스, 「프랑스에서의 계급투쟁」, 102~103쪽). 적어도 프랑스에서는 코뮌의 경험 이전까지 그것은 불가능한 것처럼 보였다. 1848~1851년에는 "낡은 혁명의 유령만이 배회하였다".

엥겔스에 의하면 이 시기, 즉 1848년 혁명의 실패 이후 루이 나폴레옹의 제2제정기까지의 역사를 통해 맑스는 일정한 역사의 운동법칙을 발견하게 되는데, 그것은 사회적 계급들 사이에서 벌어지는 투쟁의 표현에 의해 구성되는 것이다. 즉, 그들의 경제적 처지, 생산방식과 교환 등이 계급적 실존을 구성하며, 각기 다른 계급성을 가진 존재들 간의 투쟁이 역사의 운동법칙을 구성한다는 것이다. 그 운동법칙이 역사를 변화시키고 발전시켜 나가는 원동력이 된다. 실패하고 기만당하고 좌절하는 것 속에서 성숙해 나가는 프롤레타리아의 능력을 맑스는 부르주아들의 자본주의적 세계 속에서 발견했다. 세계를 지배하는 부르주아들의 현실적인 능력과 끊임없이 대결하며, 자신들의 미숙함과 실패와 좌절을 딛고, 프롤레타리아만이 원대하고 새로운 세계의 주인이 되리라는 것을 맑스는 굳게 믿고 있었다.

프롤레타리아 혁명들, 즉 19세기의 혁명들은 항상 자기 자신을 비판하고, 진행 도중에 끊임없이 걸음을 멈추며, 완수된 것처럼 보이는 것으로 되돌아와서 다시 새로이 시작하는 바, 자신이 처음에 시도한 것들의 불완전함, 허약함, 빈약함을 가차 없이 철저하게 비웃는다. …… 그러다가 마침내 어떠한 반전도 있을 수 없는 상황이 창출되어 관계들 자체가 다음과 같이 외치게 되면 이러한 물러섬은 끝나게 된다.

여기가 로두스다. 여기서 뛰어라 / 여기 장미가 있다. 여기서 춤춰라!
(맑스, 「브뤼메르 18일」, 291쪽)

3. 벤야민의 맑스

벤야민의 『아케이드 프로젝트』는 1830년 7월 혁명을 전후로 한 시기부터 1871년 파리코뮌까지, 대혁명 이후 프랑스의 주요한 혁명과 반혁명의 시기에 나타났던 다양한 문화적 사건들과 표현의 양상들을 다룬 '책'이다. 이 시기는 산업혁명이 정치혁명을 압도해 버린 시기이며, 정치적 반동화와 경제적 호황이 사람들의 눈과 귀를 막아 버렸던 시기이고, 그러면서도 이른바 '모더니티'라고 할 만한 모든 것들이 생겨났던 시기였다. 맑스가 이 시기를 통해 계급투쟁의 물질적·경제적 조건과 정치적 산물들을 발견했다면 벤야민은 계급투쟁의 물질적 경제적 조건들이 '문화' 속에서 '어떻게 표현되는가'를 발견하고자 했다.

맑스가 경제적인 생산관계 속에서 만들어지는 계급의 문제에 집중했다면, 벤야민은 계급으로 환원되지 않는 잉여적인 존재들, 즉 생산하거나 소비하지 않는 자들까지도 사회적 관계를 구성하고 있다는 점, 그리고 그들의 활동의 결과 혹은 효과가 문화 생산에서 일정한 의미를 지닌다는 점에 주목했다. 이런 관점에서 벤야민은 "경제 과정을 눈에 보이는 원-현상으로, 즉 아케이드에서 벌어지는 모든 삶(따라서 19세기에 벌어지는 모든 삶)의 현상이 그곳으로부터 발생하는 원-현상으로서 파악"(N 1a,6)하고자 한다. 인과적인 연관성을 원-현상(경제)

과 표현된 것(문화)의 관계성으로 파악하는 것. 즉 산업제품·기계·건축물·백화점·광고 등의 '표현적 성격'을 다룬다는 것. 무엇으로부터 현상들은 구원받을 수 있을까? 현상은 안에 내재되어 있는 균열을 분명하게 밝힘으로써 구원받을 수 있다고 벤야민은 말한다. 그가 말했던 '구원'과 맑스의 '해방'은 다른 것이 아니다.

『아케이드 프로젝트』에는 맑스의 혹은 맑스에 관한 메모들이 정리되어 있는 항목이 있다. 벤야민은 이 항목에서 맑스의 입을 빌려 자본주의 사회에서의 소유와 노동, 상품에 대해 말한다. 그는 여기서 자주 코르슈(Karl Korsch)를 통해 맑스를 읽는다. 독일의 정치철학자인 코르슈는, 지금 우리에게는 익숙하지 않은 이름이지만, 그의 저작인 『맑시즘과 철학』은 코민테른 내에서 루카치의 『역사와 계급의식』보다 격론을 불러일으킬 만큼 문제적이었다. 이 책에서 코르슈는 헤겔 관념론의 부르주아적 한계를 지적하고, 새로운 혁명적 계급으로서 프롤레타리아에 주목한다. 프롤레타리아에 대한 코르슈의 신뢰는 노동자평의회를 강조하던 1920년대 초반에서부터 일관되게 나타나는 것으로, 궁극적으로 프롤레타리아를 자기교육을 통한 자율적 주체로 세우는 데 그 목표가 있다. 『맑시즘과 철학』이 고전적 부르주아 철학으로부터 맑시즘의 출현을 연구 대상으로 하고 있다면, 벤야민이 『아케이드 프로젝트』에서 주로 인용하고 있는 『칼 맑스』에서 코르슈는 맑스의 경제이론이 자본주의 사회질서에 대한 단순한 분석이 아니라 혁명적 비판이라고 강조한다. 1933년 브레히트를 만난 것을 계기로 이듬해부터 벤야민과 교류하면서 코르슈는 벤야민의 프로젝트에도 영향을 끼친 것으로 보인다. 벤야민이 인용하는 코르슈의 『칼 맑스』는 1938년 독일에서 출판되었다.

벤야민이 자본주의 경제 조건의 표현으로서 문화를 생각했다면, 무엇보다도 먼저 이데올로기의 문제를 언급하지 않을 수 없다. 허위의식의 기원 혹은 일반적으로 '이데올로기'라고 말해지는 부분은 벤야민이 맑스를 인용하는 데 빠져서는 안 될 중요한 개념이다. 이데올로기는 있는 그대로의 현실을 보는 것을 방해한다. 정치적 반동의 시대를 살면서도 자본주의적 소비문화에 도취되어 현실을 망각한 19세기(특히 제2제정기)를 일컬어 벤야민은 '집단 수면에 빠진 시대'로 규정한다. 하지만 벤야민에게 잠 혹은 꿈꾸기가 반드시 부정적인 의미만을 갖는 것은 아니다. 잠을 자야 꿈을 꿀 수 있고, 꿈에서 깨어나야 현실을 '각성'할 수 있기 때문이다.

이데올로기는 인간이 자기 이외의 타자나 자연, 사회 등에 대해 갖는 의식 혹은 관념을 의미한다. 이러한 이데올로기는 대체로 자기 자신의 현실적이고 사회적인 조건 위에서 만들어진다. 그런데 맑스에 의하면, 근대 자본주의적 생산관계 속에서 프롤레타리아가 부르주아의 이데올로기를 자기화함으로써 결정적으로 문제가 생겨나게 된다.

상이한 소유 형태들 위에, 사회적 생활 조건들 위에, 특유한 형태를 띤 상이한 감각, 환상, 사유 방식, 인생관 등의 상부구조 전체가 세워진다. 계급 전체는 이 상부구조를 자기 계급의 물질적 기초와 이에 조응하는 사회관계들로부터 만들어 내어 형태를 만든다. 이러한 상부구조를 전통과 교육을 통해 받아들이는 개개인은 그러한 상부구조가 자기 행위의 진정한 동기이자 출발점이라고 그렇게 상상할 여지가 있다(맑스, 「브뤼메르 18일」, 315쪽)

부르주아의 이데올로기를 자기화하는 '허위의식'을 갖는 것, 그리고 정신노동과 육체노동의 분업, 자기 노동이 노동자 자신을 소외시키는 현실 속에서 노동하는 인간의 자기소외는 필연적이다. 부르주아 세계는 프롤레타리아에게 허위의식을 심어 줌으로써 노동을 자본의 도구로 만들고, 노동의 결과물인 상품으로부터 노동자를 소외시키며, 그렇게 만들어진 상품을 다시 구매하는 소비자로 만들어 버림으로써 착취를 전면화한다.

때문에 벤야민에게는 부르주아만을 소비자로 바라보는 태도는 잘못된 것이다. 소비자의 순수한 입장을 대변하는 것은 속물 계층뿐이다. 부르주아 계급의 심리적 토대는 그의 전 시간을 자본가로서 타인의 노동을 착취하고 감독하고 생산물을 판매하는 데 바침으로써 자본주의 생산이 고도화되었을 때 만들어진다. 곧, 부르주아의 계급적 정체성은 그가 지닌 재화(화폐)를 소비할 때가 아니라, 자본가로서 잉여적인 것을 생산하고 축적할 때 만들어지는 것이라는 점을 그는 맑스를 통해 다시 한번 확인한다. 상품의 소비를 위해 어떤 문화적 이데올로기가 만들어지는지, 혹은 프롤레타리아가 어떤 허위의식 속에서 자신의 계급성을 망각하게 되는지를 보여 주는 것은 벤야민의 프로젝트에서 중요한 문제의식을 구성한다. 『아케이드 프로젝트』를 통해 벤야민이 보여 주고자 하는 것은 생산하는 자로서의 '노동자'가 어떻게 '소비자'로서 훈련받게 되는지이며, 그 효과가 어떻게 나타나는지 하는 것이다.

상품의 물신적 성격, 자신이 생산한 상품으로부터 소외되는 노동자, 그리고 교환가치에 의해서만 인정받는 상품의 가치 등등. 자본주의 사회는 사람이든 상품이든 그것이 원래 지니고 있는 본래적 사용가치를 배제하면서 작동한다. 벤야민은 자본주의 사회의 이러한 교환적 관계가 문화 일반에 깊숙이 침투되어 있다고 생각한다. 때문에 그것의 진상을 파헤치는 일이 프로젝트의 중요한 목표가 된다. 상품의 물신적 성격은 상품 생산 사회 그 자체에도 달라붙어 있는데, 이 사회가 자기 자신에 대해 만들어 내서 자신의 문화로 내걸고 있는 이미지가 판타스마고리아이다. 이것이 생산관계와 계급 모순을 은폐한다.

이런 점에서 사적소유의 지양이야말로 프롤레타리아로 하여금 부르주아적 허위의식으로부터 벗어나게 하고 인간의 모든 감각을 완전히 해방시킬 수 있는 새로운 종류의 문화를 생산하는 길이 된다. 사적소유의 폐지는 개별적이고 사적인 감각 또한 새롭게 조정하며 '사회적 기관'의 형성을 불러온다. "예를 들어 타인과의 직접적 교제 속에서 행해지는 활동이 …… 삶의 표현 기관이 되며 인간적인 삶의 영유 방법이 된다"(맑스, 『역사유물론』 / X 1a,2). 소유의 폐지와 감각의 해방, 그리고 새로운 사회적 공통 감각의 형성을 일컬어 벤야민은 "혁명은 집단의 신경을 통한 자극의 전달이라는 이론"이라고 불렀다. "인간적 삶을 자기 것으로 하는 것으로서의 사적소유의 적극적 지양은……모든 소외의 적극적 지양이며, 따라서 인간을 종교, 가족, 국가 등으로부터 인간적, 즉 사회적 존재로 되돌려 보내는 것이다"(X 1a,4). 여기서 말하는 사회적 존재로서의 인간을 우리는 부르주아적 시민사회의 구성원과는 다른, 타인과의 직접 교제 속에서 자기 삶을 표현하고 활동하는 '코뮌적 인간'이라고 부를 수 있을 것이다.

그런데 사적소유가 지양된다면 문화 형성의 중요한 기반이 되는 개인의 '창조'는 어떻게 될까? 맑스는 「고타강령 비판」의 첫번째 명제에서 '노동은 모든 부와 모든 문화의 원천'이라고 하면서, 부르주아들이 노동에 초자연적 창조력이 있다고 말하는 것은 그들의 세계에서는 창조하는 주체로서의 노동하는 인간이 대상적 노동 조건의 소유자인 다른 사람의 노예가 되기 때문이라고 말한다(「고타강령 비판」, 370~371쪽). 코르슈에 의하면, 이 노예들에게 지불되는 것, 즉 임금은 노동의 가치(가격)가 아니라 상품으로서 시장에 팔려 온 노동력의 가치(가격)를 은폐하는 하나의 형태에 불과하다. 결국 자기가 생산 혹은 창조하는 것으로부터 소외되지 않고 그 가치를 온전히 돌려받으며 표현하고 활동하면서 타인들과 함께 나누며 즐길 수 있는 관계를 구성할 수 없다면 문화의 물신적(상품적) 성격은 폐지될 수 없다. 자본주의는 결코 자연사하지 않을 것이라는 벤야민의 진단은 이러한 사태들의 관찰로부터 나온 것이다.

19세기. 자본주의 문화가 가장 활기차게 피어오르던 시대. 하지만 혁명을 꿈꾸는 것이 불가능했던 시대. 그 시대에 혁명의 가능성들을 발견하는 것, 그것이 파시즘이 광폭하게 질주하던 1930년대 후반 파리의 도서관에서 벤야민이 자기 시대와 싸우는 방식이었다. 그리고 그것은 여전히 우리에게도 유의미하다. 언젠가 실러(Friedrich Schiller)는 이렇게 말한 적이 있다. "범속한 성품의 인간은 자기가 행하는 행동으로 지불하고, 고귀한 성품의 인간은 자신의 본질로 지불한다." 벤야민은 그 말을 이렇게 번역했다. "프롤레타리아트는 자신의 본질을 위해 행하는 것으로써 지불한다." 자신의 본질을 위해 행동하는 자로서의 프롤레타리아트. 그들은 하나의 세계를 얻기 위해 자신의 본질로서 행위하는 자인 것이다.

2 _ 무의지적 기억과 각성의 방식들

우리의 이지(理智)에 의한 글자로써가 아니라, 사물의 형체로 표현된 글자로 쓰인 책, 그것이야말로 우리의 유일한 책이다(프루스트, 『잃어버린 시간을 찾아서』).

1. 유년, 회상

전혀 다른 시공간에서 살았던 두 사람이 있다. 그들은 서로 다른 국적과 언어, 직업과 성격을 갖고 있었고, 대체로 다른 종류의 삶을 살았다. 1871년 파리 근교에서 태어난 프루스트, 성년이 된 이후 그의 삶은 사교계 생활과 집필 활동이 전부였다. 그는 섬세한 감수성으로 자신이 경험한 것들을 대단히 미시적이고 감각적인 방식으로 표현함으로써 20세기 문학에 한 획을 그었다. 1892년 베를린에서 태어난 벤야민은 평생 주류 사회 바깥에서 다양한 분야의 학문을 연구하고 비평하는 작업을 일관되게 해나갔다. 그는 한곳에 머무르지 않고 자주 여러 나라와 도시를 여행하며 자신의 문제의식을 확장시켜 나갔다. 그들의 유일한 공통점은 교양 있고 부유한 중산층 출신 부모와 함께 도시에서 유년기를 보냈다는 것, 그리고 그것을 대단히 독특한 방식으로 '직조'해 냈다는 것이다. 한 사람은 문학(혹은 예술)의 언어로, 또 다른 사람은 철학(혹은 역사)의 언어로.

그 자신의 경험을 언어로 직조해 낸다는 건 뭘까. 경험에는 크게 두 가지가 있다. 누군가의 경험을 '읽음'으로써 가능한 간접경험, 그리고 직접적인 체험. 간접경험은 그것을 해석하고 이해하는 과정을 거쳐 논리적인 문법의 언어로 기록된다. 대체로 시각적인 이미지의 형태로 보관되는 직접적인 체험을 다시 불러내서 표현하는 방식은 그 보존된 이미지를 최대한 생생하게 '보여 주는' 것이다. 프루스트와 벤야민이 '기억'이라는 주제로 하고자 했던 것은 후자의 것이다. 벤야민은 그것을 "실제로 일어났던 삶이 아니라 삶을 체험했던 사람이 바로 그 삶을 기억하는 방식으로 삶을 기술"(『프루스트의 이미지』, 103쪽)하는 것이라고 말한다. 이때 중요한 것은 무엇을 혹은 어떤 것을 체험했냐는 체험의 내용이 아니라, 자신이 체험한 것을 기억하고 회상하는 방식, 그것을 어떻게 표현할 것인가 하는 것, 즉 '경험을 언어로 직조해 내는 일'이 된다.

프루스트의 『잃어버린 시간을 찾아서』는 체험한 것을 회상하는 독특한 방식, 그것을 기술하는 특이한 문체 실험의 생생한 증거이다. 여기에서는 어떤 종류의 주목할 만한 사건들도 발견되지 않는다. 그의 이야기는 사건을 중심으로 구성된 것이 아니라 '감각', 대단히 미시적이고 개별적인 체험 속에서 만들어진 감각을 중심으로 마련된다.

양효선, 「의자」, 2008
프루스트의 꿈은 '사물의 형태로 표현된 글자로 쓰인 책'을 쓰는 것이었다.

그가 기억하고 회상하고 다시 현재화하는 것은 사건이 아니라 감각이다. 한 잔의 홍차와 마들렌 과자 맛에서 유년기의 콩브레를 회상하고, 발베크 여행에서 만난 세 그루의 나무에서 어린 시절 보았던 마르탱빌의 종탑을 상기하며, 게르망트 댁 정원에 깔린 포석의 감각에서 베네치아를 떠올릴 때, 프루스트는 과거에 체험한 내용이 아니라 과거의 체험이 보존되어 있는 특정한 감각을 온전히 드러내는 일에 집중한다. 그렇다고 해서 프루스트의 작업이 개별적인 체험을 기술하는 데만 머무는 것은 아니다. 그의 '회상' 작업은 작품에 등장하는 인물들의 성격과 그들이 맺는 사회적 관계를 통해 한 시대가 지닌 보편적 삶의 풍경을 보여 주고, 그들 사이에서 공명하는 공통의 감각들을 드러내 준다.

자신의 유년기 체험을 토대로 한 사유의 파편들을 기록한 『1900년경 베를린의 유년시절』의 서문에서 벤야민은 "지나간 과거를 개인사적으로 돌이킬 수 없는 우연의 소산으로 보는 것이 아니라, 사회적으로 돌이킬 수 없는 필연적인 것으로 통찰함으로써 감정을 다스리려 애썼다"(『유년시절』, 33쪽)라고 말한다. 프루스트의 작업이 작가 개인의 의도를 뛰어넘어 일종의 사회적 만화경으로 확장되었다면, 벤야민의 작업은 향수와 동경이라는 감정을 '통찰을 통해 억제'하려는 노력의 일환으로 만들어졌다. 그가 붙잡기 위해 애썼던 "시민계급의 한 아이 안에 침전된 대도시 경험의 이미지들"은 "미래의 역사적 경험을 미리 형상화할 수 있는 능력"을 확보하고자 하는 의도 속에서 구성된 것이다. 그에게 회상의 매체가 되는 것은 책상이나 장롱, 반짇고리, 오락

서적 등의 사물에서부터 동요, 유령, 사교 모임, 크리스마스 천사, 거리들과 어느 날의 저녁 풍경까지 유년기 어린이에게 중요하게 여겨졌을 법한 장면들로 다양하다.

누군가의 시선이 과거를 향할 때 그의 목소리는 무기력한 회고조가 되기 십상이다. '그땐 그랬지'라고 말하는 사람들의 현재는 아무래도 행복과는 거리가 있다. 행복으로 충만한 현재를 사는 사람들은 과거를 회상하는 데 많은 시간을 투여하지 않는다. 그들이 과거를 돌아볼 때는 현재의 행복을 비교급으로 확인하고 싶을 때뿐이다. 그런 점에서 프루스트와 벤야민이 과거에 대한 이야기를 시작했을 때 그들 역시 대단히 행복한 상태는 아니었을지도 모른다. 프루스트가 『잃어버린 시간을 찾아서』를 썼던 것은 대부분 병상 위에서였고, 벤야민이 베를린의 유년기를 회상했던 것은 파시즘의 그림자가 확대되고 있을 무렵이었다. 하지만 과거를 회상한다는 것은 한편으로는 '보다 나은 상태'를 욕망하는 것, 그것을 위해 과거로부터 삶의 에너지를 충전한다는 것을 의미하기도 한다. 때문에 벤야민은 프루스트와 그 자신에게 있어 유년시절의 경험에 대한 회상 작업이 "미래의 이미지들을 선명하게 잡아내기 위한 것"이었다고 말했던 것이다. 프루스트는 자신만의 체험을 이야기하는 방식을 발견함으로써 그것을 통해 집요하게 자신을 괴롭히던 질병과 화해하며 무력한 병실을 예술가의 열정적인 작업실로 바꿔 낼 수 있었다. 벤야민은 자기 안에 있었던 프루스트적인 경험을 베를린에서의 유년기를 회상하는 방식으로 실험했고, 그것을 통해 파시즘의 시대와 대결할 수 있는 자신만의 개념을 발견하고

독특한 사유의 영역을 발명할 수 있었다. 과거가 그들의 삶을 구원했고 과거를 바라보는 그들의 태도가 그들의 미래, 그들의 이야기를 듣는 사람들의 미래를 풍요롭게 만들었다.

2. 프루스트라는 나침반 혹은 잃어버린 시간을 찾는 법

1927년 나는 어느 독일 출판사로부터 마르셀 프루스트의 대하소설을 번역해 달라는 부탁을 받았다. 이미 1919년 …… 이 소설의 첫번째 몇 권을 관심과 정열을 가지고 읽었던 터였으므로 나는 이 제안을 수락하였다. 이 작업은 여러 차례에 걸친 나의 프랑스 체재의 계기를 마련해 주었다. 나의 첫 프랑스 체재는 1913년이었다. 1923년에 나는 재차 그곳에 머물렀다. 1927~1933년 사이에는 한 해도 거르지 않고 적어도 일 년에 몇 개월씩은 파리에서 보냈다(「나의 이력서」, 12쪽).

이 시기에 벤야민은 프랑스 문학계에서 주도적인 역할을 하는 일련의 작가들, 예컨대 앙드레 지드(André Gide), 쥘 로맹(Jules Romains), 줄리앙 그린, 루이 아라공 등과 사귀었고 릴케의 자취와 접했으며 독일의 문예지에 프랑스의 정신계를 알리는 글들을 발표했다. 그리고 프루스트의 작품을 공들여 번역, 히틀러가 권력을 장악하기 이전까지 『잃어버린 시간을 찾아서』 중 네 권을 독일어로 출간했다. 1935년 본격적으로 파리 망명 생활을 시작한 벤야민은 국립도서관에 틀어박혀 『아케이드 프로젝트』 작업을 본격적으로 진행해 나간다.

자크 에밀 블랑슈, 「프루스트의 초상」, 1892

벤야민에게 프루스트는 '파리'라는 공간으로 들어가는 입구였다. 그것은 자기 자신에게 익숙한 도시적 경험을 낯설게 하는 실험이었고, 미지의 것을 통해 과거를 발견하는 훈련이었다. '벤야민의 모든 것'인 『아케이드 프로젝트』, 19세기 파리를 대상으로 한 자본주의의 문화적 '원천'에 관한 이념적 사유가 지닌 독특성은 무엇보다도 역사를 바라보는 관점과 그것의 표현 방식에 있는데, 역사에 대한 익숙한 표상으로부터 벗어나기 위해 그는 프루스트적인 체험과 회상의 방법을 경유한다. 『아케이드 프로젝트』의 방법론에 해당하는 '인식론에 관해, 진보 이론' 항목('N' 항목)에서 그는 "프루스트가 자기 인생 이야기를 잠에서 깨어나는[각성] 장면부터 시작하는 것과 마찬가지로 모든 역사 기술은 깨어나는 것[각성]에서부터 시작해야 한다. 다른 것은 일절 다뤄서는 안 된다. 따라서 이 『아케이드 프로젝트』는 19세기로부터의 각성을 다룰 것이다"(N 4, 3)라고 선언한다. 프루스트가 잠에서 깨어나는 각성 장면부터 자기 인생 이야기를 펼쳐나갔던 방식을 벤야민이 역사 기술의 방법으로 전유했다면, 우리는 프루스트의 그 방식에 대해 먼저 이야기해야만 한다. 벤야민이 염두에 두고 있는 프루스트의 '자기 인생 이야기'는 『잃어버린 시간을 찾아서』이다.

　『잃어버린 시간을 찾아서』의 주인공은 '기억'이다. 이야기를 쓰는 작가도 주인공도 아닌 '기억'이 사건을 만들고, 사건의 짜임새에 규칙을 부여하며, 모든 것을 관장한다. 프루스트는 어느 날 문득 떠오른 어린 시절의 체험을 회상하는 방식으로 이야기를 풀어 나가는데, 그것은 소설의 앞부분에서 잠에서 깨어난 화자가 잠자리에 들고 꿈을 꾸고 꿈에서 깨어나는 과정을 설명하는 부분과 구조적인 유사성을 지닌다. 꿈이 비논리적인 방식으로 이미지들을 이리저리 구성하는 것과 마찬가지로 이 한 편의 소설에서 작가의 회상은 그때그때 무의지적으로 혹은 종잡을 수 없는 방식으로 펼쳐지고, 소설의 마지막 권인 『되찾은 시간』에서 그것은 충만해진 현실로 마감된다. 프루스트는 현재라는 삶을 기억이라는 마술의 숲으로 변형시키기 위해 "삶에서 친구와 사교적 모임을 희생했을 뿐만 아니라 작품에서는 구성과 인물의 통일성, 얘기의 흐름과 상상력의 유희도 희생"(「프루스트의 이미지」, 105쪽)했다고 벤야민은 말한다.

소설의 시작은 이렇다. "오래전부터 나는 일찍 잠자리에 들어 왔다." 잠자리에 들고, 잠을 자고, 꿈을 꾸고, 잠에서 깨어나는 반복되는 삶의 사소한 과정이 프루스트, 그리고 프루스트의 소설 속에서 자신의 개념을 발견한 벤야민에게는 의미심장하다. 그들에게 잠-꿈-깨어남(각성)의 도식은 개인적 차원에서는 존재적이고 인식론적인 성숙의 과정을 지시하며, 역사라는 공적인 장에서는 비직선적인 나선형의 시간 속에서 경험 가능한 삶의 비약 혹은 혁명에 대한 의지를 담고 있다. 벤야민은 이렇게 말한다.

개인의 삶뿐만 아니라 세대들의 삶에서도 관철되고 있는 하나의 단계적 과정으로서의 각성. 잠이 이러한 과정의 최초의 단계이다. 어떤 세대의 유년기의 경험은 꿈의 경험과 여러 가지 면에서 공통점을 갖고 있다. 이러한 유년기의 경험의 역사적 형태가 꿈의 형상이다. 어느 시대든 이러한 꿈을 향한 측면, 즉 어린아이 같은 측면을 갖고 있다. 이전 세기에 이러한 측면은 아케이드에서 아주 분명하게 나타난 바 있다. 그러나 이전 세대들의 교육이 전통 속에서, 즉 종교적인 가르침 속에서 그러한 꿈을 해석해 준 데 반해 오늘날의 교육은 아이들의 기분전환 정도밖에 되지 않는다. 프루스트가 하나의 전례 없는 현상으로서 나타날 수 있었던 것도 그가 속한 세대가 회상(애상, Eingedenken)을 위한 신체적·자연적 보조 수단을 모두 잃어버리게 됨으로써 이전 세대보다 더 가여운 상태로 방치된 채 고독하고 산만하며, 병적인 방식으로만 아이들의 세계를 소유할 수 있게 되었기 때문이다(K 1,1).

'각성'은 삶의 한 단계이다. 그것은 단계이기 때문에 잠을 자고 꿈을 꾸는 과정의 결과로서 주어진다. 계몽주의적 관점에서는 잠을 깨우는 것, 몽매하고 미숙한 단계에 있는 삶과 정신을 계몽, 즉 각성시키는 것이 중요했다. 이 과정에서 벌어지는 이분법적 사고는 계몽 이전의 상태(야만)와 이후의 상태(문명)를 분별하고 우열의 척도로 삼았다. 벤야민은 계몽주의적 관점에서는 미숙하고 열등한 것으로 취급되었던 잠을 자고 꿈을 꾸는 것조차도 각성을 위한 필연적인 과정이라고 말한다. 꿈을 꾼다는 것은 현실을 올바로 보지 못한다는 의미이기도 하지만 동시에 다른 삶 혹은 세계를 상상한다는 의미이기도 하기 때문이다. 지금 여기의 현실을 바꾸고 다른 세계를 만들어 내기 위한 첫걸음은 그 다른 것을 상상하고 꿈꾸는 것으로부터 시작된다. 어떤 것을 꿈꾸고 상상하는가. 말할 것도 없이 과거의 경험들, 개인적으로든 집단적으로든 직접적으로든 간접적으로든 과거에 경험했던 것들과 그 흔적들이 불쑥불쑥 튀어나와 마치 전혀 모르는 낯선 것의 형상으로 꿈과 상상의 이미지들을 만든다. 각성이 중요하다면, 잠을 자고 꿈을 꾸는 것, 그리고 과거를 기억하는 것이 중요한 문제가 된다.

프루스트에게 '잠'은 망각하고 있던 기억을 '상기'하게 만드는 촉매이다. 잠을 자는 동안 현재의 나와 과거의 나가 만나며, 잠에서 깨어날 때 망각하고 있던 과거의 경험이 다시 살아나(상기하여) 움직인다. 이를테면 "잠자는 동안 두 번 다시 돌아오지 않는 어린 시절의 어느 시기로 쉽사리 돌아가, 그 무렵의 유치한 공포, 종조부가 나의 고수머리를 잡아당길 때에 느낀 공포와 같은 것을 다시 느낀다. 이러한 공포는 고수머리를 자르던 날—이야말로 나로선 새 시대가 시작된 날—이후 없어져 버린 것이다. 그런데 잠자는 동안 고수머리를 자르던 일을 망각하고 있다가, 종조부의 손에서 도망치려고 용케 잠에서 깨어난 순간에 그날의 일이 상기"(프루스트, 『잃어버린 시간을 찾아서』, 1권 9쪽)된다. 망각하고 있던 과거는 어느 날 문득 꿈을 통해 되돌아온다. 꿈(때로는 악몽)에서 나타난 어떤 이야기 혹은 이미지는 곧 꿈꾸는 자를 잠에서 깨어나게 하고, 잠에서 깨어난 그 순간 망각하고 있던 과거의 사건은 '상기'되어 생생하게 떠오른다.

아니, 과거의 상기는 잠에서 완전히 깨어나기 전의 몽롱한 상태 속에서 가장 활발하다. 즉 일종의 도취 상태 속에서 우리는 '기억의 흔들림'을 경험한다. 잊고 있던 과거가 상기되면서 만들어 내는 이미지와 다시 자각하게 된 현실의 시공간이 만들어 내는 모습 속에서.

우리 둘레에 있는 사물의 부동성은, 모르면 몰라도 그 사물이 다른 어떤 것이 아니고, 그 사물 자체라는 우리의 확신, 다시 말해, 그 사물에 대한 우리 사고의 부동성에 말미암은 것이다. 어쨌든 내가 그런 모양으로 깨어날 때, 나의 정신은 내가 어디에 있는지 알려고 애를 쓰는데, 좀처럼 성공하지 못하고, 모든 사물이, 고장이, 세월이, 어둠 속 나의 둘레를 빙빙 맴돈다(프루스트, 『잃어버린 시간을 찾아서』, 1권 11쪽).

결국 잠에서 깨어날 때 우리가 경험하게 되는 것은 '사물의 부동성'에 대한 혼란스러움인 것이다. 프루스트의 소설에서 사소하게 취급된 이 부분, 소설의 말문을 틔우기 위해 제시된 이 부분으로부터 벤야민의 사유는 시작된다. 그에게 있어 잠이 중요한 것은 깨어남 때문이고, 잠에서 깨어날 때 경험하게 되는 '사물의 부동성'에 대한 의심이 그에게는 중요하기 때문이다.

프루스트에게 회상 혹은 과거의 환기는 '무의지적인 기억'과 연관된 활동이다. 이러한 회상은 과거의 전체상을 담는 대신 어떤 특정한 장면이나 시간에 집중된다.

밤중에 잠에서 깨어나 콩브레를 회상할 때, 오랫동안 나에게는 몽롱한 어둠 한가운데 윤곽이 뚜렷이 드러난 반짝이는 일종의 담벼락 면밖에 떠오르지 않았는데, 그것은 번쩍하는 섬광 신호의 불꽃 또는 어떤 조명등이 건물의 한 모퉁이만을 비추고, 다른 부분을 칠흑 같은 밤 속에 그대로 잠그고 있는 것과 흡사했다. …… 회상에 있어서 콩브레는 마치 얇은 한 개의 계단으로 이어진 2층에 지나지 않았던 것 같기도 하고, 콩브레에는 마치 저녁 일곱 시 시각밖에 없었던 것 같기도 하다. 사실을 말하자면, 묻는 이가 있다면, 콩브레에는 다른 것도 다른 시간도 있었다고 나는 대답할 수 있었으리라. 하지만 그런 것은 단지 의지에 의한 기억, 이지의 기억에 의해서 회상되는 것이며, 그 기억이 주는 과거에 대한 정보는 참된 과거를 무엇 하나 간직하고 있지 않기 때문에, 그것에 의지해 콩브레의 그 밖의 것을 생각하고 싶은 마음은 결코 갖지 않았으리라. 그러한 모든 것은 실제로 죽고 만 것이다. 나로서는(프루스트, 『잃어버린 시간을 찾아서』, 1권 64쪽).

회상은 의지 혹은 이성의 의식적 활동에 의해서 만들어지는 기억의 재구성이 아니다. 그것은 '섬광 신호의 불꽃'이 건물의 한 모퉁이만을 비추고 다른 부분을 어둠 속에 내버려 두듯이, 불특정한 시간과 장소를 우발적으로 불러낸다. 의지적인 기억에 의한 과거에 대한 정보 속에는 '참된 과거'가 없다. 이는 현재의 나의 관점에서 과거를 들여다보기 때문이며, 그 순간 과거는 왜곡되거나 특정한 모습으로 제한된다. 때문에 과거를 환기하는 작업은 지성을 동원한 노력으로는 이루어지지 않는다. "과거는 지성의 영역 밖, 그 힘이 미치지 못하는 곳에, 우리가 꿈에도 생각하지 못했던 어떤 물질적인 대상 안에(이 물질적인 대상이 우리에게 주는 감각 안에) 숨어 있다. 이러한 대상을, 우리가 죽기 전에 만나거나 만나지 못하거나 하는 것은 우연에 달려 있다"(프루스트, 『잃어버린 시간을 찾아서』, 1권 65쪽). 프루스트에게 그 우연은 어느 추운 겨울날 마신 한 잔의 차, 그리고 마들렌 과자 맛 때문에 불시에 찾아온다. 콩브레의 유년시절과 그가 보았던 그 시절의 장면들이 "그러한 모든 것이 형태를 갖추고 뿌리를 내려, 마을과 정원과 더불어 나의 찻잔에서 나왔다"라고 그는 말한다.

> 과자 부스러기가 섞여 있는 한 모금의 차가 입천장에 닿는 순간 나는 소스라쳤다. 나의 몸 안에 이상한 일이 일어나고 있는 것을 깨닫고. 뭐라고 형용키 어려운 감미로운 쾌감이, 외따로, 어디에서인지 모르게 솟아나 나를 휩쓸었다. 그 쾌감은 사랑의 작용과 같은 투로, 귀중한 정수로 나를 채우고, 그 즉시 나로 하여금 삶의 무상을 아랑곳하지 않게 하고, 삶의 재앙을 무해한 것으로 여기게 하고, 삶의 짧음을 착각으로 느끼게 하였다. 아니, 차라리 그 정수는 내 몸속에 있는 것이 아니라, 그것은 나 자신이었다(프루스트, 『잃어버린 시간을 찾아서』, 1권 66쪽).

과거가 상기되는 순간의 경험은 일종의 쾌락과도 같다. 그것은 삶의 무상함과 재앙들에 맞설 수 있는 활기를 생산하는 힘, 삶에 밀도를 더해 주는 능력을 생산한다. 익숙하고 지루하게 흘러갔던 일상의 시간들이 순간 정지되고 진실을 보는 눈이 환하게 열리는 순간, 프루스트의 신체는 사랑의 작용과도 같은 귀중한 정수로 가득 차오른다.

순식간에 과거가 상기되는 프루스트의 이러한 '무의지적 기억'은 베르그손(Henri Bergson)의 '우발적 기억'과 공명한다.

우발적 기억에 의해 축적된 이미지들은 자신들의 연합에 의해 현재 지각을 돕는 것과는 별개의 용도를 가진다. 아마도 그것은 꿈의 이미지들일 것이고, 보통은 우리 의지와 무관하게 나타났다 사라진다. …… 이 우발적 기억은 아마 획득된 기억 뒤에 숨어 있다가 갑작스러운 섬광들에 의해 드러날 수 있다(베르그손, 『물질과 기억』, 148~152쪽).

우리의 의지와 무관하게 나타났다 사라지는 섬광과도 같은 꿈의 이미지들을 프루스트는 마들렌 과자를 매개로 이미지화했고, 벤야민은 그 기억의 '우발성'과 섬광이라는 '속도'에 주목했던 것이다. 『아케이드 프로젝트』에서 벤야민이 인식론적 방법으로 내세우고 있는 것이 바로 이 부분이다.

우리가 다루게 될 영역에서 인식은 오직 번개의 섬광처럼 이루어진다. 텍스트는 그런 후에 길게 이어지는 천둥소리 같다(N 1,1). 다른 사람들에게는 항로로부터의 일탈인 것이 내게는 나의 항로를 결정하기 위한 자료가 된다. — 나는 다른 사람들에게는 탐구의 '기본 경로'를 교란시킬 뿐인 시간의 미분소를 나의 계산의 경로로 삼는다(N 1,2). …… 역사유물론의 기본 개념은 진보가 아니라 현실성을 불러일으키는 것이다(N 2,2).

프루스트가 콩브레를 떠올릴 때 그것을 '번쩍하는 섬광 신호의 불꽃'으로 묘사하며 삶의 진실을 통찰했던 그 방식으로, 벤야민은 역사를 '번개의 섬광'과도 같은 속도로 인식한다. 이것은 시간의 흐름에 따라 혹은 연대기적인 방식으로 역사를 서술하던 기존의 방식과는 철저하게 다르기 때문에 '항로로부터의 일탈'로 보일 수 있다. 하지만 이는 벤야민에게 '번개의 섬광'과도 같은 '인식의 항로를 결정하기 위한 자료'가 되고, 섬광의 속도로 만들어지는 시간의 미분소는 '계산의 경로'가 된다. 이러한 방법은 훗날 「역사철학테제」까지 일관되게 유지된다. "과거의 진정한 상은 획 스쳐 지나가 버린다. 다만 우리는, 그것이 인식되어지는 찰나에 영원히 되돌아올 수 없이 다시 사라져 버리는, 마치 섬광처럼 스쳐 지나가는 상으로서만 과거를 붙잡을 수 있을 뿐이다"(「역사철학테제」, 345쪽). 때문에 그에게는 역사를 과거로부터의 축적으로, 그 결과 진보하는 것으로 사유하는 태도는 버려야 할 것이 된다. 무엇보다도 모든 종류의 진보 이론은 공통적으로 현재를 중심으로 특정한 관점으로 과거를 해석한다는 점에서 근본적인 한계를 지닌다. 전체의 모습을 조망한다는 의도에 무색하게도 기준이 되는 척도로부터 벗어나 있는 과거는 역사로 기록되지 못하고, 기록된 것들조차 현재로부터 멀리 떨어져 있을수록 미숙한 것으로 해석되기 때문이다. 이러한 태도는 과학의 발달과 문명의 발전에 대한 맹목적 믿음이 아니더라도 자본주의 이후의 세계를 예감하는 맑스주의적 전망 속에도 자리 잡고 있다. 과학의 발달이 가져다준 이기가 파시즘의 도구로 활용되고 소비에트의 열정이 스탈린식의 전체주의로 변질되며, 문명의 역사가 약탈과 침략, 야만의 역사에 다름 아니라는 것을 경험한 벤야민은 진보 이론에 대해 근본적으로 회의하지 않을 수 없었던 것이다. 그에게 중요했던 것은 '진보가 아니라 현실성을 불러일으키는 것'이었다. 이론으로만 존재하는 진보에 기대어 과거를 낡은 것으로 바라보는 것이 아니라, 프루스트처럼 과거를 생생하게 상기하는 방식으로 진실에 한 발자국 더 가깝게 다가서는 것, 그것을 통해 미래의 이미지를 발견하는 것이 그가 의도했던 '현실성을 불러일으키는 방식'이다. 잃어버린 시간을 찾듯 은폐된 과거의 흔적들을 섬광처럼 잡아채서 발굴해 내는 것, 이것이 벤야민이 '기억'을 역사화하는 방식이다.

3. 기억의 지도를 그리는 방식

프루스트를 경유한 19세기 자본주의 세계, 상품들의 신전인 아케이드로 입장하는 길을 찾는 벤야민은 지도 없이 낯선 도시를 방문한 여행자처럼 파리를 탐색했다.

> 한 도시에서 마치 숲 속을 헤매듯 걷는 것은······ 연습을 필요로 한다. 길을 헤매는 사람에게는 간판, 거리의 이름, 행인, 지붕, 간이매점, 혹은 술집이 말을 걸어오게 마련이다. 마치 숲의 마른 잔가지들이 발밑에서 바스락거리는 소리나 먼 곳에서 들려오는 놀란 백로의 외침처럼, 혹은 한가운데 백합꽃이 피어 오른 숲 속 빈터에서의 돌연한 정적처럼. 내게 이처럼 헤매는 기술을 가르쳐 준 도시는 파리였다(『베를린 연대기』, 162~163쪽).

도시를 헤맨다는 것, 길을 잃는다는 것, 그 장소를 오가는 누구와도 관계를 맺지 않고 완벽하게 익명으로 존재한다는 것은 지도 제작자만의 고도의 테크닉이다. 마치 보들레르가 파리의 군중들 속으로 들어가서 군중의 일부가 되어 도시의 분위기에 도취하다가, 다시 그들로부터 빠져나와 홀로 뒷골목을 어슬렁거리며 무엇인가를 찾아 헤맸듯, 벤야민도 도시의 안팎을 헤매는 방식으로 핵심에 육박해 들어간다. 이때 그가 사용하는 기술, 즉 산보는 '현실적 삶에 대한 태업'의 태도, "누구와도, 자신의 어머니라 할지라도 연대를 맺지 않겠다는 고집스러운 유보의 형태"(『베를린 연대기』, 167쪽)에 해당한다. 그는 이러한 것을 파리로부터 배웠다고 고백한다. "파리로부터 배운 것은 한 마디로 '유보'의 태도이다." 이유는 분명하다. 사물의 본모습을 온전히 볼 수 있는 거리를 확보하는 것, 그리고 그것을 통해 '미래의 이미지'를 선명하게 잡아내기 위한 것이다. '사물을 통찰'하는 훈련을 하기 위해서 그는 도시를 헤매며, 산보하는 기술을 발휘한다.

원시 민족들이 먼 훗날을 예견하는 힘을 준다고 믿는 식물들이 있듯이, 미래를 예견하는 힘을 주는 장소들이 존재함을 우리는 믿어야 한다. 그것은 아무도 찾지 않는 산책길일 수도, 나무 꼭대기, 특히 벽에 기대어 서 있는 도시의 나무 꼭대기일 수도, 기차역의 사물함일 수도 있다. 무엇보다도 도시의 구역을 은밀히 구획 짓는 문지방이 그러한 장소일 수 있다(『베를린 연대기』, 188~189쪽).

미래를 예견하는 힘을 주는 장소들을 찾는 것, 세상의 어떤 지도에도 표시되어 있지 않은 그곳을 찾아내기 위해서는 길을 잃고 헤매는 훈련이 필요한 것이다. 이런 과정들을 통해 그는 새로운 것들을 발견할 것이고, 능숙한 여행자가 그러하듯이 새롭게 발견된 것들 속에는 '새로운 자기'도 포함되어 있을 것이다. 여행, 혹은 새로운 공간을 발견하는 행위가 '미래의 선명한 이미지'를 발견하기 위한 것이라고 했을 때, 그것은 여행자 자신의 현재 상태를 넘어서는 것과 동시적으로 진행되어야 하는 것임을 그는 누구보다도 잘 알고 있다. 공간을 헤매듯이 그는 의심하고 갈등하면서 앞으로 나아간다.

사회적 경계를 넘어서는 행동은 처음에는 언제나 지형적 경계의 넘어서기로 나타난다. …… 그러나 진짜로 경계 넘기를 한 것일까? 그것은 오히려 경계 위에 고집스럽게, 음탕하게 머물러 있는 것이 아닌가? 그 경계를 지나면 허무로 빠진다는, 아주 그럴듯한 이유를 대는 머뭇거림이 아닌가?(『베를린 연대기』, 167쪽)

벤야민의 길 찾기 혹은 과거의 회상을 통한 진실 찾기에 나침반이 되는 것은 대부분 신체적 '감각'이다. 그는 감각을 열고 느끼지 않으면 진실에 도달할 수 없다고 생각한다. 텍스트의 수집과 조립, 분석은 오히려 2차적인 것이다. 이것은 개별적 수준의 경험을 다시 회상하는 작업에만 한정된 것이 아니라 역사 서술의 방법에도 동일하게 적용된다. 이때 감각은 대체로 시각과 관련된 것이 지배적이지만 때때로 소리와 냄새의 감각이 전면화되기도 한다. "마치 장미 향수 한 방울에 수백 송이의 장미꽃잎이 보존되어 있듯이 수백의 여름날들이 그 형태, 색채, 많은 날들을 다 바쳐서 그 안에 향기로 보존되어 있는 단어"(『베를린 연대기』, 205쪽)와 공간들을 우발적으로, 무의지적으로 만나기 위해 그는 길을 잃는 훈련을 끊임없이 반복한다.

말할 것도 없이 그는 이러한 실험을 프루스트에게서 배웠다. 벤야민의 길 찾기(혹은 헤매기)는 그 자신이 프루스트에게 했던 표현을 빌리자면, '부챗살을 펼치는 유희'이다. 부챗살의 접힌 면이 펼쳐지며 드러나듯, 온전히 보존되어 있는 과거를 생생히 드러내는 방식을 발견하기. 유희는 진지한 일의 무게를 가볍게 만드는 기술일 뿐, 그 기획과 내용이 장난스러운 것은 아니다.

> 한번 기억의 부채를 펼치기 시작한 사람은 항상 새로운 마디와 부챗살을 그 안에서 발견하게 된다. 어떠한 상[이미지]도 그에게 만족스럽지 못하다. 왜냐하면 그는 그 상이 더 펼쳐질 수 있음을 이미 알기 때문이다. 원래 우리가 이 모든 것을 쪼개고 펼쳤던 이유는 바로 접혀진 주름 안에 자리 잡고 있는 어떤 고유한 것, 어떤 이미지, 어떤 취향, 어떤 촉감 때문이 아닌가. 이제 기억은 작은 것에서 아주 작은 것으로, 아주 작은 것에서 아주 미세한 것으로 파고들어 간다. 이와 같은 소우주 안에서 기억에 일어나는 일은 점점 더 대단한 힘을 발휘하게 된다. 그것이 바로 프루스트가 관여했던 치명적인 유희였다(『베를린 연대기』, 160쪽).

기억을 미분화시키는 작업은 어떤 개별적 존재가 가진 취향과 이미지와 촉감, 그리고 고유함을 드러내는 방식이다. 그것은 끊임없이 부챗살 주름의 안쪽을 펼쳐 가는 작업이다. 이것은 바로크 시대의 예술적 표현물들이 지니고 있었던 과장된 주름의 안쪽을 펼쳐 내보였던 벤야민의 작업, 알레고리를 통해 현상의 배후를 추적하고 그것의 이념을 발견하고자 했던 의도와 크게 다르지 않다. 사물의 본질에 육박해 들어가기 위해, 진리에 도달하기 위해 그들은 주름의 안쪽, 즉 '기억'을 추적한다.

프루스트의 무의지적 기억이 "지성의 영역 밖, 그 힘이 미치지 못하는 곳에, 우리가 꿈에도 생각하지 못했던 어떤 물질적 대상 안에 숨어"(『잃어버린 시간을 찾아서』, 1권 65쪽) 있는 것이라면, 벤야민 역시 지성의 영역 바깥에서, 사물들 속에서 무엇인가를 발견하고자 한다. 베를린에서의 유년시절을 이야기한 글에서 그는 로지아, 카이저 파노라마관, 승리기념탑, 양말, 반짇고리 등 구체적인 사물들 속에 숨어 있는 과거의 체험과 감각들, 정서들을 '섬광 신호의 불꽃'처럼 밝은 곳으로 끌어낸다. 그것들은 단순히 개인의 기억을 복원하는 데 그치지 않고 벤야민 특유의 역사 구성 방식으로 연결된다. 부르주아 저택의 회랑인 로지아는 아케이드로 연결되고, 카이저 파노라마관의 체험은 『아케이드 프로젝트』의 '사진' 항목과 '파노라마' 항목으로 연결된다. 어린 시절 그가 살았던 집에 있던 버려진 정자, 그곳에서 어느 날 발견한 색채들은 훗날 『아케이드 프로젝트』에서 변증법적 이미지 속에 자리 잡는다.

나는 스테인드글라스로 장식된 창문들 때문에 그 정자를 좋아했다. 정자 안에 들어가서 유리창을 하나씩 하나씩 쓰다듬었을 때, 내 자신의 모습도 바뀌었다. 즉 나는 창문에 비친 풍경처럼 어떨 때는 활활 타오르기도, 어떨 때는 먼지처럼 사그러지기도, 또 어떨 때는 검게 그을리는가 싶더니, 어떨 때는 울창한 수목처럼 바뀌면서 내 모습에 색칠을 했다. …… 어느 날 색채들이 내 안으로 파고들어 왔다. 나는 그 당시 내 눈이 흠뻑 빨아들인 감미로움을 아직도 느낀다(『유년시절』, 85쪽).

그런가 하면, 보불전쟁 승리기념탑에서 지옥의 흔적을 느끼며 그곳에 전시된 전쟁영웅들의 얼굴에서 죄인의 표정을 읽어 낸 어린 벤야민의 감각은 성인이 된 그가 전승가도를 달리던 독일의 파시즘과 마주쳤을 때 느꼈던 불화와 절망감 속에서 새롭게 발견된다. 과거의 장소와 사물들은 모두 '앞으로 다가올 것의 흔적들'이다.

벤야민은 기억이 "과거가 펼쳐지는 무대"라고 말한다. "죽은 도시들이 묻혀 있는 매개체가 땅인 것처럼, 기억은 체험된 것의 매개체이다"(『베를린 연대기』, 191쪽). 때문에 기억을 불러오고자 하는 자, 의식의 기억이 아니라 무의지적인 기억을 의식화하고자 하는 자, 즉 "묻혀 있는 자신의 고유한 과거에 가까이 가려는 사람은 땅을 파헤치는 사람처럼 행동해야 한다"(『베를린 연대기』, 191쪽). 땅을 파헤치듯이 기억의 심연까지 파고들어 가다 보면 어느덧 의식에 가려 잠자고 있던 생생한 과거가 불쑥 솟아오른다. 이것을 위해 때로는 똑같은 내용을 반복해서 떠올려야 할 때도 있고, 기억의 '내용'까지 파헤쳐야 할 때도 있다. 의식의 층위에서 쉽게 만날 수 있는 기억들이란 대체로 선택적인 것이고 특정한 방식으로 '조작'된 것이기 쉽기 때문이다. 기억이 무엇인가를 찾는 행위라면, 그것은 때로는 우리를 행복하게 하고, 때로는 어둡고 헛된 기분을 맛보게 한다. 하지만 최상의 것은 이 두 가지 경우 모두에 있다.

따라서 기억은 이야기하듯이 진행해서는 안 되고, 사건을 보도하듯이 진행해서는 더더욱 안 된다. 가장 엄밀한 의미에서 기억은 서사적이고 광상곡과도 같은 리듬으로 언제나 새로운 장소에서 삽질을 시도해야 한다. 또한 같은 장소에서 점점 더 깊은 층으로 파헤쳐 가야 한다(『베를린 연대기』, 191~192쪽).

이 작업을 위해 그는 "하나의 공간, 순간들, 그리고 불연속적인 것"이라는 키워드를 언제나 손 안에 쥐고 있었다.

3_집단의 기억 혹은 '역사' 개념에 관하여

The time is out of joint. O cursed spite

That ever I was born to set it right

— William Shakespeare, *Hamlet*

1. 자동인형을 조종하는 난쟁이처럼

우리에게 「역사철학테제」(이하 「테제」)라고 알려져 있는 벤야민의 「역사 개념에 관하여」는 그의 생애 마지막 시간에 쓰여진 글이다. 이 글을 통해 벤야민은 자신의 지적인 생애 전 과정에 걸쳐 추구해 왔던 세계의 인식과 실천의 문제를 핵심적으로 테제화하고자 했다. 때문에 이 글은 고도의 압축과 비약, 직관적 비유로 이루어진 벤야민 사유의 '압축파일'과 같다. 그는 여기서 '역사'에 대해 이야기하지만, 그것은 우리가 익숙하게 알고 있는 '집단의 공적 경험에 대한 연대기적 서술'과는 다르다. 그가 말하는 역사는 있었던 것으로서의 역사가 아니고, 있었으나 말해지지 않았던 역사, 혹은 있어야 할 역사에 가깝다. 한편에서 그는 역사에 대해 말하지 않는다. 그는 역사를 빌려 기술과 문명과 정치와 인간, 그들 간에 존재해야 할 '관계'에 대해서만 말한다. 그는 과거를 말하지만 그의 시선이 머무르고 있는 곳은 언제나 가장 현실적인 장소이고, 그에게 있어 인간이 중요하다면, 그것은 사회적 관계를 구성할 수 있는 가장 현실적인 주체의 문제가 여기서 대두되기 때문이다. 그는 이런 관점에서 역사철학 혹은 역사적 유물론에 대해 이야기한다.

벤야민이 '관계' 혹은 역사적 유물론을 말하고 있다는 점에서 그는 맑스와 연결된다. 맑스는 「포이어바흐에 관한 테제」에서 유물론을 철학적 인식의 문제에서 실천의 문제로 전이시켰다. 그는 실천의 주체이자 감성적 존재로서의 인간에 주목하면서 "인간의 본질은 그 현실에 있어서 사회적 관계들의 앙상블이다"라고 말했다. 맑스가 말한 '사회적 관계를 구성하는 것으로서의 인간'은 현실적으로 존재하는 계급적 적대와 지배관계를 뛰어넘어 관계의 '앙상블'을 위해 실천하는 자이다. 그가 말하는 사회는 지배와 차별과 적대가 없는 코뮌적 사회이며, 그가 말하는 인간은 그 속에서 자유롭게 자신의 '감성'을 발휘할 수 있는 실천적 주체로서의 인간이다. 때문에 맑스는 철학이란 혹은 유물론이란 세계를 인식하기 위해서가 아니라 '변혁'하기 위해서 존재하는 것이라고 말했다. 세계를 변혁하기 위한 것으로서의 유물론이 역사적으로 어떻게 구성되어 왔는지를 보여 주는 텍스트가 『독일 이데올로기』이다. 맑스는 여기서 이전의 철학자들이 추상적으로 정의 내려 왔던 '인간'을 생산하고 교류하고 활동하는 현실적인 존재로 재규정하면서 자기의식의 추상적 행위로 역사를 파악하는 헤겔식 관점을 비판한다. 맑스가 보기에 기존의 역사 파악은 생산력과 자본, 사회적 교류 형태 속에서 구성되어 온 역사의 실제적 지반을 도외시했다는 점에서 문제적이다.

지금까지의 모든 역사 파악은 역사의 이러한 실제적 토대를 완전히 무시한 채 방기하였거나 아니면 역사적 과정과 아무 상관도 없는 부차적인 것으로만 간주하였다. 그리하여 역사는 언제나 역사 밖에 있는 척도에 따라 서술될 수밖에 없다. 생활의 현실적 생산은 비역사적인 것으로서 나타나는 반면에 역사적인 것은 세속적인 생활로부터 유리된 것, 별도의 초세속적인 것들로서 나타난다. 이리하여 자연에 대한 인간의 관계는 역사로부터 배제되며, 그럼으로써 자연과 역사의 대립이 산출된다. 따라서 지금까지의 역사 파악은 역사 속에서 단지 군주들 및 국가들의 정치적 행동들과 종교적 투쟁들 및 일반 이론적인 투쟁들만 볼 수 있었을 뿐이며, 특히 역사의 모든 시기에 있어서 그 시기의 환상을 나누어 가지지 않을 수 없었다(맑스·엥겔스, 『독일 이데올로기』, 221~222쪽).

벤야민이 『아케이드 프로젝트』, 나아가 「테제」를 통해 말하는 역사적 유물론의 관점은 바로 이러한 맑스의 관점을 기반으로 하는 것이며, 맑스가 「포이어바흐에 관한 테제」에서 보여 주었던 실천적 관점에서 철학을 사유하고자 하는 태도 역시 벤야민의 철학적 태도의 핵심을 차지한다. 즉 그것은 역사에 씌워진 환상의 베일을 벗기는 것, 즉 역사의 진행을 목적론적인 관점에서가 아니라, 현실적으로 존재하는 인간들의 활동이 만들어 내는 실제적 지반 위에서 파악하고자 한 것이었다.

1940년까지 벤야민은 유럽에서 머물렀다. 대부분의 유대인 지식인들이 유럽을 떠나 망명 상태에 돌입한 지 여러 해가 지나도록 벤야민은 파리의 도서관을 떠나지 않았다. 그에게는 스스로에게 부과한 한 가지 의무, 실천적 지식인으로서의 의무가 남아 있었기 때문이다. 벤야민의 '실천'은 당 활동이나 거리에서의 싸움에 있지 않았다. 그는 철저히 '지식인으로서' 실천하고자 했다. 그 자신이 스스로에게 부과한 실천의 내용은 다름 아닌, 자본주의적인 것의 기원으로서의 19세기가 만들어 낸 환상 속에서 집단 수면에 빠져 있는 자기 시대의 현실을 각성시키는 것이었다. 독일군이 파리를 침공한 6월 이전까지 벤야민은 이러한 내용의 지적인 실천을 위해 『아케이드 프로젝트』와 「테제」에 관한 작업을 진행하고 있었다. 알려진 바에 의하면, 「테제」에는 여덟 개의 판본의 존재한다. 그만큼 벤야민이 이 한 편의 글에 심혈을 기울였다는 뜻이다. 지금 한국어로 번역되어 있는 판본은 벤야민이 미국으로 망명하기 위해 파리를 떠나기 전, 미국에 있는 아도르노 부인에게 보내 준 것이다. 그 자신이 스스로 첨삭하고 교열한 가장 최후의 글일 것이다. 누군가의 말처럼 이 글이 결과적으로는 벤야민의 '지적인 유언장'이 되어 버렸지만, 그 자신이 계획한 것은 아니었다. 글을 쓰고 나서 스페인 국경 마을에서 모르핀을 먹고 자살하겠다는 계획 같은 것은 벤야민에게는 없었다. 그에게는 파리에서 계속 진행해야 할 프로젝트가 있었고, 새롭게 계획한 보들레르에 관한 연구도 있었다. 그리고 망명 후에는 뉴욕에서 『아케이드 프로젝트』의 20세기 버전인 '메트로폴리스 프로젝트'를 진행할 계획을 갖고 있었기 때문이다. 오히려 「테제」에서 벤야민은 자신의 철학적 사유의 내용들을 압축적으로 집약시키고 그것에 실천적인 의미를 부여함으로써 전쟁의 '비상사태'에 빠져 있는 세계에 '지적인 도전장'을 던진다.

「테제」가 벤야민 사유의 압축이라고 할 때, 그것은 메시아주의와 역사유물론, 정치론, 문화론 등이 뒤섞여 있다는 의미에서가 아니다. 혹은 일반적으로 이야기되고 있는 것처럼 자유주의와 유대교적 메시아주의를 거쳐 맑스주의로 넘어갔다가 다시 메시아주의로 회귀하는, 한 사상가의 사유의 연대기를 확인할 수 있다는 의미도 아니다. 혹은 문학비평에서 문화비평으로, 다시 정치비평으로의 궤적을 보여 준다는 의미도 아니다. 오히려 「테제」가 보여 주고 있는 것은 벤야민이 이전에 보여 주었던 모든 지적이고 실천적인 사유의 표현물들이 이 하나의 텍스트 속으로 흘러들어 와서 서로 교류하고 교감하는 장면이다. 문학적 관심 속에서 쓰여진 프루스트와 보들레르에 관한 글에서 말했던 '기억'의 방법론은 「테제」에서 역사 혹은 '집단의 기억'을 사유하는 것으로 연결되고, 『일방통행로』에서 보여 준 짧은 단문 형식의 정치적 비평은 그대로 「테제」의 표현 형식이 되며, 「폭력 비판에 관하여」에서 말했던 '신적 폭력'의 테마는 「테제」에서 말하는 '진정한 예외상태의 도래'와 만난다. 그리고 무엇보다도 『아케이드 프로젝트』의 방법론은 그 자체로 「테제」에서 말하는 '역사'의 방법론이다.

「테제」는 18개의 짧은 글과 둘로 나뉘어져 있는 하나의 부기(附記)

로 이루어져 있다. '역사철학테제'라는 거창한 제목과는 달리 벤야민은 장기 두는 자동기계에 대한 이야기로부터 철학적 단상을 시작한다. 언제나 이기기만 하는 이 자동기계는 책상 밑에 숨어 있는 '등이 굽은 난쟁이'의 조종을 받고 있다. 벤야민은 철학에서도 자동기계와 난쟁이의 관계에 비견될 만한 관계가 존재하는데, 자동인형과도 같은 역사유물론이 왜소해진 신학을 이용한다면 어떤 철학적 입장에도 비길 수 없는 단단한 실천 이론이 될 것이라고 주장한다. 이것이 「테제」 전체의 방법론이고 핵심이다. 얼핏 보면 유물론과 신학의 결합은 가장 어울리지 않는 관계의 조합인 것처럼 보인다. 여기서 벤야민이 주장하고자 하는 바는, '진보'라고 하는 목적론적인 틀 속에서 역사를 기계적이고 도식적으로 사유하는 태도를 극복하기 위해서는 일종의 인식론적 단절이 필요한데, 그것은 가장 비역사적이고 가장 비과학적인 것 혹은 역사의 외부를 사유함으로써만 가능하다는 것이다.

그런데 왜 '신학'일까. 벤야민이 「테제」에서 말한 '신학'을 반드시 유대교적 메시아주의에 한정시킬 필요는 없다. 두번째 장에서 그는 "우리들이 품고 있는 행복의 이미지라는 것은, 우리들 자신의 현재적 삶의 진행 과정을 한때 규정하였던 과거의 시간에 의해 채색되고 있다"(「테제」, 344쪽)라고 말한다. 내가 지금 행복을 느끼는 것은 과거의 어떤 좋았던 상태의 경험이 현재의 무엇과 만나면서 해방적 기능을 담당하기 때문이라는 것이다. "행복의 이미지 속에는 구원의 이미지가 불가분의 관계를 맺고 함께 꿈틀거리고 있는 것이다. 역사가 주로 관심을 가지는 과거의 이미지도 이와 동일한 양상을 하고 있다. 과거는 구원을 기다리고 있는 어떤 은밀한 목록을 함께 간직하고 있다"
(「테제」, 344쪽). 과거의 행복했던 경험에 대한 기억이 '이미지'로 현재와 만나는 방식, 이 과정 속에서 인간은 행복을 느끼고 구원을 얻는다.

하지만 이때 벤야민이 말하는 '과거를 기억한다'는 것은 현실을 망각하고 과거의 기억 속으로 자신을 투사한다는 의미가 아니다. 벤야민은 「프루스트의 이미지」에서 이렇게 말한 바 있다.

> 작가에게 가장 중요한 역할을 하는 것은 그가 체험한 내용이 아니라 그러한 체험의 기억을 짜는 일, 다시 말해 회상하는 일이기 때문이다. 아니 이보다 더 적합한 표현은 기억을 짜는 일이 아니라 망각을 짜는 일이라고 말할 수도 있을 것이다. 프루스트가 무의지적 기억이라고 부르는 무의지적 회상은 흔히 기억이라고 불리는 것보다는 오히려 망각에 훨씬 더 가까운 것이 아닐까? 기억이 씨줄이고 망각이 날줄이 되고 있는 이러한 무의지적 회상이라는 작업은 회상하는 일이라기보다는 오히려 회상하는 일의 반대가 아닐까?(「프루스트의 이미지」, 103쪽).

사실로서 존재했던 것을 의식적이고 의지적으로 기억하고 그곳으로 자신을 투사하는 것은 벤야민의 '기억'과는 무관하다. 여기서 벤야민에게 중요한 것은 체험 자체가 아니라 그 체험을 '기억하는 방식'이다. 무의지적인 방식으로, 기억과 망각을 한 장의 천을 짜듯 엮어 내는 '무의지적 기억'이라는 프루스트의 방법에서 벤야민은 '회상하는 일의 반대'를 발견한다. 프루스트의 실 짜기는 과거의 기억에 정박한 채 동일한 행동의 차이 없는 반복 속에서 시간을 견디는 페넬로페의 천 짜기와는 다르다. 프루스트가 기억과 망각의 실로 천을 짤 때 그것은 현재의 시간 속으로 과거의 사건을 끌고 들어와서 현실화하는 행위가 된다. 프루스트에게 체험된 어떤 사건은 그 사건 전후에 일어난 모든 일들을 풀어 주는 열쇠 구실을 한다. 프루스트의 텍스트는 기억과 망각의 직조에 의해 사건들을 풀어 가는 열쇠를 만들어 가는 과정을 보여 준다. 벤야민이 과거를 기억하는 것 속에서 행복을 느낀다고 했을 때, 그것은 프루스트의 경험을 염두에 둔 것이다. '무의지적 기억'이라는 방법, 기억과 망각의 섬세한 기술에 의해 사건들의 열쇠를 마련해 가는 것, 그 속에서 구원의 이미지는 발견된다. '역사가 관심을 갖는 과거의 이미지'를 구성하는 방식도 이와 다르지 않다. 베르그손은 "과거를 이미지의 형태 아래 떠올리기 위해서는 현재적 행동으로부터 초연해질 수 있어야 하고, 무용한 것에 가치를 부여할 줄 알아야 하고, 꿈꾸려고 해야 한다"(베르그손, 『물질과 기억』, 144쪽)라고 말했다. 벤야민은 프루스트가 하고자 했던 것이 바로 그것이었다고 말한다.

프루스트가 그렇게 열광적으로 찾고자 했던 것은 무엇일까? …… 여기서 문제가 되고 있는 것은 모든 삶과 작품 및 행동들이란 다름 아닌 현재적 삶 속에서 일어나는 가장 진부하고 가장 덧없으며, 또 가장 감상적이고 가장 약한 시간의 일사불란한 전개에 불과할 따름이라고 말해도 좋을 것인가? (「프루스트의 이미지」, 104쪽)

이는 곧 본래적 시간으로서의 일상의 시간을 독자들로 하여금 환기하도록 하는 것이다. 베르그손이 말한 '무용한 것에 가치를 부여하는 작업'을 프루스트는 '무의지적 기억'의 방식으로 텍스트를 쓰고, 그 과정 속에서 만난 과거의 이미지와 함께 행복과 충만함을 느끼며 '일상 속에서 본래적 시간의 가치를 발견'하는 것으로 실천한다. 그리고 벤야민은 그것을 19세기 파리에서 문화적 표현물들을 발굴하는 것으로 실천한다.

2. 역사를 쓴다는 것, 혹은 섬광의 이미지

"우발적 기억은 아마 획득된 기억 뒤에 숨어 있다가 갑작스러운 섬광들에 의해 드러날 수 있다"라는 베르그손의 말이 벤야민에게는 중요하다.

과거의 진정한 상(像)은 휙 스쳐 지나가 버린다. 다만 우리는, 그것이 인식되어지는 찰나에 영원히 되돌아올 수 없이 다시 사라져 버리는, 마치 섬광처럼 스쳐 지나가는 상으로서만 과거를 붙잡을 수 있을 뿐이다. …… 지나간 과거의 것을 역사적으로 표현한다는 것은 '그것이 도대체 어떠했던가'를 인식하는 것을 뜻하는 것이 아니다. 그것은 어떤 위험의 순간에 섬광처럼 스쳐 지나가는 것과 같은 어떤 기억을 붙잡아 자기 것으로 만드는 것을 의미한다(「테제」, 345~346쪽).

이처럼 기억의 이미지는 '섬광'과도 같은 속도로, 혹은 '섬광' 속에서 구성된다.

[이러한 이미지는] 과거가 현재에 빛을 던지는 것도, 그렇다고 현재가 과거에 빛을 던지는 것도 아니다. 오히려 이미지란 과거에 있었던 것이 지금과 섬광처럼 한순간에 만나 하나의 성좌를 만드는 것을 말한다. 다시 말해 이미지는 정지 상태의 변증법이다. 왜냐하면 현재가 과거에 대해 갖는 관계는 순전히 시간적·연속적인 것이지만 과거에 있었던 것이 지금에 대해 갖는 관계는 변증법적인 것이기 때문이다(N 2a,3).

이러한 태도 속에는 확실히, 역사의 연속성에 주목하는 역사주의 혹은 연대기적 역사 서술 방식과 단절하고자 하는 의지가 숨어 있다. 벤야민이 보기에 이러한 역사주의는 "동질적이고 공허한 시간을 채우기 위해서 사실의 더미를 모으는 데 급급하다"(「테제」, 354쪽). 이와는 달리, 유물론적 역사 서술은 하나의 구성 원칙에 근거를 두고 있는데, 그것은 바로 사고에는 생각의 흐름만이 아니라 생각의 정지도 포함된다는 것이다. 지금까지의 역사 서술, 적어도 헤겔식의 역사의 운동법칙에 따르면 사고는 부단히 운동하고 그 속에서 변화 발전을 거듭하게 된다는 것, 그것이 역사를 '진보'하게 만드는 동력이라는 것이었고, 그것이 역사를 목적론적으로 연속적으로 파악하게 하는 근거였다. 하지만 벤야민이 보기에 이러한 태도는 진보 이론에 대한 맹목적 믿음을 불러일으킬 뿐만 아니라, '동질적이고 공허한 시간을 관통하는 역사의 발전 과정'이라는 '환상'으로부터 자유로울 수 없다. 그는 역사유물론적 관점에서 이 문제에 접근한다. "역사유물론은 역사에 있어 서사시적 요소를 포기해야 한다. 역사유물론은 시대를 물화된 '역사의 연속성'으로부터 분리시킨다. 그러나 동시에 시대의 균질성을 폭파한다. 그것은 시대에 파편들을, 즉 현재를 뒤섞는다"(N 9a,6). 그러므로 벤야민이 '무의지적 기억'이라든가 사고의 '정지' 혹은 그것을 통한 '변증법적 이미지'를 기억과 역사 서술의 중요한 방법적 태도로 선택했을 때 그것은 역사를 대하는 기존의 태도와 확실하게 단절의 선을 긋기 위한 것이었던 셈이다.

사고는, 그것이 긴장으로 충만된 사실의 배열 속에서 갑자기 정지하는 바로 그 순간에 그 사실의 배열에 충격을 가하게 되고 또 이를 통해 사고는 하나의 단자(monade)로서 결정화된다. 역사적 유물론자는 그가 단자로서 마주 대하는 역사적 대상에만 오로지 접근한다. 이러한 단자의 구조 속에서 그는 사건의 메시아적 정지의 표식, 달리 말해 억압된 과거를 위한 투쟁에서 나타나는 혁명적 기회의 신호를 인식한다(「테제」, 354~355쪽).

억눌려 있던, 혹은 은폐되어 있던 과거의 기억이 어느 날 섬광처럼 떠올라 이미지로 현실화된다는 것이 의미를 지니는 것은 그것이 '혁명적 기회의 신호'로 인식되기 때문이다. 그러므로 이때의 과거는 동질적이고 공허한 시간이 아니라 "현재 시간에 의해 충만된 시간"이다.

벤야민은 '다른 시간'을 발견함으로써 역사주의의 첨가적이고 연속적인 시간관, 승리자의 역사에 '감정이입'함으로써 현실에 반동적으로 기여하는 태도와 대결한다. "야만의 기록 없는 문화란 있을 수 없다"라는 인식 속에서 그는 "결에 거슬러서 역사를 솔질하는 것"을 자신의 과제로 삼는다. 벤야민은 이러한 태도를 일찍이 '역사를 바라보는 시각에서의 코페르니쿠스적 전환'이라고 불렀다. 그는 말한다.

> 모든 부정적인 것[소극적인 것]은 생동감 넘치는 것, 적극적인 것의 윤곽을 드러내게 하는 밑바탕이 됨으로써 비로소 가치를 갖게 된다. 따라서 이처럼 일단 배제된 부정적인 부분에 다시 새롭게 구분법을 적용해 이러한 관점의 전환을 통해 그러한 부분에서도 새롭게 적극적인, 즉 이전과는 전혀 다른 의미를 가진 부분이 출현하도록 하는 것은 결정적인 중요성을 가진다(N 1a,3)

그가 역사를 통해, 억눌린 자들의 역사를 통해 궁극적으로 하고자 하는 것은 의식의 각성이고, 코뮌적 관계를 통한 새로운 정치의 공간을 창안하는 혁명의 실천이다. 벤야민에게 있어 각성의 순간이란, 변증법적 이미지와 만나는 순간, 인식 가능한 지금이다. 이 순간 사물들은 진정한(초현실주의적인) 모습을 하게 된다. 사물들의 진정한 모습이 초현실주의적인 것과 맞닿아 있는 것은 모든 초현실주의적인 시도가 '혁명을 위한 도취의 힘을 얻는' 활동들로 구성되기 때문이다.

3. 코뮌의 구성 혹은 주권자 되기

문화 속에서 야만의 기록을 발견하는 것, 즉 역사를 거슬러서 솔질하는 것을 통해 역사적 유물론자는 "우리들이 오늘날 그 속에서 살고 있는 '비상사태'라는 것이 예외가 아니라 상례라는 점"(「테제」, 347쪽)을 발견한다.

> 우리는 이러한 인식에 상응하는 역사의 개념에 도달하지 않으면 안 된다. 그렇게 되면 진정한 비상사태를 도래시키는 것이 우리의 임무라는 사실이 명약관화해질 것이고, 그리고 이를 통해 파시즘에 대한 투쟁에서 우리가 갖는 입장도 개선될 것이다. 파시즘이 승산이 있는 이유 중의 하나는, 그 반대자들이 진보라는 이름을 하나의 역사적 규범으로 삼아 이를 들고 파시즘에 맞서고 있다는 사실이다(「테제」, 347쪽).

벤야민의 「테제」는 가장 현실적이고 가장 정치적인 문제를 염두에 둔 것이었다. 그가 사민주의자들이나 역사주의자들을 강하게 비판했던 것은 그들이 무비판적으로 이념화하고 있는 '진보'에 대한 믿음이 극단적인 편향으로 나아갈 때 바로 파시즘과 연결된다는 것을 그들 스스로 도외시했기 때문이다. 자연 통제(정복)의 진보만을 생각할 뿐 사회의 퇴행은 인정하지 않는 태도는 파시즘의 기술주의적 특징들과 그대로 연결되는 것이다.

현실성을 갖는다는 것은 현실 그 자체 혹은 현상적으로 보이는 것의 이면을 발견하는 것, 즉 '비상사태의 상례화'를 인식하는 것으로부터 시작해야 한다. "진보 개념은 파국이라는 이념 속에서 근거를 마련해야 한다. '지금까지 했던 대로다'라는 식의 생각은 파국을 부른다. 파국이란 앞으로 닥쳐오는 것이 아니라 그때 이미 존재하는 것이다" (N 9a,1). 클레(Paul Klee)의 「새로운 천사」에 대한 명상적(?) 사유로 시작되는 유명한 「테제」의 9편에서 천사의 등을 떠미는 '진보의 폭풍'은 바로 이런 것이다. 천사를 구하려면 진보의 폭풍에 맞서 '진정한 비상사태'를 도래시켜야 한다. 이것은 역사적 유물론자의 임무이기도 하지만, 역사 인식의 주체인 '투쟁하는 피지배계급 자신'의 일이기도 하다고 벤야민은 말한다. 대혁명이 새로운 달력의 시간을 도입하고, 이후에 진행된 프롤레타리아의 혁명적 투쟁 속에서 공허하고 동질적인, 계산하는 시계들이 파괴되었다는 것은 하나의 이벤트가 아니다. 반성도 차이도 없이 반복되는 삶을 정지시키고 연속되는 시간의 고리를 끊어 버림으로써만 새로운 시간-장소가 가능하다는 인식, 프롤레타리아들은 시계를 파괴하는 상징적인 행동을 통해 혁명의 순간에 영원성을 부여하고자 했던 것이다.

벤야민은 1920년대에 '진정한 비상사태의 도래'에 대해 이야기한 적이 있었다. 제1차 세계대전의 지옥을 경험한 후, 그는 인간들의 삶에 질서와 안정을 위해 만들었다고 생각되는 '법'이라는 폭력이 말 그대로 폭력이라는 것(신화적 폭력-법정립적 폭력), 그것이 사회 속에서 위계나 경계들을 만들어 낸다는 것, 법의 명령이 죄를 짓게 만들고 속죄하게 만들면서 권력이 된다는 것, 그 과정 속에서 권력의 지배를 받으며 권력이 행사하는 폭력의 희생자들이 생긴다는 사실에 주목했다. 벤야민은 이것과 대결하기 위해 '법을 파괴하는' 실천을 구상한다(신적 폭력-법파괴적 폭력).

[신의 폭력은] 재화들, 법, 생명 그리고 이와 동류의 것들과 관련하여 상대적으로 파괴적인 것이지, 결코 생명체의 영혼과 관련하여 절대적으로 그런 것이 아니다. …… 새로운 역사적 시대는 …… 법을 비정립하는 것에, …… 법에 의존하는 권력[폭력]들을 비정립하는 것에, 따라서 궁극적으로는 국가권력[국가폭력]을 비정립하는 것에 근거하고 있다. …… 범죄자에 대해 대중이 신의 이름으로 내리는 심판과 꼭 마찬가지로 신의 폭력은 진정한 전쟁에서 자기 자신을 드러낼 수 있을 것이다. 그러나 우리는 모든 신화적 폭력, 곧 통치하는 폭력이라고 부를 수 있는 법정립적 폭력을 거부해야 한다. 우리는 또한 법보존적 폭력, 곧 통치하는 폭력에 이용되는 통치되는 폭력을 거부해야 한다. 징표이고 봉인이지만, 결코 신의 집행 수단은 아닌 신의 폭력은 아마도 주권적인 폭력이라고 불릴 수 있을 것이다(「폭력비판을 위하여」, 165~169쪽).

누군가에 의해 주어진 것으로서의 법을 지키는 존재로 살아가는 한 권력의 지배로부터 자유로울 수 없다. 억압하는 권력으로부터 벗어날 수 있는 방법은 그것과 다른 차원의 윤리를 생산하고, 스스로가 주권자가 됨으로써만 가능하다.

벤야민에게 있어 '주권자'가 된다는 것은 인간들 사이의 계급 갈등을 넘어서는 차원만을 의미하는 것이 아니다. 그것은 자연과의 관계를 재구성하는 문제를 포함하고 있다. "벤야민의 인간학적 유물론은 비역사적인 개별 신체를 논하고 있는 게 아니라 역사적으로 형성되어 온 공동체의 몸(집단적 신체)"(볼츠·반 라이엔, 『발터 벤야민』, 114쪽) 혹은 코뮌을 문제 삼는다. 벤야민이 「테제」의 11편에서 푸리에를 거론하는 것도 이런 이유에서이다. 푸리에는 사회적 관계(자연을 포함해서 인간이 자기 외부와 맺는 모든 관계)가 다시 짜여졌을 때 벌어질 수 있는 결과들에 대한 발랄한 상상력을 보여 준다. 그것은 한편으로는 지나친 상상이지만 '건강한 환상'이다. "이러한 것들은 모두 자연을 착취하는 것과는 거리가 멀게, 오로지 잠재적 가능성으로서 창조물의 모태 속에 잠자고 있는 자연을 창조물로부터 해방시킬 수 있는 노동의 한 예"(「테제」, 351쪽)를 보여 준다는 점에서 의미 있는 것이다. 꿈꾸고 상상하고 그것을 실천하는 것, 그럼으로써 폭력적 관계와는 다른 관계를 구성하는 것, 이것이 벤야민이 역사 속에서 발견하고 싶었던 것이다. 이 역사는 집단의 기억 속에 있는 것이지만, '진보'라는 미몽 속에 사로잡혀 있기 때문에 잠재적 가능성으로만 남아 있는 것이다. 그것들을 다시 현실화시키는 작업으로서의 기억은 '각성'을 위한 출발로서 중요한 의미를 갖는다. 꿈에서 깨어난 자, 그리고 누군가에 의해서 만들어진 미몽이 아닌, 스스로가 구성하는 꿈을 꾸는 자, 그 꿈을 현실화시키기 위해 활동하는 자를 벤야민은 혹은 우리는 '주권자'라고 부른다. 주권자는 '투쟁하는 피지배계급 자신'의 다른 이름이다.

부록

『아케이드 프로젝트』의 원목차

편집자 서문

개요들
    파리: 19세기의 수도(1935년 개요)
    파리: 19세기의 수도(1939년 개요)

노트와 자료들

최초의 초고(파리의 아케이드들 1)

초기의 초고
    아케이드들
    파리의 아케이드들 2
    토성의 테두리 또는 철골 건축에 관해

부록
    이 책의 편집에 관해
    성립사에 관한 증언들
    보유, 유고, 기사 작성
    "노트와 자료들"의 전거

* 위의 차례는 Suhrkamp 출판사에서 펴낸 *Walter Benjamin Gesammelte Schriften. Band V: Das Passagen-Werk. 2 Teilbände*의 차례를 따른 것이다.

'노트와 자료들' 세부 항목

A 아케이드, 신유행품점, 신유행품점 점원
B 패션
C 태고의 파리, 카타콤베, 폐허, 파리의 몰락
D 권태, 영겁회귀
E 오스만식 도시 개조, 바리케이드전
F 철골 건축
G 박람회, 광고, 그랑빌
H 수집가
I 실내, 흔적
J 보들레르
K 꿈의 도시와 꿈의 집, 미래의 꿈들, 인간학적 허무주의, 융
L 꿈의 집, 박물관, 분수가 있는 홀
M 산책자
N 인식론에 관해, 진보 이론
O 매춘, 도박
P 파리의 거리들
Q 파노라마
R 거울
S 회화, 유겐트슈틸, 새로움
T 조명 방식들
U 생시몽, 철도
V 음모, 동업직인조합
W 푸리에
X 맑스
Y 사진
Z 인형, 자동 기계

a 사회운동
b 도미에
c
d 문학사, 위고
e
f
g 증권거래소, 경제사
h
i 복제 기술, 석판화
j
k 코뮌
l 센 강, 최고最古의 파리
m 무위無爲
n
o
p 인간학적 유물론, 종파의 역사
q
r 에콜 폴리테크니크
s
t
u
v
w
x
y
z

이 책에서 참고한 글의 출처

벤야민의 텍스트들

『아케이드 프로젝트』, 조형준 옮김, 새물결, 2008.
    1권 『파리의 원풍경』 2권 『보들레르의 파리』 3권 『도시의 산책자』
    4권 『방법으로서의 유토피아』 5권 『부르주아의 꿈』 6권 『아케이드 프로젝트의 탄생』
『발터 벤야민 선집』, 최성만 외 옮김, 길, 2007.
    1권 『일방통행로 / 사유이미지』, 김영옥·윤미애·최성만 옮김.
    2권 『기술복제시대의 예술작품 / 사진의 작은 역사 외』, 최성만 옮김.
    3권 『1900년경 베를린의 유년시절 / 베를린 연대기』, 윤미애 옮김.
    4권 미출간
    5권 『역사의 개념에 대하여 / 폭력비판을 위하여 / 초현실주의 외』, 최성만 옮김.
    6권 『언어 일반과 인간의 언어에 대하여 / 번역자의 과제 외』, 최성만 옮김.
『발터 벤야민의 모스크바 일기』, 김남시 옮김, 그린비, 2005.
『발터 벤야민의 문예이론』, 반성완 편역, 민음사, 1992.

* 본문 중 인용은 위의 책들을 저본으로 삼았다. 위 저본 가운데 인용문의 해당 텍스트가 속해 있는 출처는 다음과 같다. 오른쪽의 고딕체 숫자는 인용문이 등장하는 이 책의 쪽수를 의미한다. (가나다순)

『1900년경 베를린의 유년시절』, 『발터 벤야민 선집 (3)』, 31~151쪽. **49, 51, 107, 237, 255**
「1935년 개요」, 『아케이드 프로젝트 (1)』, 89~109쪽. **67, 115~116, 150**
「1939년 개요」, 『아케이드 프로젝트 (1)』, 111~135쪽. **67, 69, 70, 71, 73, 75, 144~145**
「기술복제시대의 예술작품」, 『발터 벤야민의 문예이론』, 197~231쪽. **163, 164, 185**

「나의 서재 공개」, 『발터 벤야민의 문예이론』, 30~39쪽. 33

「나의 이력서」, 『발터 벤야민의 문예이론』, 11~13쪽. 23~24, 239

「러시아 영화예술의 상황에 대하여」, 『발터 벤야민 선집 (2)』, 225~233쪽. 160~161

「모스크바」, 『발터 벤야민의 모스크바 일기』, 273~320쪽. 43, 45, 47, 48, 51, 52~53

「모스크바 일기」, 『발터 벤야민의 모스크바 일기』, 29~269쪽. 44~45

「보들레르의 몇 가지 모티프에 관해서」, 『발터 벤야민의 문예이론』, 119~163쪽. 104, 194, 195

『베를린 연대기』, 『발터 벤야민 선집 (3)』, 153~242쪽. 38, 48~49, 104, 250, 251, 252, 253, 255, 256

「벤야민이 숄렘에게」, 1930.1.20, 『아케이드 프로젝트 (6)』, 59~62쪽. 35~36, 61

「벤야민이 숄렘에게」, 1935.5.20, 『아케이드 프로젝트 (6)』, 94~97쪽. 77

「벤야민이 아도르노에게」, 1934.3.18, 『아케이드 프로젝트 (6)』, 76~77쪽. 61

「벤야민이 아도르노에게」, 1935.5.31, 『아케이드 프로젝트 (6)』, 102~109쪽. 57~58

「사유이미지」, 『발터 벤야민 선집 (1)』, 165~243쪽. 97

「사진의 작은 역사」, 『발터 벤야민의 문예이론』, 232~252쪽. 177, 180, 181, 183, 184

「생산자로서의 작가」, 『발터 벤야민의 문예이론』, 253~271쪽. 166, 173

「수집가와 역사가로서의 푹스」, 『발터 벤야민의 문예이론』, 272~312쪽. 30

「역사철학테제」, 『발터 벤야민의 문예이론』, 343~356쪽. 249, 262~263, 265~267, 269

「오스카 슈미츠에 대한 반박」, 『발터 벤야민 선집 (2)』, 235~243쪽. 161~163, 165

「인식비판적 서론」, 『발터 벤야민 선집 (6)』, 143~196쪽. 78, 79, 80, 81~83, 93, 95

「중앙공원」, 미출간, 『발터 벤야민 선집 (4)』에 수록 예정. 153

「파괴적 성격」, 『발터 벤야민의 문예이론』, 27~29쪽. 15, 26, 27, 29

「파리 편지 II : 회화와 사진」, 『발터 벤야민 선집 (2)』, 275~295쪽. 164, 179

「폭력비판을 위하여」, 자크 데리다, 『법의 힘』, 진태원 옮김, 문학과지성사, 2004, 139~169쪽. 271

「프루스트의 이미지」, 『발터 벤야민의 문예이론』, 102~118쪽. 235, 240, 263, 264

「초현실주의」, 『발터 벤야민 선집 (5)』, 141~167쪽. 76, 119~121

「최초의 초고」, 『아케이드 프로젝트 (5)』, 257~346쪽. 59, 69

다른 저자의 텍스트들

고지현, 『꿈과 깨어나기』, 유로서적, 2007.
김원갑 엮음, 『광기와 밀집문화의 건축 2: 밀집문화의 건축』, 세진사, 2001.
네그리, 안토니오, 『다중』, 서창현·정남영·조정환 옮김, 세종서적, 2008.
노명식, 『프랑스 혁명에서 파리코뮌까지』, 까치, 1995.
도스토예프스키, 표트르, 『도스토예프스키의 유럽인상기』, 이길주 옮김, 푸른숲, 1999.
_____, 『지하생활자의 수기』, 이동현 옮김, 문예출판사, 1998.
들뢰즈, 질, 『시네마 II : 시간-이미지』, 이정하 옮김, 시각과언어, 2005.
들뢰즈, 질·펠릭스 가타리, 『앙띠 오이디푸스』, 최명관 옮김, 민음사, 2000.
루카치, 게오르그, 『영혼과 형식』, 반성완·심희섭 옮김, 심설당, 1988.
_____, 『역사와 계급의식』, 박정호·조만영 옮김, 거름, 1999.
르코르뷔지에, 『도시계획』, 정성현 옮김, 이후, 2005.
리베스킨트, 다니엘, 『낙천주의 예술가』, 하연희 옮김, 마음산책, 2006.
맑스, 칼, 「고타강령비판」,. 「고타강령 초안 비판」. 『칼 맑스·프리드리히 엥겔스 저작 선집』 4권, 박종철출판사, 1991.
_____, 「공산당선언」. 『공산주의당 선언』, 『칼 맑스·프리드리히 엥겔스 저작 선집』 1권, 박종철출판사, 1991.
_____, 「루이 보나파르트의 브뤼메르 18일」. 『루이 보나빠르뜨의 브뤼메르 18일』, 『칼 맑스·프리드리히 엥겔스 저작 선집』 2권, 박종철출판사, 1991.
_____, 『자본론』, 제2개역판, 김수행 옮김, 비봉출판사, 2001.
_____, 「1848년에서 1850년까지의 프랑스에서의 계급투쟁」, 『칼 맑스·프리드리히 엥겔스 저작 선집』 2권, 박종철출판사, 1991.
_____, 「철학의 빈곤」, 『칼 맑스·프리드리히 엥겔스 저작 선집』 1권, 박종철출판사, 1991.
_____, 「포이어바흐에 대한 테제」. 「포이에르바하에 관한 테제들」, 『칼 맑스·프리드리히 엥겔스 저작 선집』 1권, 박종철출판사, 1991.
맑스, 칼·프리드리히 엥겔스, 『독일 이데올로기』, 『칼 맑스·프리드리히 엥겔스 저작 선집』 1권, 박종철출판사, 1991.

버먼, 마셜, 『맑스주의의 향연』, 문명식 옮김, 이후, 1998.

벅 모스, 수잔, 『발터 벤야민과 아케이드 프로젝트』, 김정아 옮김, 문학동네, 2004.

베르그손, 앙리, 『물질과 기억』, 박종원 옮김, 아카넷, 2005.

보들레르, 샤를 피에르, 「군중」, 『파리의 우울』, 윤영애 옮김, 민음사, 2008.

_____, 「이중의 방」, 『파리의 우울』, 윤영애 옮김, 민음사, 2008.

볼츠, 노르베르트·빌렘 반 라이엔, 『발터 벤야민: 예술, 종교, 역사철학』, 김득룡 옮김, 서광사, 2000.

블로흐, 에른스트, 『희망의 원리』, 박설호 옮김, 열린책들, 2004.

비테, 베른트, 『발터 벤야민』, 윤미애 옮김, 한길사, 2001.

손택, 수잔, 『사진에 관하여』, 이재원 옮김, 이후, 2005.

_____, 「토성의 영향 아래」, 『우울한 열정』, 홍한별 옮김, 이후, 2005.

아렌트, 한나, 「발터 벤야민」, 『어두운 시대의 사람들』, 권영빈 옮김, 문학과지성사, 1983.

앤더슨, 베네딕트, 『상상의 공동체』, 윤형숙 옮김, 나남, 2003.

졸라, 에밀, 『쟁탈전』, 조성애 옮김, 고려원미디어, 1996.

질로크, 그램, 『발터 벤야민과 메트로폴리스』, 노명우 옮김, 효형출판, 2005.

코르슈, 칼, 『마르크시즘과 철학』, 송병헌 옮김, 학민사, 1986.

포, 애드거 앨런, 「군중 속의 남자」, 『우울과 몽상』, 홍성영 옮김, 하늘연못, 2002.

프루스트, 마르셀, 『잃어버린 시간을 찾아서』, 김창국 옮김, 국일미디어, 1998.

폴트, 베르너, 『발터 벤야민』, 이기식·강영옥 옮김, 문학과지성사, 1999.

하비, 데이비드, 『모더니티의 수도 파리』, 김병화 옮김, 생각의나무, 2005.

하우저, 아르놀트, 『문학과 예술의 사회사』, 반성완·백낙청·염무웅 옮김, 창작과비평사, 1999.

홉스봄, 에릭, 『자본의 시대』, 김동택 옮김, 한길사, 1998.

이 책과 함께 읽으면 좋을 책들

마르셀 프루스트,『잃어버린 시간을 찾아서』, 김창국 옮김, 국일미디어, 1999
감히 말하건대, 프루스트의 이 책이 없었더라면 벤야민의『아케이드 프로젝트』도 없었으리라. 혹은 이 책은『아케이드 프로젝트』의 소설 판이라고도 말할 수 있다. 벤야민은 프루스트로부터 '과거'를 다루는 독특한 방법을 전수받았고, 이 소설 덕분에 19세기의 문화와 풍속, 그리고 인간 군상들의 속물근성에 대한 실감을 가질 수 있었다.『잃어버린 시간을 찾아서』는 길고 두꺼운 책이다. 그만큼 아주 많은 이야기들, 예술과 사랑과 정치와 시간에 대한 엄청난 이야기들이 이 안에 숨어 있다. 누군가의 말처럼 다리가 부러져 침대에 꼼짝없이 누워 있는 처지라도 되지 않으면, 다 읽는다는 것이 도저히 불가능할지도 모르는 책. 하지만 마지막 페이지를 넘기고 났을 때, 이 책을 처음부터 끝까지 다 읽어 냈다는 것만으로도 보람 있는 생을 살았다는 느낌을 갖게 될 것이다.

칼 맑스, 프랑스혁명사 3부작
맑스의 '프랑스혁명사 3부작'은 1848년 6월 노동자 봉기의 실패로부터 시작되는「1848년에서 1850년까지의 프랑스에서의 계급투쟁」, 제2제정기의 성립을 다룬「루이 보나파르트의 브뤼메르 18일」, 그리고 파리코뮌에 관한「프랑스내전」, 이 세 개의 글을 일컫는다. 벤야민이『아케이드 프로젝트』에서 주로 다루는 시기 역시 이 시기에 해당한다. 맑스는 여기서 노동자가 어떻게 프롤레타리아트로서의 관점을 지닌 역사적 주체로 자기를 발견해 가는지 선명하게 보여 준다. '혁명의 실패'로부터 무엇을 배울 것인지에 대한 맑스의 통찰은 오늘날 우리들에게도 시사하는 바가 크다.

표도르 도스토예프스키, 『유럽인상기』, 이길주 옮김, 푸른숲, 2005
도스토예프스키는 게으른 여행자였다. 천신만고 끝에 꿈에도 그리던 유럽을 방문하게 되었지만, 유명한 유적들은 거들떠보지도 않았다. 보들레르처럼 그 역시 도시를 배회하는 산보자가 되어 어슬렁거렸을 뿐이다. 하지만 평범한 사람들, 혹은 그 세계에 살고 있는 사람들의 눈에는 보이지 않았던 엄청난 것을 발견하고 경악하고야 말았는데, 그것은 바로 '바알신(물신)을 숭배하는 군중'의 모습이었다. 벤야민이 '19세기의 표현된 문화'들을 꼼꼼하게 추적함으로써 눈에 보이지 않는 진실을 드러내고자 했다면, 눈 밝은 도스토예프스키는 자신이 발견한 것들을 직설화법으로 적나라하게 써 내려간다. 도스토예프스키가 1860~1870년대의 유럽에서 발견한 것들이 벤야민의 아케이드 어디에 숨어 있는지 찾아보는 것도 흥미로운 일이 될 것이다.

에른스트 블로흐, 『희망의 원리』, 박설호 옮김, 열린책들, 2004
이 책의 일부가 출판되었을 때 벤야민은 자신의 아이디어가 도둑맞았다며 분개했다고 하는데, 확인할 길은 없다. 그만큼 『희망의 원리』와 『아케이드 프로젝트』는 닮은꼴이다. 그들은 모두 현실적인 문제를 풀어 가기 위한 열쇠를 19세기 자본주의의 원-풍경 속에서 발견하고자 했다. 벤야민이 남긴 것이 두 개의 짧은 개요, 그리고 메모와 인용들로 채워진 커다란 이미지의 노트라면, 블로흐는 철저하게 산문적인 문체로 꼼꼼하고 성실하게 이미지들의 여백을 메워 나간다.

김원갑 엮음, 『광기와 밀집문화 건축』, 세진사, 2001
유럽에서 아케이드와 백화점이 만들어지고, 박람회가 열리고 산책자가 거리를 어슬렁거릴 때, 바다 건너 북아메리카 대륙에서는 무슨 일이 벌어졌을까. 또 그 시대를 살았던 사람들의 '집단의 꿈', 특히 공간과 건축에 관한 상상력은 후세들에게 어떤 식으로 그 흔적을 남겼을까. 우리는 램 콜하스와 그가 이끄는 OMA를 통해 그것의 한 단면을 확인할 수 있다.

찾아보기

ㄱ

각성 115~117, 205, 213, 229, 241~243, 268
거리[路] 59
건축가 105
경제결정론 118
계급 227
 ~적 적대 204
고다르, 장 뤽(Jean-Luc Godard) 113
「공산당선언」 204, 217~218, 225
광고 149~150
구텐베르크 혁명 168, 171
국제노동자연맹(제1인터내셔널) 150
군중 134, 187~195, 251
 소비자로서의 ~ 194
「군중 속의 남자」 187
권태 201~202, 211
 노동자의 ~ 201
그랑빌(Granville) 67
극사실주의적 방법 79
글쓰기 92
 새로운 ~의 창안 92
기디온, 지크프리트(Sigfried Giedion) 189

기술 100
 ~적 복제 163~164, 175, 181
기억 235, 241, 244, 255~256, 263
 ~의 미분화 254
 ~의 방식 263
 무의지적 ~ 245~247, 254, 263
기조, 프랑수아(François Guizot) 212
꿈 115~117, 125, 242

ㄴ

나폴레옹 3세 → 루이 나폴레옹
네그리, 안토니오(Antonio Negri) 193
네트워크 권력 219
노동 232

ㄷ

다중 193
당파성 47
대중 189, 193
도미에, 오노레(Honore Daumier) 31, 171
도박 69, 151~156
도스토예프스키, 표도르(Fyodor Dostoevskii) 40~41

도시 53, 196~199, 251
  ~계획 71
  ~의 속도 감각 196~197
동업직인조합 208
뒤마, 알렉산드르(Alexandre Dumas) 173
드가, 에드가(Edgar Degas) 179~180
들라크루아, 페르디낭(Ferdinand Delacroix) 179
들뢰즈, 질(Gilles Deleuze) 27, 129
디킨스, 찰스(Charles Dickens) 202

ㄹ
라보엠(보헤미안) 211
라시스, 아샤(Asja Lācis) 44
로지아 106~108
루이 나폴레옹 71, 139, 220~222
루이-필립(Louis-Phillipe) 69
루카치, 게오르그(Georg Lukács) 91~92, 105
룸펜프롤레타리아 209
르코르뷔지에(Le Corbusier) 118, 121~123
리베스킨트, 다니엘(Daniel Libeskind) 104~105

ㅁ
만국박람회 67, 144~147, 180
  ~에서의 노동자 150
맑스, 칼(Karl Marx) 147, 228, 258
매춘 69, 151~155
메시아주의 261~262
멜랑콜리 16, 100

모더니티 65, 70, 137, 219
모자이크 95
몽타주 160, 165
  문학적 ~ 76, 83~85, 88, 93
문학비평 35~37
문화 90, 227~228
  ~ 연구 130
물신숭배 115
미디어 168
미슐레, 쥘(Jules Michelet) 171

ㅂ
바로크 시대 16~17, 99
바리케이드 73
바알신 숭배 42~43, 115
박물관 124~125
  모스크바의 ~ 53
발레리, 폴(Paul Valéry) 191
발자크, 오노레 드(Honore de Balzac) 173
백화점 125, 133~134, 144
베르그손, 앙리(Henri Bergson) 247~248, 264~265
베르토프, 지가(Dziga Vertov) 160
베스프리소르니예 52
베일 100
  ~ 효과 199
벤야민
  ~의 공산당 비판 207
  ~의 길 잃기 49
  ~의 맑스주의로의 전환 23
  ~의 모스크바 방문 44
  ~의 분류법 33

~의 여행 53
~의 역사관 257
~의 정치 58~59
유대인으로서의 ~ 20~23
변증법 86
　~적 대조 89
　~적 이미지 86, 88, 254
　~적 전환 117
별자리 83~85
보들레르, 샤를-피에르(Charles-Pierre Baudelaire) 17, 38, 70~71, 102, 137, 193~195, 205, 251
복제 175~176
　~기술 184
　기술적 ~ 163~164, 175, 181
부르주아 161, 204, 217, 225, 230
　~의 권력 획득 217
　~의 속물근성 42~43
　~의 실내 공간 125~127
　자본가로서의 ~ 230
분위기 183
브레히트, 베르톨트(Bertolt Brecht) 166
브르통, 앙드레(André Breton) 118~121
블랑키, 루이(Louis Blanqui) 74
블로흐, 에른스트(Ernst Bloch) 96~97
비밀결사 208
비평 36
　문학~ 35~37
비표상적 사유 49

ㅅ
사적 공간 198
사적소유의 지양 231
사진 34, 176~180, 184
　~가 34~35
　~술 176
　예술로서의 ~ 181
산보 251
　~기술 251
　~자(promeneur) 203
산책자(flaneur) 70, 188, 193, 195~197, 199
　~와 탐정 197
상기 244
상부구조 229~230
상징 96~97, 101
상품 115, 176
　~가격 103
　~으로서의 미디어 169
　~의 물신적 성격 102, 147, 231
「새로운 천사」 270
서사극 166
석판화(석판인쇄) 169~171, 176
선거권 확대 220
섬광 78, 87, 249, 266
「세계의 6분의 1」 160
소비에트 45~47, 52
소설 172
손택, 수전(Susan Sontag) 15~16, 34~35
숄렘, 게르숌(Gershom Scholem) 16, 20, 61
수집가 31, 128~129
쉬, 외젠(Eugène Sue) 173
스테인드글라스 85
시각의 특권화 65

신문 171~173, 221
　~ 연재소설 172
　~의 상업화 173
실내 공간 69
실러, 프리드리히(Friedrich Schiller) 233
12월10일회 209

ㅇ
아도르노, 테오도어(Theodor Adorno) 57, 61, 143
아라공, 루이(Louis Aragon) 57
아렌트, 한나(Hannah Arendt) 15, 17~19, 21~22
아르누보 69
아우라 121, 183
　~의 붕괴 164
　~의 위기 100
아케이드 59, 65~67, 74, 79~81, 101, 108, 123~124, 131~132, 135, 157
　~에서의 예술 133
　~의 교통 관념 135
　아케이드 프로젝트 24, 44, 71
　~의 방법론 33
아포리즘 35
알레고리 70~71, 96~101
　~화(畵) 97
「알파빌」 113
어린이들의 사물 파악 방식 33
언어 체계 168
에세이 92
에이젠슈타인, 세르게이(Sergei Eisenstein) 161

엥겔스, 프리드리히(Friedrich Engels) 191
여성의 복장 138~139
역사관 259
　맑스의 ~ 259
　목적론적 ~ 266
역사유물론 88~89, 124, 267
　~과 신학 262
영화 185
　대중운동으로서의 ~ 164
　러시아 ~ 160~161, 165, 185
　예술의 사회적 기능 164
오락 산업 144~145
오스만, 조르주-외젠(Georges-Eugène Haussmann) 71, 123
욕망 129~130
우발적 기억 247~248, 265
우울 15~17
유대인 작가들 36
유목민(nomad) 26~27
6월 노동자 봉기 204, 220
융, 칼(Carl Jung) 116
의복의 의미 확장 137~138
이념 80~81
이데올로기 229
2월 혁명 139, 204~205, 218~220, 222~223
　~의 결과 139, 204, 220
인간학적 유물론 271~272
인용술 83
1인칭 형식 38~39
『잃어버린 시간을 찾아서』 235, 241
임금 232

ㅈ
자기소외 230
자본주의 교육 145
자유학생운동 58
장서가 31~32
전승기념탑 255
전쟁기계 27
「전함 포템킨」 161~162
정지 87~88
　~의 변증법 104, 166
정치 73, 117
　역사에 대한 ~의 우위 117
　패션과 ~의 관계 140
제국주의 139~140
제2제정기 102, 131, 221
조화 사회 143
주권자 271~272
주름 장식 99
증권거래소 155~156
지식인의 존재 방식 29
진리 80
진보 74~75, 88~89, 141, 166, 249~250, 269~270
짐멜, 게오르그(Georg Simmel) 141, 188~189
집단 수면 229
집단의 꿈 74~76
집합적 글쓰기 39, 62

ㅊ
책의 가치 90
체계화의 오류 79
초현실주의(자) 76, 100, 118~121

출판의 자유 220
7월 혁명 208

ㅋ, ㅌ
카메라 163
「카메라를 든 사나이」 160
카프카, 프란츠(Franz Kafka) 21, 36~38
캐리커처 169~171
코르슈, 카를(Karl Korsch) 228~229, 232
코뮌적 인간 232
코뮤니즘과 예술 186
쿠데타 221
쿠르베, 귀스타브(Gustave Courbet) 179
크라우스, 카를(Karl Kraus) 21
크리놀린 스커트 99~100, 139
클레, 파울(Paul Klee) 270
키노-프라우다 160
트락타트 93~95, 97

ㅍ
파괴적 성격 26~30
파리 48~49, 130~131
　~의 지하 158
파리코뮌 73
파시즘과 예술 186
판타스마고리아(Pantasmagorie) 65, 74~75, 115, 167
판화술 176
팔랑스테르 65~67, 109, 123, 134~136
팔랑주 135, 156
패션 137~143

~과 정치의 관계 140
~과 죽음 142
~의 예견력 142~143
페트라셰프스키 사건 41
포, 에드거 앨런(Edgar Allan Poe)
187~188, 205
포스터 149~150, 169
폭력 270~271
　법정립적 ~ 270
　법파괴적 ~ 271
　신적 ~ 270
　신화적 ~ 271
표상과 재현 78
푸리에, 샤를(Charles Fourier) 65~66,
123, 134, 143, 156~157, 272
푹스, 에두아르트(Eduard Fuchs) 30~31
프로이트, 지그문트(Sigmand Freud)

116, 129
프롤레타리아 203~205, 211, 225~226,
233
프루스트, 마르셀(Marcel Proust) 38,
76, 87, 234~235, 253

ㅎ

헤셀, 프란츠(Franz Hessel) 58
혁명 76, 199, 205, 212~213, 231~232
　~을 위한 도취 118~121
　~의 반동화 220
호르크하이머, 막스(Max Horkheimer)
63
홉스봄, 에릭(Eric Hobsbawm) 219
화폐 152~155
환(등)상 → 판타스마고리아
회상 237